U1000449

本书为海南省哲学社会科学规划课题（HNSK11-38）结项成果

本书获海南师大学术著作出版基金、文学院古代文学学科资助

张岳崧研究

谢海林 著

凤凰出版社

图书在版编目（C I P）数据

张岳崧研究 / 谢海林著. -- 南京 : 凤凰出版社,
2013.11
ISBN 978-7-5506-1907-4

Ⅰ. ①张… Ⅱ. ①谢… Ⅲ. ①张岳崧（1773～1842）
—人物研究 Ⅳ. ①K827=49

中国版本图书馆CIP数据核字(2013)第272225号

书　　名	张岳崧研究
著　　者	谢海林
责任编辑	林日波
出版发行	凤凰出版传媒股份有限公司 凤凰出版社(原江苏古籍出版社) 发行部电话025-83223462
出版社地址	南京市中央路165号,邮编:210009
出版社网址	http://www.fhcbs.com
经　　销	凤凰出版传媒股份有限公司
照　　排	南京凯建图文制作有限公司
印　　刷	江苏凤凰新华印务有限公司 中国江苏南京经济技术开发区尧新大道399号,邮编:210038
开　　本	880×1230毫米　1/32
印　　张	9.75
字　　数	262千字
版　　次	2013年11月第1版　2013年11月第1次印刷
标准书号	ISBN 978-7-5506-1907-4
定　　价	39.00元

(本书凡印装错误可向承印厂调换,电话:025-68037411)

目　录

序

据说，海南的读书风气渐盛与谪居儋州的苏东坡有点关系，因为他老人家62岁时南渡琼州海峡，在自我内心强烈感受“此生当安归，四顾真途穷”(《苏轼诗集》卷四一《行琼、儋间，肩舆坐睡。梦中得句云：千山动鳞甲，万谷酣笙钟。觉而遇清风急雨，戏作此数句》，中华书局1982年版，第2246页)的海南岛上静下心来，悠游岁月。东坡生活虽然艰苦，但总不忘读书、授徒，于是有琼州人姜唐佐在他门下求学。东坡为勉励姜唐佐应试，给他题了两句诗：“沧海何尝断地脉，白袍端合破天荒。”并承诺当姜唐佐金榜题名时，他将这首诗完成再赠给唐佐。姜唐佐不负东坡教诲，后来中了海南史上的第一个举人，遗憾的是那时东坡因在北归途中身染沉疴，已经病逝常州有年。宋崇宁二年(1103)，姜唐佐在汝阳遇见苏辙，请其将这首诗补足，这就是《赠姜唐佐》：“生长茅间有异芳，风流稷下古诸姜。适从琼管鱼龙窟，秀出羊城翰墨场。沧海何曾断地脉，白袍端合破天荒。锦衣他日千人看，始信东坡眼力长。”苏辙把东坡的两句原诗嵌入其中，称道姜唐佐得意于翰墨场和东坡不凡的眼力。当然，很有眼力的东坡无论如何都想不到七百年后，海南的科举史上有了探花张岳崧。那是清嘉庆十四年(1809)，张岳崧37岁。因为张岳崧来自地处天之涯的海南岛，嘉庆皇帝高兴得提笔写了“何地无才”四个大字。

张岳崧是海南定安人，定安人很自豪，在当下定安县历史上的“著名人物”中，张岳崧排名第三。第一是南宋的葛长庚，道号白玉蟾，相传是道教的南宗五祖。第二是明代做过太子宾客、礼部尚书的王弘诲。位居第三的张岳崧也不是等闲之辈，他曾任过翰林院编修、充国史馆纂修、浙江按察使、湖北布政使兼署巡抚等职，晚年最耀眼的业绩是协助林则徐在雷州、琼州禁烟，70 岁时病逝家中。可谓是生于定安，有了显宦经历后又卒于故乡的定安人。他的名声却又不全在为官，他与王佐、海瑞、丘濬为“海南四大才子”，且因书法和王佐、海瑞、丘濬齐名，时人又称“四绝”，即丘濬为“读绝”、海瑞为“忠绝”、王佐为“吟绝”、张岳崧为“书绝”。

张岳崧一生为官数十年，惜政绩并不彰显。一则是奉旨修《明鉴》，不意因求真务实被革职返乡；再则是在江浙、湖北任上的治理水患，劳心劳力，却诸事皆不如愿。前者的人生坎坷难以言表，关于后者他曾在《上蒋砺堂相国书》中说：“窃惟海口淤积，黄不畅流，近则病漕，久将溃决，舍疏通之外更无善策。但以百十年积渐堙塞之后，欲一朝浚使顺流，其势已难。然其难尤有二焉，曰帑难，曰人难。”他对“二难”有具体陈述，从中透出的是治理水患的难为和无奈，最终张岳崧“枉费心力，到头来还是‘终鲜善策’而徒呼奈何，时常‘惓怀梓里’而求‘速图引退’”。这也许可说是张岳崧人生的悲剧，他一生最用心力的功业都没能够有所成就，内心有难隐的伤痛，不能释怀。

海林撰写《张岳崧研究》，因张岳崧的宦海浮沉而很自然将其政绩研究置于首位。但他也注意到，张岳崧最值得一说的是教育事业，我看也是如此。这与张岳崧学养及曾身任四川典试、陕甘督学有关。他多年为科举奔走，浸渍在儒学经典中，儒学的道德精神在他血液中流淌。他曾说：“欲端士习，兴吏治，必自讲学始。而讲学之方，则必知学者。所以学为人之理，而毋驰逐乎苟且之为，庶几所学近义而不藉学以图利也。”(《与朱干臣方伯书》)这话虽是为“士习”、“吏治”言，但在根本上是做人的道理。在当时的经学氛围中，张岳崧置义于利之上，也是儒家精神的再现。如孔子曾说：“饭疏食饮水，曲肱而枕之，乐亦在其中矣。不义而富且贵，于我如浮云。”(《论语·述而》)其中重义轻利的思想后来被孟子发展为“生亦我所欲也，义亦我所欲也；二者不可得兼，舍生而取义者也”(《孟子·告子上》)。这实在是儒者重义轻利的极致,做人当如此,为官者更当如此。后来北宋的欧阳修在《朋党论》里论说为官的君子与小人,曾以道义、忠信、名节六个字作为君子之吏的生活准则,也是君子之吏辅佐皇帝的做人做事的准则。张岳崧不像欧阳修说得铿锵有力,掷地有声,而表述为为吏者当"讲明理义,敦崇名节"(《上蒋砺堂相国书》)。

张岳崧并非空泛言理,在他学以修身的主张中,有着对当时社会衰落的深切忧虑。这源自士风吏习和民风民习的败坏,所以张岳崧特别注重兴学,要以学之正求民心之正,求吏治之正,而学之正在于道德、纲常。他曾说:"且夫学也者,学所以为人之理而已。人之理以德行为先,以纲常为本,以忠孝节义为归,以礼让廉耻为重,以修己治人为务,以经济事业为期。凡此皆人之理所必赅,即学之道所必致者也。"(《湟中书院碑记》)这是求学的出仕为官之道,与儒家传统的修齐治平理论相吻合,所以他随后说学者"处为醇儒,出为循吏",劝人读书务实,始跬步而勤爬梳。张岳崧的思想并不复杂,他为学劝学均务求救世,即使是作《家训十则》,回到普通的家庭生活中,也还是以道德、纲常为本的。基于这些思想,张岳崧在教育实践中,曾作《训士录》,以"拔尤选俊,弊绝风清,以正人心,以厚风俗"。与他的教育思想相一致,张岳崧认为读书当以四书五经为本,并发布《禁招摇撞骗示》,以强力端正人的行为。应该说,张岳崧教育思想与实践蕴含着做人做事的基本道德要求,即使在现在也有一定的意义,尽管他崇尚的道德是儒家道德以及他把为学或劝学的归宿定位于为官有很大的局限性。

海林在对张岳崧的研究中,还注意到他的文学观念和创作成就。很有意味的是,在他人看来诗歌创作"深于六朝,近代所罕"(吴鼒语,见伍崇曜编《楚庭耆旧遗诗》)而或具有"豪宕丽密,亦不失绵邈远淡"(袁行云《清人诗集叙录》)风格的张岳崧,却认为自己不能诗,于诗疏芜无得,间或有作也味同嚼蜡,毫无韵致。二者之间的矛盾应当怎样认识? 海林说是张岳崧的自谦之词。张岳崧不是一个很张扬的人,他对诗歌的自我体认,难免有自谦的成分,但从中透出他不专注于诗歌创作，的确是把它视为政务、教育之外可有可无的事情。很难得的是，他却有明确的文章学思想和诗学观念。

在这里，海林没有把张岳崧的“文章”界定为“古文”，也许是张岳崧之文少有文学性的缘故吧。但夏宋在《前湖北布政使张岳崧崇祀乡贤实录》说了这样一段话：“其立论教人以六经为根柢，以心性为要归，故品学为世所重，学问淹通醇粹，所为文皆有关于世道人心。……为文根柢经籍，其言关于世道而浑厚醇肆，学者称其得力于龙门、昌黎。”这里的“心性”说有理学的影子，但根本上表明张岳崧遵循的是儒学道统，故有其为文“得力于龙门、昌黎”即得力于唐代王勃、韩愈之说。王勃之文多骈俪而蕴情志，与一般的时文有别，与韩愈之文也存在很大差异。但就夏宋提到韩愈对张岳崧的影响，可以说在他心目中张岳崧之文当是韩愈古文之流。何况张岳崧在《训士录·厘正文体》中谈到古文与时文体异而理同，治时文当先治古文，不治古文，时文是写不好的。但他的古文观念与韩愈不尽相同，如他认为“文章之道，椎轮于诸经”（《训士录·厘正文体示》），是要以儒家经典为本源，文章之道要“羽经翼史，辅运匡时”（《捐赀重刊丘海文集序》）。这句话明确指出，文章当卫经史而济实用，与他主张的为学追求有益身心和实用是一致的。但他在读了嘉庆皇帝的晓谕考官拔取之文后，发了一句感慨：“务令清真雅正，此千古文章之枢纽也。”（《训士录·厘正文体示》）这“清真雅正”固然有为文的清新本色，但“雅正”的“熔铸经传，酝酿深醇”所追求的典雅，与韩愈务去陈言及力求文从字顺的古文风格显然有别。同时，张岳崧为文所重主要是儒学经传，而韩愈所重则是三代两汉之文，视野比张岳崧开阔得多。

张岳崧还有诗歌创作理论，与其为文的主张一致，他认为诗歌亦以经传为本源，也当“羽经翼史，辅运匡时”，追求“温柔敦厚”的诗教境界。他曾说自己不工诗，但诗如何才能“工”呢？他质疑欧阳修的诗“穷而益工”（当为“穷而后工”）说，主要是诗“穷而益工”所表现的愁苦之音、勃郁之气等有悖于温柔敦厚重礼义的诗教根本，海林说：“张岳崧关于‘诗穷而后工’理论的怀疑与辨析不为无见,是值得我们好好重视的。”我理解他的这一说法,因为欧阳修的诗“穷而后工”说尽管是诗歌创作的经典理论,但人们在奉其为圭臬时需要知道它毕竟只是诗歌创作的一条法则,在这条法则之外的确存在诗非穷亦工的现象。

海林对张岳崧的诗歌作了归类,将它们从内容题材上分成政治诗、写景纪游诗、唱和送别诗三大类,各自又有不同的小分野。这些诗中的歌行体多有长篇,叙事状景时语言多呈奇诡,如《伏狐记为宋斋堂刺史题》、《李孝子歌》、《家园八景・圆势岭》,或叙事状景而兼说理,如《张掖郊行》、《皖江赈饥图为朱恕斋刺史作》,读来让人自然想到唐代韩愈诗的奇崛风貌。而他的《山农叹》直白通俗,又类似白居易等人的新乐府诗了。张岳崧最可读的诗是五、七言律绝,如《中秋滩河夜泊》二首其一:“月影依人近,滩声向晚多。万山围夜色,孤棹耿秋河。佳节驰驹速,浮踪旅雁过。鄜州千古照,乡思更何如?”诗人诉说旅途的孤独,却寄意于月影、孤棹中,以“万山围夜色”的旷野和“鄜州千古照”的辽远岁月映衬得乡愁更为浓郁,让人读来余味袅袅。

海林在《张岳崧研究》里,除了对他的政绩、诗文、教育思想与实践作了深入的探讨之外,还有《张岳崧年谱长编》,他用这种形式为张岳崧立传,既是对书中专题研究的辅佐,又足以独立成篇。在《张岳崧年谱长编》里,海林依循时序的考证与材料荟萃都很见功力,这承袭的是南京大学“两古”专业治古代文学重文献实证的优良传统,自不必多言,读者定然能因年谱资料翔实而眼前一亮,对张岳崧的认识也会变得更加清晰起来。

最后想说的是,海林希望我在他的《张岳崧研究》出版之际说几句话,这对我来说也是了解张岳崧的机会,读罢,一气写下上面这些文字,姑且算作是序言吧。

阮　忠
于海南师范大学金花园寓所
2012年10月7日

引言

张岳崧(1773—1842)是海南科举史上唯一的探花,与丘濬、海瑞、王佐并称为"海南四大才子"。其在政治上,尤注重教育,捐资助学,亲掌书院讲席,对广东、海南的教育贡献甚巨,影响深远;大胆革除陋习,倡导并协助林则徐禁烟;还与嘉道年间重臣阮元交善。在文学上,学问淹通醇粹,从学于粤西名士冯敏昌等人,诗赋宗法汉魏且出入唐宋,其诗豪宕丽密而不失绵邈远淡,与当时名流秦瀛、吴鼒、陈用光、梁章钜、张维屏、唐鉴等相唱和。在书画上,号称"书绝"(丘濬为"读绝"、海瑞为"忠绝"、王佐为"吟绝")①,为广东四大书法家之一。

学界对张岳崧的研究目前还处于初步阶段。典籍整理方面,有朱逸辉、范会俊选注的《王弘诲张岳崧诗选》(海南人民出版社1985年版),张正义、韩林元校点的《张岳崧诗文集》(南海出版公司1998年版),韩林元编注的《张岳崧诗三百六十首》(东西文化事业公司2006年版),郭祥文点校的《筠心堂集》(海南出版社2006年版),收录较全,整理水平较高。期刊论文方面,范会俊《张岳崧论》(《海南师范学院学报》1990年第2期)全面简要地阐述了张氏的政治思想、从政业绩、教育观、美学观和文学、书画成就。另外,王中柱《张岳崧生平与祖籍》(政协临高县文史资料研究委员会编《临高文史》第15辑),崔开勇、张运恩《海南唯一探花张岳崧与高

① 又有称丘濬为"著绝"、海瑞为"忠绝"、王佐为"诗绝"、张岳崧为"书绝"者。

林村故居》(李朱全主编《海南文史》第 21 辑,海南出版社 2007 年版)对其生平、籍贯、出生地等进行了探讨。2011 年 8 月,南方出版社出版了张岳崧第五代直系后裔张正义先生与李纾合著的《张岳崧传》,以时间为线索,从不同的维度全方位地再现了传主的人生轨迹、思想观念、政治业绩、文学创作和书画成就,供笔者资鉴之处实在良多。这位从海南走出去的科举名士,虽被誉为"四大才子"之一,但较之学界对其他三位"才子"的深入研究①,关于张岳崧的研究略显冷寂,论著加起来尚不足十篇,这与其极高的名声很不相称。

总体说来,张岳崧当之无愧是海南历史文化名人,对海南政治、文化、教育、文学、艺术等方面的影响无疑是巨大的。因而,考察、探讨张岳崧在政治、文学、艺术等诸方面的成就、地位和影响,是极富学术研究价值的,也是十分有必要的。对张岳崧其人其事作出恰如其分的历史评述,是颇有学术意义的。

本着详人所略、略人所详的撰述原则,本书对张岳崧的研究内容分上下两篇。上篇分为三部分,将张岳崧置于时代和社会的广阔背景下,梳理其人生轨迹与交游行踪,对其政治业绩、教育实践、文学创作等进行探讨,并考察其人生哲学、政治思想、文学观念。第一部分主要探讨张岳崧因《明鉴》案平白蒙冤的根本原因,两理河务却无力回天的历史悲剧之根源。第二部分考察张岳崧诗文声名的显晦历程,辨析其文章学思想和诗学观念,并论述其诗歌的思想内容、艺术风格等。第三部分综论张岳崧的教育思想,评述其教育实践的成效和影响。下篇为年谱长编,主要考述张岳崧的生平事迹、仕宦履历、交游经过。最后附录张岳崧两则佚文和相关资料汇编。

---

① 如唐启翠《此生如痕——丘浚(濬)》(南方出版社、海南出版社 2008 年版),阎根齐、陈涛《粤东正气——海瑞》(南方出版社、海南出版社 2008 年版)皆入"海南历史文化大系"之"名人卷",王佐诗文集《鸡肋集》则有两部整理之作,即王中柱校注《鸡肋集(新订本)》(中山大学出版社 1995 年版)与刘剑三点校《鸡肋集》(海南出版社 2004 年版)面世。

上篇

专题研究

一　张岳崧的政治生涯及其宦绩

张岳崧乃海南唯一荣登科甲探花之位的人，也是官阶品秩颇高的显宦，不仅仕履较为丰富，历授翰林院编修，充国史馆纂修，典试四川，督学陕甘，升江苏常镇通海兵备道、两浙盐运使，转浙江按察使，调大理寺少卿，迁湖北布政使兼署巡抚，直至丁忧返琼，病卒家中，而且在任期间，政绩颇可为人称扬。道光二十六年（1846），定安儒学联名郡邑士绅，把这位桑梓先贤恭请入乡贤祠加以崇祀，并对其仕宦政绩作了评述："才蔚国华，列科甲之上选；渥承圣眷，俾中外以宣劝。叨侍从之班，迭洊清华之职。衡才而尽获奇英，造士则振兴学校，散赈而民安鸿泽，防河则浪息螭宫。谨正著司鹾之绩，弊去风清；明刑存弼教之心，政平讼理。江汉旬宣，茂经术于徽音。……居官勤慎廉明，悉心职事。考献征文，郡志赖以赞修；创捐宾兴，寒士籍以试费。生有益于郡乡，殁可传于后世。事实历历而可稽，堪膺乡贤以从祀。"[①]撇去熟套的溢美陈辞，究其宦迹，其中对张岳崧的几大政治业绩倒也说得较为通达平实，一是选才举贤，二是救灾散赈，三是河防治水，四是修史纂志。这主要关涉到育人、治水、修史三大方面，此外像禁烟亦值得大书特书。教育方

---

① 《前湖北布政使张岳崧崇祀乡贤实录》（原作《翰山公崇祀乡贤实录》，收入《张氏族谱》），载张正义、韩林元校点《张岳崧诗文集》附录，南海出版公司 1998 年版，第 708 页。本书所引张岳崧诗文等相关资料，主要来源于张正义、韩林元校点的《张岳崧诗文集》和郭祥文点校的《筠心堂集》（海南出版社 2006 年版）。原有文字、标点漏误则随文改正。

面因涉及较广，将于另章详加讨论。今试就其荦荦大者——纂修史志、治理水患——作一评述。

(一) 纂修史志——因《明鉴》案平白蒙冤

自古迄今，国人的修史意识极为强烈，并因此形成了一种编纂历史的传统和制度。左史记言，右史记事，孔子作《春秋》，司马迁著《史记》，不惟古代文士重视历史，统治者也颇以为意焉。如唐太宗强调修史可以“览前王之得失，为在身之镜鉴”①，这一点连入主中原的元朝和清朝也不例外。不论是建国伊始还是新帝登基，头等大事便是筹建史馆，选派史官，编纂前朝信史。更何况秉承儒家传统思想的文士向以入馆修史为荣，有无纂史之才学德行是衡量文士的一项重要标准。修史的目的，大概在于考镜朝代之得失，彰显正统之道义，探究兴亡之至理，稽览政教风俗，有裨于经邦治国。

为何首先来讨论纂修史志呢？这是由于张岳崧仕宦中的第一件要事是因编撰《明鉴》而被革职，遭遇到入仕以来最沉重的打击，而其人生最后的谢幕也是因纂修《琼州府志》而彪炳千古。张正义、李纾《张岳崧传》将后者与之前所修方志进行比较，对其学术成就作了较为详细的探讨，此不赘言。故下文主要论述的是张岳崧奉敕修纂《明鉴》而遭贬黜、革职回籍一事的真正缘由。

张岳崧在荣膺鼎甲，入翰林院学习，散馆授编修之后，充国史馆任协修官，时在服阕进京的嘉庆二十年(1815)。先是，康熙二十九年(1690)，为纂修天命、天聪(崇德)和顺治三朝实录，正式设立国史馆，至乾隆三十年(1765)，为重修国史列传，又开国史馆，并成为常设机构。其职掌是“修明国史”，“列圣本纪、臣工列传、大臣年表，天文、地理、礼乐、刑法、食货等十四志，凡有关列代法制者，悉萃于斯，岁时纂辑成编，进呈上览”。协修官一职乃属“兼职”，无定

---

① 王钦若等编修，周勋初等点校《册府元龟》卷五五四，凤凰出版社2006年版。

员之限，多由翰林院编修、检讨充任，虽属国史馆编纂主体人员之一，但流动性较大①。张岳崧即在嘉庆二十三年（1818），又充文颖馆纂修官，投入到嘉庆朝最重要的一项修史工程——《明鉴》的编撰之中。据《清实录·仁宗实录》所载：

> （嘉庆十八年六月二十乙卯日）谕内阁：朕敕几余暇，披览往籍，见宋范祖禹所著《唐鉴》一书，胪叙一代事迹，考镜得失，其议论颇有裨于治道。宋平五代之乱，近接有唐，其政教风俗历历可稽，故以唐为殷鉴。我朝绍膺大统，道揆治法，远述百王。至有明三百年，时代相承，其一朝政治，亦鉴观得失之林也。宜仿《唐鉴》体例，辑为《明鉴》一书，胪举大纲，蒐采编次，其论断即令派出编纂诸臣，轮流撰拟，进呈后经朕裁定，勒为成书，刊刻颁行，用昭法戒。②

从民间到官方，从朱明王朝的覆灭到清政权的建立，明史的修纂一直没有断裂过。清朝入主中原之后，顺治二年（1645）五月即设馆诏修《明史》，选派各色史官。虽然此时修史时机不够成熟，条件未全具备，但此举颇有政治意义，一可宣告明朝灭亡，南明小朝廷的存在便得不到官方的承认；二是笼络朱明旧臣，消解传统文士思想上的顽固和防守。修史、传史的意义，远远高于民族主义的华夷大防之辨。像反清复明最为决绝的黄宗羲，即推荐其弟子万斯同以布衣身份入馆修史，这发生在康熙年间。因为真止的明史编修始于康熙十八年（1679）。《明史》是我国历史上官修史书中纂修时间最长的一部，于乾隆四年（1739）最后定稿，进呈御览后刊行于世。如果从清顺治二年（1645）开设明史馆算起，前后历时九十四

---

① 参邹爱莲《清代的国史馆及其修史制度》，《史学集刊》2002年第4期。

② 《清实录·仁宗实录》卷二七〇，中华书局1986年影印本，第660页。

年。倘若从康熙十八年(1679)正式组织人员编写起至呈稿止,也整整有六十年之久。期间,康熙帝即位后旋即产生了清初开国以来的第一宗文字大狱——庄廷鑨《明史》案,其涉案人员之众,镇压程度之惨烈,前所未有。后来又有与之相关的《南山集》案,起因是翰林院编修戴名世对清廷随意篡改明朝历史甚感愤慨,通过寻访明朝遗老和查检文献资料写了一本记录明末历史的《南山集》,于康熙五十年(1711)付梓印行。凡此种种,足以说明修纂明史在清廷官方与民间私人心中的分量。

在嘉庆帝钦修《明鉴》之前,与此息息相关的著作尚有康熙年间吴乘权、周之炯及周之灿三人合编的《明鉴易知录》,大体取自朱国标从清初谷应泰《明史纪事本末》节抄的《明纪钞略》。而朱国标又撰有《明鉴会纂》十五卷,今存乾隆二十七年(1762)刻本,收入《四库禁毁书丛刊》。《明鉴》系列史书的编撰,乾隆朝亦有先例。乾隆时期齐召南所撰的《明鉴前纪》二卷,今存光绪十五年(1889)鄞县郭传璞《金峨山馆丛书》刊本;民国年间印鸾章校订的《明鉴》(又名《明鉴纲目》),其前就附有乾隆帝十一年(1746)四月御题的序[①]。虽然这些都是私人著述,却也说明直到乾隆一朝仍有文士重视明史的修纂,它们也可作为《明鉴》编纂时的参考文献。

嘉庆帝于在位的十八年(1813)开馆派官进行编撰《明鉴》,直到二十三年(1818)事毕。《明鉴》一书二十四卷首一卷,托津等奉敕编撰,今有嘉庆二十三年武英殿刻本,另有扬州诗局刊本。是书手书上板,形式独特,刻印精良,《清代内府刻书图录》、《清代内府刻书总目录》等已著录。是书备受嘉庆帝之重视,这也可从嘉庆帝三番五次下旨纂修《明鉴》一事窥测出来,而张岳崧也因此被革职回籍。

> (嘉庆二十三年五月初一日)内阁奉谕旨:朕前阅范祖禹《唐鉴》,见其摘取有唐事迹,论列得失,有裨治道,因命馆臣仿

---

① 印鸾章校订《明鉴》卷首,上海书店 1984 年影印本。

其义例，作为《明鉴》一书，益以取鉴前代，其善政则因以为法，其秕政则用以为戒，亦即殷鉴夏、周鉴殷之意也。昨日馆臣呈进《明鉴》五册，于万历、天启间载入我朝开创之事，后加按语颂扬，并论及前明用人不称其职，更为诞妄矣。我祖宗开基辽沈，其事备载于实录、圣训及开国方略，丰功伟烈，亿禩光昭，至《明鉴》乃系论列有明一代事迹之书，摘取一事，借鉴得失，非若编年纪月，事事胪列，今以兴朝之隆业载入胜国卷中，于体例殊为背谬。如该总裁等预行请旨，朕必将不应编载之故早为指示，乃并不奏明，率行纂辑，实属冒昧。所有该馆总裁曹振镛、戴均元、戴联奎、秀宁，俱著交部议处。总纂官朱珔、纂修官易禧善、张岳崧，俱著交部严加议处。原书著发交该馆，另行纂辑进呈。此数节按语系何人所撰，著军机大臣查明，先行具奏。①

（五月初二日）内阁奉谕旨：朕前降旨，令纂辑《明鉴》一书，其体例本仿范祖禹《唐鉴》，乃史论一类，非编年纪事之书也。《唐鉴》卷帙本简，今所辑《明鉴》殆倍过之，但图篇帙繁富，于不应载者亦按年编入，其于体例先未精审，以致词义纰缪，大乖立言之旨。昨已降旨，将总裁、总纂、纂修各官交部分别议处。此书著改派托津、章煦、英和、卢荫溥、和宁充总裁官，另派纂修、承办。所有原办之书，无论已进呈、未进呈，俱著另行编辑改正，务归简要。其从前纂辑此书支过一应公费纸张银两，俱著曹振镛、戴均元、戴联奎、秀宁四人赔缴示罚。②

（五月初六日）是日内阁奉谕旨：吏部奏议处纂辑《明鉴》之总裁、总纂、纂修一折。朕前降旨，命馆臣纂辑《明鉴》一书，其体例原全仿范祖禹《唐鉴》。乃馆臣等意图卷帙繁富，以为书成奏请议叙地步，遂规仿《通鉴辑览》叙次。凡书内御批之关涉明代者，全行恭载，追纂至万历、天启年间，又不请旨，辄

① 《清实录·仁宗实录》卷三四二，第515—516页。

② 同上，第516—517页。

以兴朝之隆业载入胜国卷中，以致按语措词乖谬，该总裁等均有应得之咎。此内秀宁系满洲大员，武不能教训兵丁，文不能编纂书史，况于国朝事实尤应加意审慎，乃漫不留心，其咎更重。秀宁著降为头等侍卫，前往新疆换班。戴均元，本有革职留任之案，部议降三级调用，无级可降者加恩仍改为革职留任。曹振镛、戴联奎，俱著加恩改为降三级留任。编修张岳崧撰拟按语，论明熹宗用人不当，已属失辞；又以熊廷弼比方李光弼，尤为纰谬，著即照部议革职。易禧善纂辑明神宗朝事迹，按语颂扬本朝，虽乖体例，词句尚无大缪，著从宽改为革职留任。侍讲朱琦，此数卷按语皆非其所撰，惟覆校时不为改正，亦属疏忽，著降为编修，以示薄惩。①

张正义、李纾在《张岳崧传》中对其得咎革职原因进行了分析，认为张岳崧因按语错误而受最严重的革职处分，是有些冤枉的。嘉庆皇帝提到张岳崧对明熹宗的按语"甚为诞妄"，不知所指为何。或者是认为措词不当，应像张廷玉一样用"庸懦"一词，或是认为明朝灭亡是天意所为而不是用人不当所致。又认为张岳崧对熊廷弼的评价并不比《明史》称其有"盖世之材"更"纰缪"。总之，张岳崧对明熹宗、熊廷弼二人的评价都是有依据的，嘉庆帝认为张岳崧按语错误只不过是其观点与康熙皇帝御批的《明史》不同而已②。我以为，张岳崧的按语是否错误，错在哪里，《张岳崧传》中所探讨的这类问题的答案已无从得知，此实非探骊得珠的问题，因为张岳崧编撰《明鉴》天启朝部分的按语，即具体是如何评论的，现在根本无法查考比核，嘉庆帝所谓的"失辞"、"纰谬"也只不过是一种笼统的借口罢了。此外，《明史》的编撰完成乃在乾隆朝，因而并非嘉庆帝

① 《清实录·仁宗实录》卷三四二，第518—519页。按，《嘉庆起居注》、《东华续录》此条皆漏载"曹振镛、戴联奎，俱著加恩改为降三级留任"数语，前两条及此条其他部分无异。

② 张正义、李纾《张岳崧传》，南方出版社2011年版，第96—97页。

与所谓的“康熙皇帝御批的《明史》”观点不同。上文已述及《明史》于乾隆年间才真正编撰完成，即最终的定稿乃在乾隆皇帝钦定而非康熙皇帝御批，官方纂辑《明史》只是从康熙皇帝诏修开始。这一点还将在下面论及。故而，我们亟需探究的是嘉庆帝对《明鉴》纂修的明确态度和真实意图，当时所撰文稿与此的“偏离”。嘉庆帝为何对万历、天启二朝按语会龙颜大怒，对一系列人员进行惩处？尤其值得注意的是，总纂、总裁、提调、编纂人员繁众，并不是所有的参修人员受黜，为何从中只择易禧善、张岳崧二人，且惟独革职张岳崧，使之遭遇最为严重？张岳崧到底有无冤枉之处？

据上引《仁宗实录》所载，大致可以归纳出嘉庆帝怒斥《明鉴》的编纂，贬黜修纂人员的原因主要有二：一是体例不合，一是按语错误。到底这算张岳崧罹祸革职的真正缘由吗？答案并非如此。

首先来谈体例不合。嘉庆皇帝当年下旨诏修《明鉴》的本意是仿照《唐鉴》一书，胪列事迹，再加论断，形式上以事为纲，以评为目，纲举而目张，目的是考镜得失，钩稽治乱兴衰之故，裨补君王经国之道。从体例上来看，在其父乾隆帝御修的《四库全书》中，《唐鉴》归于史部史评类，而非编年类。范祖禹参与司马光为主的《资治通鉴》修纂，主要编撰唐史部分，后单独另撰《唐鉴》。像康熙御批的宋代朱熹《资治通鉴纲目》、《续资治通鉴纲目》等在《四库》中亦归入史评类，但《御定资治通鉴纲目三编》则属编年类。馆臣在《纲目续麟提要》中按曰：“四库编纂之例，凡笺注古书者仍以所笺所注之时代为次。是书本为朱子《纲目》而作，《纲目》经圣祖仁皇帝御批，当以御批为主，已恭录于‘史评类’中，故‘编年类’中不录《纲目》。”[1]换言之，在官方编纂的权威书目《四库全书总目》中，诸如《资治通鉴》系列与《通鉴纲目》及其系列在分类上便存有不一致的地方。由众多古籍文献专家学者所汇纂的当今极为重要的目录《中国古籍善本书目》即把《通鉴》系列如前编、续编、纲目之类，他

---

①　永瑢等撰，王伯祥断句《四库全书总目》卷四七《纲目续麟提要》，中华书局1965年版，第424—425页。

如直解、笺注、集要一类，皆归之于编年类，而诸如《通鉴》博论、品藻、评语以及王夫之《读通鉴论》，悉属之史评类，此其一；像《明通鉴》、《明鉴会纂》及本章讨论的《钦定明鉴》归之于编年类，此其二。编年体重在胪列史实，述而少议，褒贬寓于史料之中。史评类重在考论人事，品骘稍繁，史迹呈在论辨之前。

事实上，编年类与史评类的区分看似不难，但操作起来颇为棘手。官方权威的史书分类已有牴牾之处。职是之故，嘉庆帝想在体例上做文章，大肆训斥、贬黜编纂官员便是指鹿为马，甚至是君王欺凌臣工而为所欲为之事罢了。因为若按嘉庆帝的理解，《明鉴》应与《唐鉴》体例一致，“乃史论一类，非编年纪事之书”，以评为主，当属“史评类”，绝勿“摘取一事，借鉴得失，非若编年纪月，事事胪列”，以致卷帙繁富，有违“简要”的御览之便。这一点已经让参纂人员无所适从，故避重就轻选择“规仿《通鉴辑览》叙次”，而评论上的撰写则“投机取巧”，“凡书内御批之关涉明代者，全行恭载”。说“体例先未精审”纯属托辞，这些学识渊博、熟稔史籍的参修人员难道连这点常识也不清楚么？

嘉庆帝又称“今以兴朝之隆业，载入胜国卷中，于体例殊为背谬。如该总裁等预行请旨，朕必将不应编载之故早为指示，乃并不奏明，率行纂辑，实属冒昧”，将体例不合之事归罪于未呈御览上。这一点也颇无道理！在清朝史馆中，此类事情乃属管理人员专司其职责。所谓的监修总裁、总裁、副总裁等官员基本上不参与编纂，多为挂名，并时有兼领数馆，屡有更替，管理松散，真正负责且衡定的不多。像《明鉴》案中对总纂官朱琦的惩处便属此例——“此数卷按语皆非其所撰，惟覆校时不为改正，亦属疏忽”，故“以示薄惩”，这也算是皇帝法外开恩。而张岳崧编修一职乃其初入仕途之任，此外尚无可降之职，因此只好“革职”回籍，这一点也算是循例留情，也没多少“冤枉”可言。嘉庆帝没有因为将“兴朝之隆业载入胜国卷中”，牵涉清建国而覆灭朱明之史实品论，发起像康熙、乾隆二朝时的大案冤狱，这也算是张岳崧们不幸中的万幸了。出现“并不奏明，率行纂辑”的冒昧之事，实乃提调官所为。提调指史馆中负责处理具体事务的官员，凡调拨馆内人员、督催功课、文书往来以及人事、经费、业务等诸事，皆由提调处理。所谓“提调掌章奏文移，治其吏役”，“凡一切往来文移咨查事宜及考核各员功课，实为提调官专责”。在大多数史馆中，提调一般由内阁侍读学士、侍读以及翰林院侍读等兼任，也往往从纂修官中升任。提调属于文词之士，熟悉史书修纂，在管理史馆事务方面是内行，有时还要亲自参加修史。概言之，“总其成于监修，专其责于提调”，说的就是提调官的重要①。在嘉庆帝的《明鉴》案的惩治名单中并未涉及提调官。由此也可得见，从另一个方面来说，未呈御览以避免体例不合之事，也是欲加之罪，纯属皇帝独断所致。

修史的臣工为何会有如此忤逆君威的事情呢？造成此种后果的真正原因在于清廷修明史的深刻用意和良苦用心。这是解释《明鉴》案来龙去脉的根本所在，由此也牵涉出第二个原因。

以下来谈按语错误。据上文可知，《明鉴》案的产生表面上是体例问题，实质上的症结还是在史评中。史籍评论主要表达的是文士群体对史实的态度和看法，尤其是与本朝有所牵连的明史，直接关乎士子们对清朝正统地位的集体认同、世风士风的演化培育、儒家纲常的维护巩固。这是清修明史的一大心结所在。明朝之史，修撰时间最长，思想钳制时期在康熙一朝，即前文提及的“庄廷鑨案”、“戴名世《南山集》案”，迄及乾隆时期，反清复明的政治、军事斗争已经销声匿迹，高压的文治政策无法适应时代的需要。乾隆帝一方面倡导佑文政策，另一方面也利用文治政策中的修史、编书工程来转移人心，扶植纲常，阐扬儒家学说，推行政治教化，稳固清朝政权。简言之，乾隆一朝，有关明史的纂修已日益放禁②。这一点，可以从一则笔记中窥一斑而见全貌。陈康祺《郎潜纪闻四

---

① 参王记录《清代史馆制度的特点》，《史学月刊》2008 年第 12 期。详阅王记录《清代史馆与清代政治》，人民出版社 2009 年版。

② 参王记录《史馆修史与清代帝王文治——以乾隆朝为中心》，《山西师大学报》2006 年第 3 期。

笔》卷七"松筠一言救戚人镜"条云：

> 嘉庆中敕修《明鉴》，杭州戚蓉台太史充分纂官，其所撰稿中，述本朝与明搆兵事，上怒其诽谤，下之狱。松文清公入对，谕旨偶及之，公即奏云："纯皇帝尝有明谕，以前明之事，宜直书不宜避忌。"上惊异曰："先帝果有是乎？"令检《实录》进呈，戚始免罪。文清出谓曹文正公曰："他人固不知，公亦岂失记哉？曷勿上闻？"曹曰："上愠甚，何敢言？"文清曰："公自此休矣。一言是惜，几累圣明，大臣之谓何？"曹默然。①

戚人镜与张岳崧乃同年进士，其为人虽较狂狷，道光初年多次不谙礼法而遭贬黜，但至性纯孝，道光十年(1830)母丧丁忧，扶柩回籍，哀恸过度而卒，年仅四十七。张岳崧《筠心堂集》中有《戚蓉台洗马同年哀词》，载之甚详。引录此则笔记，想要说明的是：时迄乾隆一朝，明史的修纂已发生了重要的转变。戚人镜对"本朝与明搆兵事"秉笔直书，几乎罹遭清算，嘉庆帝"怒其诽谤"与嘉庆帝所说"辄以兴朝之隆业载入胜国卷中，以致按语措词乖谬"，揆之实则为一理。戚人镜躲过一劫，一是因嘉庆朝重臣松筠的仗义谏言，二是因戚氏修史多在述而非评。张岳崧两者皆未能幸遇，故遭此祸。换言之，嘉庆帝兴起《明鉴》案纯属一己之私念，逞君王之淫威。一抬出乃父乾隆帝的御旨便立马收手，但如果有权臣能像松筠一样为张岳崧求情，则张岳崧绝对能幸免"最严重"的厄劫。因为张岳崧对明将熊廷弼所谓的"按语错误"，在乾隆帝的"金科玉律"那里也可找到蛛丝马迹的反证，经纂改后的《明史》三百三十六卷，署张廷玉等奉敕撰，收入《四库全书》正史类。卷首有乾隆帝《御制读明史》诗一首，《御制题明神宗本纪》和《御制读熊廷弼传》二文。后者载曰：

> 明之晓军事者，当以熊廷弼为巨擘。读其《陛辞》一疏，几

---

① 陈康祺《郎潜纪闻四笔》卷七，中华书局 1984 年版，第 107 页。

欲落泪！而以此尽忠为国之人，首被刑典。彼其自坏长城、弃祖宗基业而不顾者，尚得谓之有人心、具天良者乎？夫廷弼自田间召还，日驰二百里，待之何殷，来之何速！及入朝，敕印不付，亦弗前席引问，若无事然，是诚何心哉！及姚宗文腾谤于朝，刘国缙掣肘于外，群小党伐，议论繁滋，致志士扼腕无能为，而明社因之以亡，其谁之过欤？夫天启呆童，受制宦竖，固不足论。若叶向高尚为忠厚老臣，徒以庇其门生王化贞，而亦有憾于熊廷弼。吁！师生门户之害人家国如此之甚，岂不可畏哉？且军事岂迂阔庸流所当横议者，横议已不可，又加之以曲直不分，门户是庇，而其君复不辨其是非，示之彰瘅，因循引长，颠覆随之。此固天厌有明，抑以其季世之君有以自取也。夫廷弼，岂非与我祖宗开创时作难者？然各为其君，理应竭力尽心。数百年论定之后，予且嘉之而怜其屈死。然则彼时之为彼君者，谓曰无人心而丧天良，亦非苛论而已矣。[①]

熊廷弼与孙承宗、袁崇焕并称“辽东三杰”，是明朝经略辽地、抵御后金的中流砥柱。乾隆帝的御文，直截了当地表明了官方立场，一方面为熊廷弼平反昭雪，称其是各为其主，是朝中奸佞的构陷和明朝皇帝的昏庸致其屈死，此乃为“嘉”；另一方面又称史评并非苛论，熊氏虽晓谕军事，有巨擘之才，但不知人心向背，不顺应历史潮流，此乃为“怜”。为何到了乾隆一朝，会有一百八十度的大转变呢？因为此时，清政权铁桶江山日益牢固，在“文字狱”的高压态势之下，汉族士人的反清气焰愈发衰熄，力主华夷之辨的民族斗士已日渐销匿。文士多栖身隐迹于故纸堆中，醉心于章句考证。朝廷非但不担心谁能利用《明史》修纂重新唤起“反清复明”的情绪，而且希望利用过去万斯同等史家冒死坚持的封建伦理和正统原则，提倡“忠义”思想，从根本上维护封建国家的长治久安。于是，

---

① 爱新觉罗·弘历《读熊廷弼传》，《明史》卷首，影印文渊阁《四库全书》本，又收入《御制文集》二集卷三六。

从前两种根本对立、水火不容的历史观念和史学思想在新的形势下就自然绾合在一起了。以乾隆帝为首的君臣重新论定明史及其人事，便赋予了不同寻常的历史意味与深刻内涵。这有着深刻的政治、思想背景和明确的目的。首先是彰显乾隆皇帝“文武十全”的“大公至正”的胸怀，如其谕中所说的“俾读者咸知朕大中至正，未尝有一毫私意偏倚其间”，藉此以笼络人心尤其是文士为主的精英阶层，增强清廷凝聚力。其次是表彰晚明忠义之士，倡导忠君爱国思想，重塑士人精神，借助修史丕振日见颓靡的士风，力挽初现端倪的衰势，正如其所谓的“彼时仗节死义之人，考订事迹，悉与备书……而崇奖忠贞，亦足以为世道人心之劝”。在这一点的处理上，嘉庆帝远远没有其父那样老谋深算，用心良苦。对秀宁的训以“于国朝事实尤应加意审慎，乃漫不留心，其咎更重”，而一旦抬出乾隆的谕旨便立即豁免戚人镜之罪，这些足以说明嘉庆帝的保守与平庸，也可佐证张岳崧罹祸实乃枉加之罪。不然，道光帝便不会在践祚之初诏复张岳崧。

据《道光朝上谕档》道光元年(1821)正月十三日载，奉旨查核前朝文职四品以下，武职三品以下降调、革职及永不叙用人员缘事案由。其中有云“张岳崧，原任翰林院编修，因纂办《明鉴》错误，革职”，名字上加有朱点，盖此为起复之记号。一同与张岳崧受处置的人员中，只见张氏被提及。此外，正月十八日“蒙发下《明鉴》一百二十部，交臣等拟赏，臣等谨酌拟开单进呈伏候钦定，尚余二十六部，应请交武英殿存贮备用，谨奏”，下有拟开赏名单，其中有大学士曹振镛、大学士戴均元、尚书房行走戚人镜等，而这些人都在当年《明鉴》案的贬黜之列①。综览上文所论种种，《明鉴》案中张岳崧被革职回籍，表面上出于体例不合、按语错误，实则正误都在独断专制的皇帝的一念之中，最终的原因都应归结到皇帝凌驾于“求真务实”的修史宗旨之上这一点中来。晓乎此，才可洞悉张岳崧“遭遇”的真正缘由，理解为何曾经赞誉自己的嘉庆帝居然丝毫

① 《道光朝上谕档》，广西师范大学出版社2000年版，第45页。

不顾情面，贬黜恩科探花，还可明白为何面对社会、政治局面日益颓败的道光帝日益提拔这个年齿不小的逐臣。所谓“朝为田舍郎，暮登天子堂”，“朝”、“暮”之间亦可换言，荣辱之速莫过如此，也难怪乎张岳崧从此自号“觉庵”。概之，张岳崧的错抑或对，标准都在于专断的皇帝选择何种用意来修史。

（二）治理水患——两理河务仍徒呼奈何

供职翰林院，虽居官清要，但无实权，未曾想初入仕途便罹大祸，可以说张岳崧步入政坛的第一步已极为不幸也是极其“失败”的。张岳崧真正进入官场而有所作为，这一点还得从道光二年（1822）外放为官，督学陕甘算起。张岳崧在教育方面的重要理念及其卓越贡献，因兹事体大，将另辟一章予以专门讨论。本章在这里主要从张岳崧治理水患谈起，乃缘于张岳崧先后在江苏、浙江、湖北任上，赈灾抚民，治河浚湖，历时较长，功勋颇著，备受道光皇帝赞许。此可称得上张岳崧仕途中的第二座丰碑。

1. 水患的历史背景与道光朝之情形

水患早在远古便已存在。据《山海经·海内经》载，因洪水泛滥，鲧偷神土以堙水，无果而殒命。子大禹治水弃其父堵水之法，疏浚通导，三过家门而不入，终成伟业。历朝列代，治理水患，都是国政中的一件大事。迄至清朝，还特设有河务、漕运总督等专职，主司其责。所谓的“康乾盛世”，其中一条便是河务治理的“成功”。清人陈康祺《郎潜纪闻三笔》中有“圣祖书三藩及河务漕运三大事于宫中柱上”一则，其曰：“圣祖皇帝初亲政，以三藩及河务、漕运为三大事，夙夜廑念，爰亲书大略，悬之宫中柱上。至三十一年谕旨述及之，犹云至今尚存。圣人之宵旰勤民，即此可见。”[①]据此可知，河务乃康熙帝即位之后所关注的三大要事之一，其重要性无需

---

① 陈康祺《郎潜纪闻初笔二笔三笔》之《三笔》卷六，第747页。

多言。降及嘉庆一朝，漕运已成为亟需解决的朝政要务之一，而且也是专制王朝盛世走向衰亡的一个重要的危险征兆。漕米之政，即将中国南方和中部省份的租米，征集后通过水路运抵北京，供给京畿地区的宫廷和贵族享用，乃中央政府在地方经管的三大要政之一，其他两件是盐务和黄河的河道管理①。因为漕运与河务息息相关，欲治理好漕运，当务之急在于河务的疏浚畅通，故而嘉庆帝也极为重视河务（当然也包括长江的治理）。漕运的水路主要是指京杭大运河。它纵贯南北，是中国重要的一条南北水上干线，北起北京，南至杭州，经过北京、天津、河北、山东、江苏、浙江六省市，沟通了海河、黄河、淮河、长江、钱塘江五大水系，航道主要分布在黄河以南的山东、江苏和浙江三省。南北大量物资的运输交换，便依赖京杭大运河的畅通与便捷，因而运河的通塞兴衰也影响着中国的政治、经济和文化的发展。到了嘉庆年间，黄河河床上升，堤岸大受威胁，运河体系危机四伏，几近崩溃。诚如学者所言："运河受黄河之累，当嘉庆间，已成不可救药之势。"②这已引起了嘉庆帝的高度重视。陈康祺《郎潜纪闻三笔》载有"仁宗注意治河"条，可为此作证："嘉庆初，海口垫淤，河流每被壅遏，仁宗申谕河臣，设法疏导，并于御园之南，特建惠济祠河神庙，岁时亲诣升香。自此洪流顺轨，淮扬之间，水患以弭，漕艘亦皆克期北达，盖一诚之感也。"③张岳崧所处的时代，恰恰是清朝从鼎盛走向衰败之际。因《明鉴》一案革职查办，在嘉庆一朝几无作为，故而也未能参与到真正的政务之中去。直到道光一朝，黄河改道，河运瘫痪，水路淤塞，洪水成灾。"淮安的洪水不仅威胁北京的粮食供应，也威胁到盐税

---

① 详参[美]费正清、刘广京编，中国社会科学院历史研究所编译室译《剑桥中国晚清史》第三章《清王朝的衰落与叛乱的根源》，中国社会科学出版社1985年版，第113页。

② 孟森《清史讲义》，中华书局2006年版，第380页。

③ 陈康祺《郎潜纪闻初笔二笔三笔》之《三笔》卷二，第684页。

的收入。”[①]

道光十一年(1831)三月二十一日，道光帝将时任翰林院编修、日讲起居注官的张岳崧擢升江苏常镇通海道台，因此职为冲繁难要之缺，故又亲自召见，对年届花甲的张岳崧大加褒奖，以示宠幸。张钟彦《澥山公行述》载云：“辛卯(道光十一年〔1831〕)三月，奉旨补授江苏常镇道通海兵备道。召见，蒙圣训，周详垂询家世历官甚悉，并承温旨褒奖，有‘学问人品，朕所深知’之谕。”[②]九月，时值淮扬水患，流民失所，灾害綦重，加之河官多系调署，政府尾大不掉，人浮于事，又不熟稔地方情形，两江总督陶澍、督办河务大臣朱士彦上奏淮扬事，请饬令江宁布政使林则徐、常镇通海道张岳崧总司江北赈务，《清史列传》载：“又以淮扬各官多系调署，于地方情形未能熟悉，请饬令江宁布政使林则徐、常镇通海道张岳崧总司江北赈务，至马棚湾一带，灾民挑工糊口，其老弱妇女不能工作者，应请速查给赈，从之。”[③]这才开始了张岳崧赈抚灾民，治理河务的政治之途。朱士彦(1771—1838)，字修(休)承，亦字郁文，号咏斋，江苏扬州府宝应县人。嘉庆七年(1802)壬戌科进士第三人，也是张岳崧探花及第的房师，可谓慧眼识人！朱氏熟悉河工事务，先后勘察江苏河、淮、湖工程，南河于家湾官堤、浙江海塘、南河料垛工程。疏陈南河高堰、盱堰大堤，运河扫工及安徽江堤修筑事宜，曾参纂《国史河渠志》。早在道光四年(1824)，朱氏条陈河工五事，上下皆称其可行。此次以工部尚书前往江南，督办治河事务以及灾荒赈济。他查办南河漫决情形，勘察了被水淹的灾区，奏请学生张岳崧协办此事，称得上是伯乐识才的又一佳话。张岳崧的确也未负道光帝的重托和老师的期望。据张钟彦所载，张岳崧“驱河干阅月，来往堤陂，士民熟识，每见以手加额，以为前此未有，相率进彩亭花尊匾

---

① 《剑桥晚清史》第三章《清王朝的衰落与叛乱的根源》，第119页。

② 《张岳崧诗文集》，第696页。

③ 王钟翰点校《清史列传》卷三七《朱士彦传》，中华书局1987年版，第2885页。

额为颂”,张岳崧“力却弗能止也”,又“犯风雪涉险阻,独以一身周历水乡十余邑,稽察户口,监放米粮,凡五阅月而竣”。一方面,“悯老弱饥寒,捐俸制棉衣数千领,复制疗饥丸数千颗,随在散给,所全活甚多”,另一方面,“因勘灾所至,周鉴形势,著《下河水利论》三篇”①。在这一次赈灾济民事件中,张岳崧可谓政绩斐然。梁廷枏《粤秀书院志》卷一六《张岳崧传》称道:“辛卯,擢常镇通海道,会堤工险要迭出,亲诣督办,随奉命赈抚江北,全活甚众。”②顶头上司林则徐后来也对其评价颇高:“伏查藩司张岳崧,从前与臣同在翰林,知其品学俱优,众皆推重。迨道光十一年臣在江苏,见其于常镇道任内督查赈务,公正严明,能除积弊。”③

道光十三年(1823)九月,张岳崧自大理寺少卿补授詹事府詹事,上任八日便迁擢湖北布政使,数署抚篆。期间鄂楚水患频仍,张岳崧也参与到河务治理之中,直到丁忧回籍不再复出。这算是张岳崧政治生涯中的最重彩的一笔。因为此次赴任湖北,也是肩负皇帝的特殊使命。张钟彦对此详载云:

> 甫至任八日,复蒙简放湖北布政使,府君请训时,皇上面谕以“湖北叠次水灾,事颇难办,特命汝往”。复蒙温旨奖励训诲,府君感激天恩,力图报称。陛辞后,单骑赴任。楚北江汉所经千余里,自辛卯以来,所在冲决淹渍,迭告沉灾。府君抵任,抚恤灾黎,周览形势。盖河身淤淀日高,既无分泄入湖之路,而下游沿江荻洲蔓衍,归墟不扬,水势恒骤长寻丈,冲突数百里,势与东南两河等。既无专官,又乏额帑。其堤工则官督

---

① 张钟彦《澥山公行述》,载《张岳崧诗文集》,第 697 页。

② 梁廷枏《粤秀书院志》卷一六,赵所生、薛正兴主编《中国历代书院志》第 3 册,江苏教育出版社 1995 年版,第 242 页。

③ 林则徐全集编辑委员会编《林则徐全集》第二册《奏折卷》,道光十七年(1837)三月初六日“遵旨随时随事察看湖北藩臬两司片”,海峡文艺出版社 2002 年版,第 344 页。

民修，鲜一劳永逸之计。府君昕夕焦劳，多方筹度，以为疏浚既力所难施，势不能不籍堤防为保障。因督率僚属，勉以竭力趋工，实心任事，俾一律修筑完固，次年春汛获保无虞。其境灾民，则遵旨借拨银两，碾发仓谷，抚赈兼施。檄所属稽查户口，杜绝侵渔，务使实惠及民。兼于本省设局留养贫民，以仰副圣主矜恤黎元之至意。[①]

当时湖北水患之情形极为复杂繁冗，治理起来颇为棘手。一方面洪灾泛滥，流民失所，另一方面国库贫弱，修防难以为继。张岳崧在《饬行各属札》中对此叙道："楚北江汉两水因近年大泛，涨速消迟，以致底垫日高，堤形低矮。……本司自履任以来，夙夜焦劳，寝食欲废，每与各属暨诸绅士晤谈，旁咨博采，求于地方稍有拯济。现楚北情形沉灾迭告，死亡流徙，触目怆怀。国赋屡悬，民命何赖？当此辛苦垫溢之时，上费宸勤，下关民瘼，吾辈服官斯土，敢不思艰图易，竭智殚心？即不能为一劳永逸之谋，亦必当图尽人听天之道。"[②]细味此文，可知六十余岁的张岳崧面对如此天灾人祸，也只有听天由命徒呼奈何之叹。而且，张岳崧这种心态并不在此处才得以窥测一二，其他私人信札中也有所透露，可谓说得更加真实可信。《与陈其山同年书》有云："珂里情形万分棘手，堤防尤无良策。朱、刘两谏议上书以后，屡有建言，现在悉心筹画，加以采访，仍未确有把握。何也？古人治水，不逆水性，不争水地。《禹贡》终篇只言导，孟子言疏瀹决排，均不及堤防一字。今则反是。欲竭人力与水争胜，而求尽善无弊，得乎？况经费有常，官民交敝。以不充之费，修不固之堤，御无穷之水，有不智勇俱困耶？……然岁久湮塞，疏浚费繁，未易为力。……况江湖水势往往骤长二三丈，冲突数百里，又非建闸启闭之所能，是宣泄又无其路矣。由是观之，虽善治水者，舍下策之堤防，竟无良法。某视事以来，自维疏

① 张钟彦《澥山公行述》，载《张岳崧诗文集》，第698页。
② 《筠心堂外集·公牍偶存》，第407页。

拙未展寸筹，然熟审情形，既无久安长治之谋，只可为得尺得寸之计，惟有督率属员各就地方形势，竭力筹办。”[①]在如此万般艰难的情形之下，张岳崧心有余而力不足，甚至产生了归隐西山的念头。《与郑柏山孝廉书》载云：“今夏旱蝗为祟，各省不免。乃汉江骤涨，复患沈灾。遇此于蕴隆中，尤属意外。厥咎在躬，乃为民疚，亟图行退以避贤路，然溺职孤恩，恐益增畏难之罪，暂且中止。现安抚修筑，竭蹶万端，缘形势之难，坐受邻壑。其最患者，一曰逆水性，二曰争水地。唯争故逆，二患相因，虽圣人不能治。缘生齿日繁，不能禁无业之民不与水争，而所恃以争者，仅此一线单堤，岂能捍御盛涨？故自古水患之兴，因堤防而益甚。《洪范》一‘堙’字，所以祸延九载也。《禹贡》所不道，孟子所不言，贾让所不陈。而今以此为先务，此虽发帑百万，鸠役亿夫，未必有济，何况官民交惫，经费毫无，何俟智者而后知其不可为耶？某之暂留，未敢置身事外，拟堤成之后，力陈乞养。”[②]

在给恩师、湖北天门籍蒋祥墀的书信中也提及此种想法：“某备员珂里，值沈灾之余，民生不聊，官力亦惫。滔滔南纪，淤浅横溢，控御万难。数千里堤塍，民命所关，租赋所出，比之东南两河，无殊轻重。然两河岁备帑金百万两，河帅及道厅河员百余辈，犹觉难保无虞。楚北则既无专员，亦无额帑，是故无河工之名而有河工之实。徒恃嗰尬之民，竭脂膏以供土壤，罄筋力以遏洪流。牧令刑钱事繁，兼顾既难，易形草率，此无异移愚公之山、衔精卫之石，其有能济者哉？……庶望尽人事以听气运，或天心悔祸，幸犹安全耳。……某在此，上下寅僚尚无隔阂，惟自揣疏拙，恐上负国恩，下辱师教，昕夕惶悚，无以自安。老母在琼，念切归养，奈蒙恩逾量，言难出口。然要不可不自审无能，早避贤路。师闻之，当为首肯否？”[③]张岳崧深受圣眷，竭忠尽职，为人谨慎，不到万不得已之际，

---

① 《筠心堂文集》卷九，第 305—306 页。

② 同上，第 308—309 页。

③ 张岳崧《上蒋丹林师书》，《筠心堂文集》卷九，第 310—312 页。

是断断不可能三番五次地说出这番英雄无可奈何的喟叹，更何况是在给几位师友同年们的私密书札中一一道出欲引退之辞，充分佐证了当时水患之巨，治理之难！张岳崧心中有如此的想法，早已没有当初“麦饭有怀酬主意，扁舟犹许济时才。淮河闻道新筹策，何日澄清揽辔回”[①]的豪迈与希望，在他的诗里，我们看到的是一种英雄无助的悲哀。其《天门舟中》诗云：“扁舟朝发动栖鸦，入望人居傍水涯。小艇柴门斜系柳，短篱菜圃欲开花。难教泽国安鸿宅，尽拟闲身付钓槎。老我风尘竟何益，鸥盟有约觅烟霞。”[②]其实这并不是他个人时命不济的感叹和失落，而是所处时代的集体悲剧。著名清史专家孟森先生对此有过论断：

> 至道光时则时事之接触，切身之患，不得不言有三端：曰盐，曰河，曰漕。议论蜂起。……道光间学士大夫之著作，非雍、乾之所有，亦可谓非嘉庆朝所有矣。盐、河、漕三事，能文绩学之士皆有论述，而当事之臣采用之，朝廷听纳之，颇有改革。惟河患迄未能以人力挽回，至咸丰初天然溃决，不可收拾而后改道，乃得苟安数十年。此道光朝之国事，亦即道光朝士习所由成也。[③]

由此可见，面对肆虐的河患，有志之士虽殚心竭力，却已无力回天，惟寄希望于天命，任凭其生住异灭。黄河泛滥成灾，设有专门的官方机构、专职的官员、专用的帑金，由河督统辖治理，尚且如此不堪，推而言之，天下同此一理，遑论没有专职治理部门的区区江汉。

2. 张岳崧的治水策略及其成效评述

虽然张岳崧治水时有一种徒呼奈何的无助，但其治水思想与策略还是值得我们去深入探讨的，唯有如此，方可真正洞悉其治水功

---

① 《筠心堂诗集》卷一《渡滹沱》，第 7 页。

② 《筠心堂诗集》卷四，第 96 页。

③ 孟森《清史讲义》，第 367 页。

绩之高下与时命际遇的绾合。现拟就张岳崧治水赈民的思想、方略及其成效进行探讨,并和他人河务韬略试作比较,或溯其源流。

首先,关于治理水患的实际难处,张岳崧认为有二难:一是帑金,二是人才。所撰《上蒋砺堂相国书》一文论之较详,据篇首所言,乃因河道总督疏请朝廷拨款疏浚黄河海口之事而作,盖与《淮扬下河水利论》的写作时间相近,作于道光十一年(1831)江苏常镇通海兵备道任上。今摘录如下:

> 窃惟海口淤积,黄不畅流,近则病漕,久将溃决,舍疏通之外更无善策,但以百十年积渐堙塞之后,欲一朝浚使顺流,其势已难。然其难尤有二焉,曰帑难,曰人难。
>
> 何谓帑难?顷西陲军兴,不得已为输粟之计,然可暂而岂可为常。即今展限移捐,已属下策,恐欲另安题目,必愈难行。非但理有不可,实则事有不济也。窃闻淤浅处所,地势绵长,加以海卤挟潮浸灌,浊泥久成坚韧,大加疏导并筑束堤,恐非千万以上不济。而此事尤须速成,若旷日经时,旧淤未去,新淤旋生,势不能为得尺得寸之计。倘工繁费绌,败于垂成,即与虚靡等。颇闻河帅所陈四百余万,若果足济,国用虽乏,何吝此区区,不为一劳永逸计乎?然窃患其有所不能也。河帅之意,或以为兴役之后,当可续请,但钜费繁兴,司农持筹,既无长策,势将掣肘。苟前功尽废,此与旧年王营减坝之役,是非虽殊,而同归罔济,岂不重宵旰忧,诒当事虑耶?故曰:帑之难也。
>
> 何谓人难?正帅向称勇往,副帅事已至此,岂能卸责?但巨役方兴,即须分理得人,岂复一手足之烈?向来河员积敝甚,至有事为荣。若工不核实,虽倍千万,不足侵渔之橐。事苟中败,即加之严谴,岂足蔽误国之辜?凡治法尤须治人,得人则事难而亦易,不得人则事易而亦难。地方吏治,往往皆然,况河员之半出佐倅,杂以武弁。人既难齐,积惯骄奢,习尤敝玩。以此任事,所谓虽易亦难,况此事之尤不易者乎!故曰:人之难也。

> 方今朝廷勤求治理，殚心民瘼。特简贤相熟勘情形，自必以不惜帑金，惟怀永图为念。窃谓履勘既审，似宜细诘河帅实在工费，据实奏闻，并熟察二帅用人情形，乃可定议。不然，帑不足而续请，中止为难，人不妥而多乖，遥制未易。此事处不得不办之时，实有万不易办之势。惟相国智周道济，又得协揆师熟商审处，经画之宜，想无不善。但以事体重大，国家利害所关，即相国声望所系，聊抒蠡管，冀当面陈。①

张岳崧在文章中提出治理水患真正的难处一是难以筹措巨额的专项资金，二是缺乏大量的实干的专门人才。这种情形，确实是当时人所共睹的困境。故而，此类观点也可在当时找到桴鼓相应的人。钱泳(1759—1844)，原名钱鹤，字立群，号台仙，一号梅溪，江苏金匮(今属无锡)人。出身于名门望族却不事科举，长期当幕客，足迹遍及大江南北，见识较广。工诗词、篆、隶，精镌碑版，擅长书画，治印得三桥(文彭)、亦步(吴迥)之遗风。有缩临小汉碑，集各种小唐碑石刻行世。曾结识成亲王永瑆，《诒晋斋法帖》之摹刻即出于钱泳之手。撰述颇丰，有《说文识小录》、《守望新书》、《履园金石目》、《梅溪诗钞》、《兰林集》、《履园谭诗》、《艺能考》等。此外，钱泳有一部《履园丛话》，以内容丰富、资料翔实、文笔流畅而最为人称道。全书分二十四卷，涉及典章制度、天文地理、金石考古、文物书画、诗词小说、社会异闻、人物轶事、风俗民情、警世格言、笑话梦幻、鬼神精怪等许多方面，堪称包罗万象，蔚为大观。钱泳晚年潜居履园，“于灌园之暇，就耳目所睹闻，自为笺记”，自谦其为“遣愁索笑之笔”。道光十八年(1838)七月，时年八十的钱泳自序《履园丛话》，此乃述德堂付梓刊刻之际所作。卷首载有道光五年(1825)冬十月著名学者、诗人、翰林院庶吉士孙原湘题写的序，其曰：“履园主人于灌园之暇，就耳目所闻，著《丛话》二十四卷，间以示予曰：‘吾以是遣愁索笑也。’孙子读而叹之曰：‘此非遣愁索笑之

---

① 《筠心堂文集》卷八，第289—290页。

为也，先生欺予哉！’主人改容起曰：‘噫！子知我者，试为我序之。’”[①]可知此书早在道光五年(1825)已撰成。钱泳年长张岳崧十四岁，张岳崧《上蒋砺堂相国书》中提出治水有二难的说法，其实早在六年之前，钱泳已经在《履园丛话》卷四“水学”中有所论述：

> 或议治水之道，当以丰穰之年为始，俾人民乐输，工料易办，备预不虞，策之上者。此言是也。然余以为譬如治病，今人尚有无力就医而听之呻吟者，岂有病未至而先服药者乎？病既至矣，初则择医甚难，继则服药无效，或调理之不得其宜，反至增重，吾见病未去而人已惫矣，故曰得人最难。[②]

比较钱、张两人的看法，如出一辙，几无二致。二者皆身处嘉庆、道光之际，此时社会衰败，国力靡弱，民不聊生。倘若想抽分出更多的帑银，数次来治理水患，如同痴人说梦，巧妇难为无米之炊。故而，更亟需的是人才，敢于挑战和勇于实干的欲挽清廷大厦于不倒的危世奇才。《履园丛话》还载云：“欲水患消除，必专任大臣，而辅之以所属；责成于守令，而催办于粮里。不宜他官分督，而有失厚利。某处系上游水汇，某处系下流支港，应分某水以杀其势，应阔某岸以缓其冲，应浚某河以会其流，某处坝闸宜修，某处塘堰宜筑，应复旧，应新开，非专官而能之乎？”[③]张岳崧的好友林则徐因在江苏布政使任上有所作为，道光帝擢为东河总督，统管河务事宜。因兹事体大，林则徐上疏奏请另选贤明担任此职，时在道光十一年(1831)十月十九日，即张岳崧与林则徐淮河赈灾的那一年：

> 惟思河工修防要务，关系运道民生最为重大，河臣总揽全局，筹度机宜，必须明晓工程，胸有把握，始能厘工剔弊，化险

---

① 钱泳撰，张伟点校《履园丛话》卷首，中华书局1979年版，第1页。

② 钱泳撰，张伟点校《履园丛话》卷四，第106页。

③ 同上，第106—107页。

为平，而道、将、厅、营皆得听其调度，非分司防守之员事有禀承者可比。臣先由翰林、御史外擢浙江杭嘉湖道，本未经习河工。迨道光二年奉旨补授江南淮海道，虽有兼河之责，但自是年十二月二十四日到任，至次年正月初七日即已蒙恩升授江苏臬司，计在任不及一月，又值岁暮停工之际，不特河防形势未及讲求，即土扫各工作法亦未目睹。至五年间，奉旨赴高家堰催工，为时约有数月，而所见只系砌石，所司只系督催，并未经手工程，于河务仍属阂隔。今若骤膺总河重任，既不明于形势，即不审于机宜，纵使赶紧研求，已属缓不及事。且河工尤以杜弊为亟，必先周知其弊，乃可严立其防。[1]

同年十一月二十九日，道光帝朱批到："一切勉力为之，务除河工积习，统归诚实，方合任用尽职之道，朕有厚望于汝也。慎勉毋忽！"[2]可见道光帝对林则徐的倚重。不止是委任专官，官员还须亲历亲为，务必实地勘察，钱泳云："古人治水之道，必观其源，溯其委。"[3]又云："治水之法，既不可执一泥于掌故，亦不可妄意轻信于人。盖地有高低，流有缓急，潴有浅深，势有曲直，非相度不得其情，非咨询不穷其致。是以必得躬历山川，亲劳胼胝。昔海忠介治河，布袍缓带，冒雨冲风，往来于荒村野水之间，亲给钱粮，不扣一厘，而随官人役，亦未尝横索一钱，必如是而后事可举也。如好逸而恶劳，计利而忘义，远嫌而避怨，则事不举而水利不兴矣。"[4]这一点，仍可以林则徐为例。陈康祺《郎潜纪闻二笔》卷一三载有"林文忠办理河工之精核"条，其云："河工为国家漏卮二百年矣，道光十一年，林文忠公擢东河总督，奏言秸料乃河工第一弊端，其门垛、滩垛诸名目，非抽拔拆视，难知底里，遂将南北十五厅各垛逐查，有

① 《林则徐全集》第一册《奏折卷》，第45—46页。
② 同上，第46页。
③ 钱泳撰，张伟点校《履园丛话》卷四，第98页。
④ 同上，第106页。

弊者察治，所属懔然，岁省度支无算。得旨：'向来河臣，从未有如此精核。'"[①]但即便如此，皇帝重视、官员尽责，河务仍得不到圆满的解决，张岳崧也效法先贤海瑞，事必亲为，鞠躬尽瘁，最终也是落得个无可奈何的结局。这不是个人的失败，而是时代社会的悲剧。这一点，孟森在《清史讲义》中有极为精严的论断："黄河夺淮数百年，淤垫已甚，至道光间岌岌不可终日，士大夫以筹河为急务。河底已高于平地逾丈，赖堤以夹之，行全河于人家屋脊之上，断无可以安心之理。于是议者争言改河。或谓堤外筑堤，再成一河身，而以原有之河身为堤之一面。或谓引入六塘河，使改道入海。事皆窒碍难行，徒有议论驳辨而已。至咸丰五年，河决兰阳铜瓦厢，夺大清河入海，始听其自然改道。当道光间，所争议而得行者，惟筑坝改用石为用砖，事易实验，然且勘驳停废，争而后复。其实用石拥堤，亦起于嘉庆之末，而行于道光之初。初用石时，亦多异议，既用石十余年，议者亦以石为便，而反对砖。总之，胥侩既成之窟穴，把持者多，工程之学不明，有精心任事之河臣，则以经验而得善法，中枢无定识，往往易于动摇。略志之，以见科学未明时河工之程度。"[②]

其次，关于治理水患的具体措施——疏道通河还是筑堤围水，张岳崧在治水赈灾中有所变通，二法皆曾采用过。前者在淮，后者在楚。钱泳《履园丛话》卷四"水学"有云："江南治江，淮北治河，同一治也，而迥然不侔。黄河之水，迁徙不常，顺逆乍改，其患在决。虽竭人功，而天司其命。江南之水，纡回百折，趋纳有准，其患在塞。虽仰天岘，而人职其功。"[③]又云："治水之大要惟二道，曰蓄曰泄而已。蓄以备旱，泄以防潦，旱则资蓄以灌溉，水则资泄以疏通。"[④]张岳崧著《淮扬下河水利论》，"大意以禁民竭水道，而于高仰地疏浚诸闸，使河之入江者徙而入海。时当事以工巨用繁，格而

---

① 陈康祺《郎潜纪闻初笔二笔三笔》之《二笔》卷一三，第562页。

② 孟森《清史讲义》第二编第四章《嘉道守文》，第374页。

③ 钱泳撰，张伟点校《履园丛话》卷四，第87页。

④ 同上，第88页。

未行”[①]。此可谓以疏道泄水为主。此类治水方略未得施行的不只是张岳崧一个人,还有其师朱士彦。朱氏在道光十一年(1831)督办河务时,曾奏请改治黄河长久方略。朱士彦上奏道光帝,黄河泛滥,惟有将桃源以下改北堤为南堤;另筑堤坝让淮水流出。浚清河口冲刷要到安东界,令黄河由旧河道入海,进一步在北岸开运河数十里,大约需要耗费二百余万两银子,方可免除倒塘、灌运的弊病,而且淮水东流,估计可比黄河高数尺,能与黄河汇合入海,也可以缓解淮扬流域的水患。朱士彦的奏议并没来得及施行。由此可知,朱、张等人诸如此种建议,皆只是案上文章,实未实行。明乎此,则可晓张岳崧疏道通河与当时治河大臣们理论上的相近和悲剧性的同一。

张岳崧抚鄂期间,则提倡筑堤以治水患。今《筠心堂集》中尚有《严催各属堤工札》、《江汉堤工防险章程》、《谕嘉鱼县民修筑长堤防示》数文,其大意不外乎劝民筑堤围水,以免江汉平原泛滥成灾。可是,“既无专官,又乏额帑。其堤工则官督民修,鲜一劳永逸之计”[②]。张岳崧只得“昕夕焦劳,多方筹度,以为疏浚既力所难施,势不能不籍堤防为保障”[③]。但毕竟“数千里堤防竣工费浩繁,连年荒歉,民力难修,请以抚恤余款商捐之项共十余万金,俾修筑以资堤卫”[④]。不止在长篇累牍的公文中可看到张岳崧筑堤治水的策略,其诗歌中对此也多有体现。《夏至日蚌湖舟中喜雨》“周巡月半值恢台,挥汗衣缨自土埃……喜闻畚挶天工助”句下自注云:“俗传修堤得雨,尤为巩固。”[⑤]修堤得雨,可夯实堤基,确实有些许道理。张岳崧有一次到下属府县视察,得知潜江知县杨某著有《堤说》数篇,闻之喜形于色,作诗《蚌湖即事与潜江杨宰》称曰:“蚌湖停棹水如天,前宰遗踪众言传。千丈虹堤资保障,一方雁户庆安

---

① 张钟彦《澥山公行述》,载《张岳崧诗文集》,第697页。

②③ 同上,第698页。

④ 同上,第700页。

⑤ 《筠心堂诗集》卷四,第89—90页。

全。从知兑妒忘劳义,始信咸孚佚道贤。《堤说》更闻经画善,风流相望楚江边。”[①]据张岳崧诗及自注,此前有县宰陈士谅修堤,后有杨知县著《堤说》,由此可见筑堤是当地官员较为习见且重要的公事。《潜江勘阅堤工》又云:“不尽沧江日夜东,布帆孤棹碧波中。鱼龙作窟天垂险,雁鹜浮家水接空。三楚孰资舟楫利,一竿遥忆钓丝风。维舟且为筹茭竹,可恃金堤保障功。”[②]金堤可保障三楚千里粮田,庇佑湖北万人之众。做好了堤防,便是头等功业。即便沧海桑田,山河陵变,也是造福苍生,保佑社稷的盛事。所以自己辛苦一点,至农家用餐也是值得的:“排沙漫说桑沧改,通顺难将竹箭夸。疏瀹只今筹利导,可能衽席到田家。”[③]因而堤防要务时时悬在张岳崧心头,其外出视察,遇到狂风而堤坝无恙便欣喜若狂,有《丙申夏周阅汉堤舟次蚌湖阻风》诗为证:“兼旬周历困炎暄,挂席真如不动旛。晓日远惊豚浪赤,暮云浓压蚌湖昏。千山怒啸增潮势,百里掀腾失涨痕。却喜堤塍尚无恙,未妨行旅滞江村。”[④]尽管如此,但不能忽视的是张岳崧在鄂任上,时常提出退隐归居之念。这是为什么呢?

因为一方面张岳崧认识到治水工程浩大,费资颇巨,专职人员缺乏,心有余而力不足,终鲜高明之策;另一方面是安抚遭遇水灾而流亡的民众,年逾花甲的他已是疲于奔命,目睹苍生深受荼毒之苦,实是于心不忍。同时代的钱泳说:“江南治江,淮北治河,同一治也,而迥然不侔。黄河之水,迁徙不常,顺逆乍改,其患在决。虽竭人功,而天司其命。江南之水,纡回百折,趋纳有准,其患在塞。虽仰天贶,而人职其功。”[⑤]张岳崧二者皆与焉,惜大功难成,可谓天时、人和都没得到。张岳崧在给湖北籍座师蒋祥墀的信中说:

---

① 《筠心堂诗集》卷四,第 90 页。

② 同上,第 96 页。

③ 《筠心堂诗集》卷四《潜江阅河即事》,第 103 页。

④ 《筠心堂诗集》卷四,第 89 页。

⑤ 钱泳撰,张伟点校《履园丛话》卷四,第 87 页。

某视事以来，焦灼万状。所审谏垣所陈，如钟祥之开河建闸一疏，事属壑邻，且水高于堤，闸将何用？果如所议，是激众使斗，益彼损此，所伤实多。又如改民修为官修一疏，其意欲官为保固而御责于官。但官修而费仍不能不出于民，费充或冀保固，苟费不充而强令保固，官岂无辞？今费之不能充，明矣。民力甚微，能如万城堤用至二百余万乎？即不然，能如王家营一溃口而用至二十余万乎？然则以不充之费，办至难办之工，官方以民不踊跃为辞，民又得以官不认真为解，是导民与官相仇。稍有溃决，不至群起与官为难不止。盖天下未有官与民不和而能济者。此徒知官督民修之弊，而岂知改为官修之亦弊乎？语云：有治人，无治法。又云：利不百，不变法，害不百，不更制。又云：凡民可与乐成，难与图始。为今日之计，既无一劳永逸之法，只可为得尺得寸之谋。唯有督率各属，激发天良，各就地方情形及向办章程，补偏救弊。惟务实心经理，不在多设科条，采访所及，赏罚必公，冀共激劝。庶望尽人事以听气运，或天心悔祸，幸犹安全耳。如必创立新奇，耸乱视听，卒之法立弊起，言易行难。今人之智岂必远迈古人，凡事类然。至于徒怀偏私自利之见，更无当于大公至正之谋矣。尔来吏治无大坏，亦无起色，大半以穷藉口。昔之乐土沦为巨浸累，诚不免然。大概人才实难，自古循良何曾做美缺官耶？①

治水不易，源在帑费难充，加之流年不利、蝗灾等等，民力极其贫弱，而专门人才更是难得。诚所谓“楚北则既无专员，亦无额帑，是故无河工之名而有河工之实”②。张岳崧只能是徒呼奈何了。《复余星堂观察书》亦云：“侍自揣疏庸，备员楚北，劳薪徒切，建树毫无。今复夏旱蝗告警，厥咎在躬，至为民疚。兼以江汉频涨，安

---

① 《筠心堂文集》卷九《上蒋丹林师书》，第311—312页。

② 同上，第310页。

陆一郡,复叹其鱼。堤防之疏,护卫之失,无一可恕。遇此亢旱之时,尤为变异,政乖福薄,不问可知。此时安抚修筑,巨费叠兴,大为棘手。且形势之难,甚于他省。其大患一在逆水之性,二在争水之地。具此二患,虽掷金百万,兴役十年,亦无永逸之道。何况经费豪无,官民交惫,有不智勇俱困者乎?如侍之驽骀,尤敢妄希有济乎?……侍此时以堤塍堵筑,抚恤留养,诸要事未敢推卸,定于竣事之日,步武高风,速图引退矣。"[①]后来张岳崧在给蒋祥墀的诗中也说到此意,《蒋丹林师童子钓游图次韵奉题二首》其二末联"更听师言征博利,雁鸿安集满郊扉"自注曰:"某任楚三年,治水情形,终鲜善策,读师诗落句,倦怀梓里,故次首及之。"[②]由此可见,就连张岳崧自己对其在鄂任治水的政绩上也是给了一个差评。这也不能苛责张岳崧。张岳崧在信中所说的都是铁打的事实,毋庸置疑。已逾花甲之年的张岳崧修堤筑坝已是费尽心血,更要亲躬抚恤灾民,无疑是雪上加霜,加重了他回乡归隐的念头。其《安抚资送灾民勿令远涉苗疆事议》称:"窃惟禁流徙者,莫要乎抚绥。靖边圉者,必先乎治内。楚北襟江带湖,频罹水患,被灾穷民谋生乏策,以致纷纷外出,或奔各省,或混入苗疆,均所不免。"[③]安抚禁止之策是一留养灾民,二资归流民,三查禁奸民。《查禁游民结党外出议详》亦云:"楚北频年患水,被灾之民安抚既无其方,稽查亦未尽其道,且竟有本境先为资送外出以免滋扰者,是不能截之使留,反欲纵之使去,畏其自扰而反以扰邻,尤属非是。因此纷纷逃亡,久成恶习。"[④]《谕禁贫民外出示》复云:"楚北屡遭水患,失业之民每多远出逃荒。……本年麦收丰稔,惟夏间江汉屡涨,安陆各邑堤溃被淹,邻境下游间亦受害。"[⑤]概之,治水已属劳力费神,安抚灾民流

① 《筠心堂文集》卷九,第312—313页。

② 《筠心堂文集》卷四,第94页。

③ 《筠心堂外集·公牍偶存》,第405页。

④ 同上,第416页。

⑤ 同上,第418页。

寇更是繁杂凌乱。故而须谨慎处理，如《筹议留养贫民详文》所言："为酌拟留养被水贫民，以示何必而免流离事。窃惟救灾患者，必审权宜。禁流亡者，必先安抚。"①

简言之，在治理河务水患上，张岳崧枉费心力，到头来还是"终鲜善策"而徒呼奈何，时常"惓怀梓里"而冀求"速图引退"。这不仅仅是张岳崧个人的人生悲剧，也是当时整个社会的历史悲剧。

① 《筠心堂外集·公牍偶存》，第412页。

二 张岳崧的文学观念及其创作

(一) 张岳崧诗文声名显晦的历史考察

张岳崧向以书法名垂青史，致其诗文提及者少，甚至湮没无闻。从理学名臣进士同年唐鉴所撰的《墓志铭》即可窥知，其对张岳崧的理学造诣、书法成就推崇备至，而于诗文却只字不提。此后，岭南同乡张维屏撰《艺谈录》亦是如此，极称其学问、人品，对其书法更是赞誉有加，认为“翰山生平，书法第一”①，于诗虽摘句数联而不予评骘，甚至对张岳崧似有贬抑之意。张维屏《听松庐诗话》载曰：“翰山因修史被议革职，至嘉庆己卯，恭迎万寿庆典，获咎诸臣皆献诗册，翰山作全韵诗，至仄声内有韵窄而极难押者，请余助之。余因同乡同年，不得已为作十数首，于是全韵诗乃成。”②“不得已”襄助张岳崧完成此番巨制，言下之意，连押仄声窄韵都无法择定，可见张岳崧的诗才并不广博，诗学水平也不高超。其实张岳崧的诗才早在嘉庆六年(1801)二十九岁求学广州粤秀书院时，便得到山长、“岭南三大家”之一冯敏昌的惊赞。这一点，有张岳崧为其师所作的《冯鱼山师小罗浮草堂诗序》为证：“岁辛酉，岳崧从鱼山师读书粤秀山中……一日，岳崧偶赋《登镇海楼诗》。师可之，

---

①② 张维屏《艺谈录》“吴荣光”条，载程千帆、杨扬整理，杨扬辑校《三百年来诗坛人物评点小传汇录》，中州古籍出版社 1986 年版，第 398—399 页。

其获闻绪论自兹始。”[①]其子张钟彦《澥山公行述》载之稍详：“肄业粤秀书院时，冯鱼山先生敏昌负重名为书院主讲。先生于人才少所许可，府君始至，未之奇也。会以九日登镇海楼，令诸生赋诗，览府君作，惊曰：‘海外自苏文忠游后，未闻有诗人嗣响，于此其有望乎？’与谭论竟日，遂大称许。”[②]道咸年间的梁廷枏(1796—1861)撰《粤秀书院志》卷一六《张岳崧传》亦云：“嘉庆七年辛酉举优贡，送院肄业。院长冯鱼山先生始犹众遇之，及见《九日登镇海楼诗》而后，惊异，加礼爱。”[③]一首《登镇海楼诗》便证明了张岳崧的诗才并非窘困，恰恰相反让张岳崧备受青睐，诗史留名。到了民国初期，时任总统的徐世昌(1855—1939)召集门客、幕僚共同编纂《晚晴簃诗汇》(今名《清诗汇》)，其于1929年编成，由退耕堂刊行问世。此总集仿照吴之振《宋诗钞》、顾嗣立《元诗选》、钱谦益《列朝诗集》、朱彝尊《明诗综》的规模，志在网罗有清一代的诗人诗作，并加以品评。如《凡例》中所言，“不分异同，荟萃众长，旨尚神思，务屏伪体。自大名家外，要皆因诗存人，因人存诗，二例并用，而搜逸阐幽，尤所加意”，要求做到“一代之中，各家俱存；一家之中，各法俱在”[④]。全帙录诗人6100余家，诗27400余首，分为200卷。其实，清代诗人及其篇什何止于此。清诗犹如清词，超轶元明，号称“中兴”。李灵年、杨忠两位先生主编的《清人别集总目》著录清人诗文别集40000部，作家近20000名。柯愈春先生以一己之力，大肆搜罗，亲自翻检，著为《清人诗文集总目提要》，收录传世者19700余家，别集40000余种。相比之下，《清诗汇》并非“全帙”，此书虽然成于众手，择录标准不一，水平参差不齐，然而张岳崧成

---

① 《张岳崧诗文集》，第367页。

② 张钟彦《澥山公行述》，载《张岳崧诗文集》。

③ 梁廷枏《粤秀书院志》卷一六张岳崧本传，赵所生、薛正兴主编《中国历代书院志》第3册，江苏教育出版社1995年版，第242页。

④ 徐世昌编，闻石点校《晚晴簃诗汇·凡例》，中华书局1990年版，第1页。

功入选，并甄录 4 首（《涿州早发》、《早游宝月台望七星岩》、《温泉》、《汉延熹华山碑拓本次朱竹君先生韵为梁茝林中丞题》），应算是对张岳崧诗歌正式的集体认同和肯定，因为李、柯二书也著录了张岳崧的《筠心堂集》。如果这一点还不足以证明，那么著名的清诗研究专家袁行云先生所编撰的《清人诗集叙录》，应算是学术上高标准、严要求的一个“审判”。袁行云先生劬学好古，尤精版本目录之学，积三十余年之力著成《清人诗集叙录》，此书是迄今为止介绍清人诗集最为宏富的一部学术著作，自称清人诗集约 7000 种，实择录清代诗家 2511 人。张岳崧《筠心堂诗集》入选其中，并对其诗加以称道：“诗文集合刊，诗集收嘉庆十六年至道光十八年诗三百四十九首。岳松（当为崧）诗豪宕丽密，亦不失绵邈远淡。咏粤中山水诗居多。督学陕甘，有《五丁峡歌》、《贺兰山》、《银夏除夕》、《甘州校射》、《张掖郊行》、《由肃州取道西宁复经甘凉故道至兰州途间得诗二十首》。嘉庆间海波既平，有《纪事诗》呈百龄。《咏史十首》、《山农歌》、《牵牛谣》、《牛痘词》、《题富海飒中丞松阴补读图》、《题汉延熹华山碑》、《题罗茗香观我生图》，取材既广，而无冗沓之弊。唱酬者秦瀛、吴鼒、陈用光、梁章钜、张维屏、唐鉴等名宿。”①后来著名藏书家伍崇曜编纂《楚庭耆旧遗诗》，对张岳崧这样评价道：“诗其余事，根柢汉魏，浑熟精《选》理。文场元帅，固当勿坠宗风。吴山尊学士曾谓其‘深于六朝，近代所罕’，知言哉。”又云：“先生工书法，与郭兰石大理齐名，其实过之，海内交推。得其零缣断楮者，珍逾球璧，诗名遂稍为所掩。”②据此观之，张岳崧的诗篇还是可圈可点的，足有研究之必要。

尽管张岳崧本人也说过，“岳崧疏芜于诗懵无得”③，“余不工

---

① 袁行云《清人诗集叙录》，文化艺术出版社 1994 年版，第 1894—1895 页。

② 伍崇曜编《楚庭耆旧遗诗》，道光二十三年（1843）刻本。

③ 《冯鱼山小罗浮草堂诗序》，载《张岳崧诗文集》，第 367 页。

诗”[1]、“余不工度曲”[2]，还说：“仆疏芜不学，诸付颓惰，吟咏一事，作辍尤甚。间或搦管，则以古实拙，似直实粗，韵致毫无，嚼蜡同味。每成一章，略自寻讨，便已付炬，同人中鲜令见者。细哦佳什，屡欲焚弃笔研从阁下师耳。”[3]翻检张岳崧的著述，自称不善填词，这可算是实情，说自己疏陋不学，不工于诗，这无疑是谦辞。因为其恩师冯敏昌的诗集，乡贤邢宥、海瑞等人的文集，张岳崧皆参与修订、辑刻。其同年、好友诸诗文集，都可看到张岳崧为之题序作跋。实际上，自上世纪 80 年代，张岳崧诗歌已逐渐进入研究者的视阈。成果有海南人民出版社 1985 年出版的朱逸辉、范会俊选注《王弘诲张岳崧诗选》，《海南师范学院学报》1990 年第 2 期刊发的范会俊《张岳崧论》，东西文化事业公司 2006 年版出版的韩林元编注《张岳崧诗三百六十首》，等等。其中，尤值得注意的是，广东人民出版社 1996 年出版的钟贤培、汪松涛主编的《广东近代文学史》，将张岳崧与韩锦云专辟一节，详论张岳崧的诗歌观念及其创作。这些都可供笔者资鉴。现拟就从四个方面，来详细探讨张岳崧的文章学思想和诗学观念、诗歌的思想内容及其分类、审美情趣和隐逸心态及其诗歌风格与师法渊源。

（二）张岳崧的文章学思想和诗学观念

诚如夏宋《前湖北布政使张岳崧崇祀乡贤实录》中所言：“本员（张岳崧）为学力辟门户之见，百家载籍无不淹通，而立身行己一以宋儒为折衷，尤服膺程朱之诣。尝言后世学者专事考据则病其丛杂，高谈名理则易涉空虚。能以汉儒之赅通，析诸宋儒之义蕴，则经明行修，学术何患不醇，士风何患不振？其立论教人以六经为根柢，以心性为要归，故品学为世所重。学问淹通醇粹，所为文皆有

① 张岳崧《李卷山同年诗序》，《筠心堂文集》卷六，第 217 页。

② 张岳崧《天籁轩词谱序》，《筠心堂文集》卷六，第 222 页。

③ 张岳崧《与吴巢松同年书》，《筠心堂文集》卷八，第 279 页。

关于世道人心。……为文根柢经籍，其言关于世道而浑厚醇肆，学者称其得力于龙门、昌黎。诗赋宗汉魏而出入唐宋诸家。”[①]此番请愿乃绾合乡郡绅士如吏部郎中云茂琦、刑部主事韩锦云等人，为张岳崧恳请从祀乡贤，可作为一份对张岳崧评价的群体认同书。张岳崧为人谦和谨慎，治学尊崇程朱，文章而兼经济之长。梁廷枏在《张岳崧传》中对其文章也评价道："为文浑厚醇肆，尤长制义。"[②]现试就张岳崧的文章学思想和诗学观念作一番考察。

1. 张岳崧的文道观

(1) 根源出于经传，故须典雅

张岳崧认为文章之道，须根源于经传，方能清真雅正。道光三年(1823)，张岳崧撰成《训士录》，称自己"经学词章是其本业"，目的是"为刊印示文振兴士习事"[③]。其中《厘正文体》一则，身为陕甘学政的张岳崧是如此训诫秦陇士子的：

> 文章之道，椎轮于诸经，滥觞于《左》、《国》……伏读世宗宪皇帝晓谕考官拔取之文，务令清真雅正，此千古文章之枢纽也。尝敬绎之，盖文以义理为要，不清则蒙翳，不真则庞杂，理义何由而明？文以体裁为宗，不雅则俚俗，不正则险怪，体裁何由而立？故必洗伐榛芜，除去烦滥，使意度之间，水净沙明，乃可言清。深究理旨，体会题神，使诠发之际，切实谛当，乃可言真。熔铸经传，酝酿深醇，自无浅陋粗鄙之说，则雅之谓也。宗法先民，趋步绳尺，自无跅跎诡谲之患，则正之谓也。……若夫文者，道之著。言者，心之声。必须敦品绩学，涵养性情，其文乃有光辉笃实之能，优柔平中之旨。则即文可以觇行，有

① 夏宋《前湖北布政使张岳崧崇祀乡贤实录》，载《张岳崧诗文集》，第711—712页。

② 梁廷枏《粤秀书院志》卷一六张岳崧本传，赵所生、薛正兴主编《中国历代书院志》第3册，第242页。

③ 《筠心堂外集·训士录》，第369页。

德乃能有言，此尤为学之本原，立身之要务。[①]

"文章之道，椎轮于诸经"，意谓文章中所蕴含的道，源自于儒家诸部经传，一切文章无不由此演发衍生。只有"熔铸经传"，胸怀大道，"以义理为要"，"有德乃能有言"，道由心生，出言为文，方能"清真雅正"，"优柔平和"，最终文以载道，文以明道。道为本，文为末。道为体，文为用。次年，张岳崧家乡崖州学宫建成，他作记亦如此劝诫同乡子弟："作为文章，亦必发挥典谟，羽冀经传，而不徒藻绘雕饰之为。夫如是，则风俗谆茂，贤才接踵，学问勋业辉映今昔。盖尊圣之心，其效如此，而不啻圣人之福庇而护佑之也。"[②]学子撰缀文辞，须尊崇圣德，羽冀经传，而不是徒以藻饰为能，中无儒家道义。在《与余槐卿书》中，张岳崧也是这样告诫年轻士子："仆以为为文如为人，断无苟安中立之理。所愿根柢先正，研究理蕴，而调剂乎文质之宜，寿世荣时，均可驯至。倘复显而未深，枯而鲜泽，质而不典，清而乏腴，以此投时，固属方枘圆凿。即以之摹古，亦似羊质虎皮，窃恐优孟衣冠，新丰鸡犬，无贵貌似耳。若此则画虎不成，不如刻鹄。……诸惟努力德业，研索义理，究心经史，功课则勿忘勿助耳。"[③]"文如其人"，只有人心中怀有儒家之道义，"根柢先正"，方可做到清真雅正，文质彬彬，而不至于貌遗神失，优孟衣冠。故张岳崧殷殷劝诫余槐卿务必"努力德业，研索义理，究心经史"。

《筠心堂集》中有一首题图诗《抱经草堂图为杨鉴泉同年题》，其二曰："明经有高位，繄岂在爵禄。六艺道德本，节文著经曲。……名教师儒贵，经术治理足。愿将惇庸经，永锡烝黎福。"[④]张岳崧认为研究经术在于修心养性，文章的根本乃在儒家六艺，目

---

① 《筠心堂外集·训士录》，第377—379页。

② 张岳崧《重建崖州学宫碑记》，载《筠心堂文集》卷七，第249页。

③ 《筠心堂文集》卷九，第300页。

④ 《筠心堂诗集》卷三，第55页。

的是彰显经传大义，如此方能治国齐家，造福苍生。此诗明显是为和儒学名臣、同年唐鉴所作。唐鉴有《题杨鉴泉明府抱经草堂图》，诗云："庭树着烟浓，书带上阶绿。斯人撷遗芳，有书即能读。繄我为潸然，编简高阁束。鲤庭命何重，驹隙过太速。鹤守养筠篛，蠹老杀青竹。安得归草庐，囊萤代明烛。"[①]自注曰："图为其先人手钞《礼记》，藏为遗训而作也。明府时则学博保荐谒选。"杨鉴泉，元绩溪（今安徽绩溪）人。善写真，尤工山水。名取朱熹"半亩方塘一鉴开"之义。一日过乳溪之上，写朱将军（克用）惟肖。其精致，非时流可及。详见《贞素家藏集》。由此可见，张岳崧不光是认为文章，还连同绘画，都应当以儒家经义为本。惟此，文章才能做到清真雅正。张岳崧在《训士录・训饬学业》曰："以此（精研汉唐两宋儒学）养其德行，有陶淑变化之资；发为文章，多深厚尔雅之作。"[②]视学同州时，作诗《试竣示同州诸生》亦云："经学探要旨，义理涤凡襟。文章固淹雅，行谊抒悃忱。"[③]探寻经义要旨，荡涤心中尘翳，出为文章，必是淹雅纯正，动为行谊，必能诚心正意。

即便在给人题序作文时，张岳崧也多以文章须根于经史为评判的准绳。如他在《捐赀重刊丘海文集序》中称："吾琼学者自汉以降，有明为盛，而大学士文庄丘公、都御史忠介海公，褒然称首。夫二公相业风节章已，其文章大者羽经翼史，辅运匡时，煌煌乎河岳日星，流照今昔。而诗古文词之作，则亦不遗于细焉。"[④]其《邢湄丘先生遗集序》亦曰："先生以名进士历官总宪，巡抚江淮间，功德在人。其持论侃侃，不阿权要，何其正也。逮乎解组归养，优游林泉，能以言行坊表闾党，出处进退，光明磊荦之概又如此。故其为文，笃实光辉，粹然无疵。存者如《大成殿记》、《射圃记》、《送周推官序》诸篇，皆经术渊醇，辞理朴茂，吟咏闲作，皆非苟然涂饰之词，

① 《唐确慎公集》，《四部备要》本。
② 《筠心堂外集・训士录》，第376页。
③ 《筠心堂诗集》卷三，第63页。
④ 《筠心堂文集》卷五，第197页。

言之有物，非笃于道者能若斯乎？”[①]明代海南籍名士丘濬、海瑞都是声名颇著的儒学大臣，其言行、文章莫不羽翼经传，贤良雅正。嘉庆十六年(1811)，无锡籍著名诗人秦瀛致仕荣归故里，一时间京城诸多名流相继为之设宴送行，题诗作别，后结集成册，张岳崧为之撰《送秦小岘司寇谢政归里序》，其曰：“某尝谘诹舆论，退而读公文集。公蓄道德，能文章，蚤岁受知高宗，仕内阁有声。久之，出而观察浙东，陈臬楚粤，既由浙藩入尹京兆，历刑部侍郎。所至苏枯振敝，士论翕然，忠亮通毅之概，流露于语言文字间。”[②]由此观之，张岳崧依然坚定地认为，道德乃文章之本，故“忠亮通毅”能流露于文字之间。

张岳崧尊崇儒家经义的文道观，大概是受到蒙师蔡南昭的影响。张岳崧十岁师从于琼山蔡南昭，其《候选教谕蔡玉田先生传》曰：“先生讳南昭，字德明，号玉田，琼山人。……先生家故窭，以课徒为业，某与伯兄艺圃、从兄望东、玉峰皆得先生教，有所成就。……某初从先生游，仅十龄，于学徒中龄最稚。时功令习专经，某初占《尚书》，然旁及《易》、《诗》、《礼》诸经，皆先生督之。”[③]张岳崧从蔡氏习经研文，在学生中年纪虽小，但作文迥于众人，深受蔡氏夸赞。《澥山公行述》中所记可为旁证：“十龄，负笈游琼山蔡南昭先生门，在弟子中齿最稚，而功课特繁。先生恒夸异于人，决其他日必能远到。已而复还家塾，初学为文，议论辞采，辄以意杼柚，迥不犹人，见者称异焉。”[④]儿时的修行，实际上是最难以忘却的。多少年之后，张岳崧对此段经历，还是难以忘怀，尤其是对文章道用的看法，仍遵袭蔡氏师风，《候选教谕蔡玉田先生传》继续说：

① 《筠心堂文集》卷五，第198页。

② 同上，第205页。

③ 《筠心堂文集》卷七，第257页。

④ 《张岳崧诗文集》，第692页。

> 韩子曰:“文章岂不贵,经训乃菑畬”,谅哉。方乾隆间,谭文者矫墨裁而徒尚清新,卒之束书高阁,流为浅易。先生独崇经学六籍,《左》、《国》尤所服膺,论文必重典实,真不囿于习者。吁,得先生之教,于今日庶有裨乎?[1]

比照本小节开头所引张岳崧《训士录》的话语,“文章之道,椎轮于诸经,滥觞于《左》、《国》”,则至此我们可明乎张岳崧文道观渊源有自。

(2) 文章要有实用,裨补于世

张岳崧在文学的功用上,主张文章要有实用,能“辅运匡时”,裨补于世。他在《训士录·训饬学业》中明确提出:“为学之道,总求有益于身心、有裨于实用为本。是故,博而不失之芜杂,约而不病于庸陋,则所读之书,须先与讲明切究,使习业既正,流弊不生。”[2]简言之,人生下来读书求道,最紧要的目的是有益身心,裨补时世。这也是嘉道以来经世致用思潮在文学功用论上的一个体现。而要做到这一点,必须善于读书问道,尤其得服膺宋儒,融唐铸宋,重视性命义理,此方为根柢之学。张岳崧又曰:

> 至御纂《四经》、钦定《三礼》,折衷诸儒,至精至当,尤宜服膺,研究以定所宗。如此则经书即得其要,然后考之史鉴,以究历代得失之理,旁及子集古文大家,以极前人议论之归。要之以精勤,加之以虚心,毋囿于习俗,毋骛于诡奇,毋急遽而杂陈,毋作辍以中废。立定课程,积之岁月,随其资持之敏钝,而得尺得寸皆有所成。以此养其德行,有陶淑变化之资,发为文章,多深厚尔雅之作。出而有为有守,不愧通儒;处亦可法可传,无惭名教。庶几本末具举,体用兼该,所谓有益于身心、有

---

① 《筠心堂文集》卷七,第258页。

② 《筠心堂外集·训士录》,第374—375页。

裨于实用者如此。[1]

也就是说张岳崧以儒家道义为体，以经邦济世为用，行止可为通儒俊彦，文章则多深厚尔雅。这与其座师、名儒陈寿祺所期许有关。张钟彦《澥山公行述》载云："府君课学之余，益肆力于古，而《十三经注疏》尤覃精绌绎，功力最深。座主陈恭甫先生以经学文章为儒者宗，恒以经世传世相期许。"[2]张岳崧儒学思想融汇汉唐两宋，折衷百家，师从闽籍经学大师陈寿祺，又与理学名臣唐鉴等人进士同年，心头上永远悬着的是关乎天下苍生、国家社稷的大道，故发于文章亦以经世致用为准。琼山县令金培生辑有《迪吉编》，邀张岳崧作序，序曰：

> 自古立言不朽者，必以重世立教为大，《六经》、《论》、《孟》尚已，其言广大精微，彻上彻下，近自身心日用之间，推而致于家国天下之远，其量极乎参赞位育，靡不赅焉。下此则子史百家。苟不能推阐圣言，则所谓书肆说铃，弗作可也。……暨阳金培生先生以名进士出宰琼山，甫数月，政声卓著，盖能以圣言为依归而体会践履，不仅以文学见长者。间尝出示所辑《迪吉编》，备载诸儒语录。余受而读之。搜讨甚博，采择甚精，略仿《大学》之条目，分为身、心、家、国四类。名言粹语，浅近切实，诚有裨于省察克治之功、修己治人之学，其用心可谓勤矣。[3]

在张岳崧看来，读书明道，目的都是要"有裨于省察克治之功、修己治人之学"。"为学之道，总求有益于身心、有裨于实用为本。是故，博而不失之芜杂，约而不病于庸陋，则所读之书，须先与讲明

---

① 《筠心堂外集・训士录》，第 376 页。

② 《张岳崧诗文集》，第 693 页。

③ 《筠心堂文集》卷六，第 228—229 页。

切究，使习业既正，流弊不生”[1]。在张岳崧心里，“凡不重伦常，不存忠厚，习染浮伪，干预非为，皆下流之归也。凡不究经史，不诵名文，沉溺庸腐，剽窃滥劣，皆俗学之弊也。知随波逐流之害，而后士行可兴；知沿伪踵谬之非，而后知学术可正。诚能深耻无品之行，则圭璧之检束必严；深戒无用之书，则金玉之光阴可惜”[2]。总之，有用于社会是读书闻道的最终旨归。

张岳崧有诗《过庾岭读韩桂舲中丞诗有题二首》，其二曰：“青海新传檄，潢池昔患深。澄清期揽辔，忠孝发孤吟。叱驭怆怀地，争鞭报国心。他年岭梅路，风度此同钦。”[3]诗中所称韩桂舲中丞即韩崶(1758—1834)，字桂舲，一字旭亭，江苏元和(今苏州)人。少慧能文，初由拔贡生授刑部七品小京官，累擢郎中，乾隆五十四年(1789)出为河南彰德知府，迁广东高廉道。嘉庆间多次赴各地审理要案。嘉庆六年(1801)，授湖南岳常澧道，迁按察使，调福建，署布政使。后为广东巡抚，署两广总督，查阅澳门情况，密陈海防形势，官至刑部尚书。任职五十年，政事余暇，未尝一日废书，著有《还读斋集》。细绎此诗，说的也是经世济民、报效国家之理。

(3) 文章性情事，贵在真雅

话又说回来，张岳崧也不是丝毫不懂文章之学，全然不顾文章的生成机制。他认为文章不仅是表达志趣之具，也是抒发性情之事。重视个体情感抒发，这也是文章工具论的表征。

张岳崧在《怀秦小岘司寇师三首》其二中曰：“大雅推前辈，灵光岿独尊。文章性情事，勋业口碑存。”[4]《题家皋文先生秋雨赋后二首》其一亦曰：“文章性情事，生死友朋心。”其二又云：“天地多才忌，文章命世心。”[5]《呈曾宾谷前辈四首》其一仍有此论调：“大雅

---

① 《筠心堂外集·训士录》，第 374—375 页。

② 同上，第 370 页。

③ 《筠心堂诗集》卷一，第 12 页。

④ 同上，第 7 页。

⑤ 同上，第 16 页。

岂云歇，健者扶其轮。文章自情性，作者由其真。……三复先生诗，古声浮秋旻。”[1]据此观之，张岳崧并不排斥文章乃作家性情表露之物，主张文章贵在真，出为雅。如此来观照，更可明析张岳崧文章学思想还是较为雅正融通的。简言之，张岳崧一方面重视文章对社会政事的功用，另一方面也强调文章对个体情怀的展现。一物二流，既注重了集体，又兼顾了个人。可惜的是，张岳崧对二者关系的论述不是特别充分。然而片言只语、残章断句，亦足令我们好好地加以重视和研究。

2. 文体论与创作论

如上所述，张岳崧秉承文章源于经传，文为心声，又出于性情，归于清真雅正的旨趣。在前引的《训士录·厘正文体》中，不仅明确地表达出“文章之道，椎轮于诸经”的文道观，还对文体进行了辨析。

首先，张岳崧当时作为督学陕甘的长官，对古文与时文之孰轻孰重作了一番简要的辨明。其云：

> 文章之道，椎轮于诸经，滥觞于《左》、《国》，年代绵邈，体制攸判，乃有古文、时文之分。古文自经传《史》、《汉》，魏、晋以逮唐、宋，体凡数变。时文自有明化、治、嘉、隆、天、崇以逮国朝，体亦数变。顾其变者，体以代殊，其不变者，理无二致也。故古文与时文异流而同源。今之时文与有明及国初之时文，更循途而合辙。故不治古文，则时文不能精，不治有明及国初之时文，则时文尤不能精。所谓取法乎上，仅得其中，在能自得师，毋囿习俗而已。[2]

风靡学林的古文之学与通行之阶的时文之学有何之别呢？这是我们需要明辨的一个问题。在张岳崧看来，二者并无轻重轩轾

---

① 《筠心堂诗集》卷一，第12—13页。

② 《筠心堂外集·训士录》，第377页。

之分。早在膺任学政一职之前，张岳崧曾几度担当广州、琼山、肇庆等地学院之讲席。张岳崧在日常的书院教学之中，极为重视经义之学与古文之艺。张钟彦《澥山公行述》载云："比至羊城，制军阮云台先生延主讲粤秀书院。往府君之去端溪也，士林思之，至是负笈恐后。府君励诸生以躬行实践，毋徒以文辞声气相高，重根柢之学，教人以服经义治古文为读书要领。每校文艺，改削评骘，尤极精核。士论翕然，以为鱼山先生之后继者，惟府君耳。"①梁廷枏亦曰："仪征阮相国方开府两粤，遂延归主讲席，教人以专经义、治古文为读书要领。士之悦服先生者，一如冯院长。"②在探花及第时，张岳崧认为"经学词章是其本业"③。张岳崧如此重视经义与古文，但并非轻视科举时文。更何况，张岳崧当年就是凭借策文一举夺得探花之名。如今，张岳崧督学秦陇，身在其位，当然会殷殷训导士子时文之学绝不可荒废。他在《训士录·训饬学业》中继续说：

> 使者学力疏略，于道未深，然三十载游历，南北所闻，师友之绪论而参酌其中，窃谓入德之门与科举之学虽似相妨，实无相背者，庶几在此。多士以有用之居诸，富强之年力，往往以正学为迂涂，奉时文为活计，究之穷通有命，特立在人，必至于皓首庸流，终身汩没，而后悔辨之不早，不已晚乎？④

武功县知县段氏为之注曰："朱子云，科举何尝累人，人自负科举。阳明先生云，志立得时，千事万为只是一事。读书作文安能累人，人自累于得失耳。学者果能不为得失所动，虽日习举业，亦与

① 《张岳崧诗文集》，第 694 页。

② 梁廷枏《粤秀书院志》卷一六张岳崧本传，赵所生、薛正兴主编《中国历代书院志》第 3 册，第 241 页。

③ 《筠心堂外集·训士录》，第 369 页。

④ 同上，第 376—377 页。

圣学不相妨。”[1]在身为朝廷命官的文士看来，入德之门与科举之学并不冲突，并非两相妨碍。不明古文，则时文之作法不能精通。不明时文，则古文之义理未可践行。

那么，文体的旨归是什么呢？从前引中提到世宗即雍正帝对时文的看法——“世宗宪皇帝晓谕考官拔取之文，务令清真雅正，此千古文章之枢纽也”，我们即可明晰张岳崧对此不惜笔墨加以诠绎，并大张旗鼓地训饬士子作文务必清真雅正的良苦用心。毕竟雍正朝对文坛、科举时文的官方思想离张岳崧稍微有点远，故我们还必须对此作一番近距离的背景探源。据《东华续录》载：

> 嘉庆十四年三月二十庚辰日：本年朕五旬万寿庆辰，内外臣工例应敬献册叶以输祝嘏之忱，惟是近年以来，国家遇有举行典礼，诸臣等所递之册，每有集用《文选》各书成话，而恭集御制诗文者尤多。揆之文体，究非正裁。朕所弗取。夫文以典雅为宗，至进奉文字尤当体裁闳整，华实并茂，如古人所谓颂不忘规者，庶合乎对扬之义。若概用成话，集为诗文，并非出自心裁，既无由觇其夙学，而于文章轨范更乖雅正，嗣后臣工等呈递册叶，惟当一归体要，或诗或文，皆可各展所长，以抒下忱而宣上德，无得仍习佻巧，致失修辞立诚之言。[2]

嘉庆帝数次寿辰活动，满朝大臣权要皆上表作文以示敬贺称扬。嘉庆帝面对如此繁篇累牍的寿辞，对进呈的书章作了文体上的圣谕，即“文章轨范须雅正”，诗文应抒下忱，宣上德，毋有佻巧陋习之嫌，务令修辞诚意。后来，张岳崧献诗百余首、颂文数十章为嘉庆帝祝寿，并请张维屏助阵，由此可见其谦恭敦厚之诚意，绝无偏离“雅正”之轨。

---

① 《筠心堂外集·训士录》，第376—377页。

② 王先谦《东华续录》，《续修四库全书》影印清光绪十年（1884）王氏刻本，上海古籍出版社1995年版，史部第375册，第27页。

其次，张岳崧对如何做到清真雅正作了清楚的训导。而且，对前面《厘正文体》中提到的不清不真不雅不正之原因进行了探讨。他认为："今学者于此四者，童而闻之，率皆不求甚解，至所为文，则一切相反。何也？平时诵习腐陈滥恶之文，不拘何题，辄捃摭词句，蒙头盖面，满纸障翳，毫无性灵，则何足以言清？捕风掠影，似是实非。"[①]"不按实际，不求的当，影响含糊，隔壁听话，何足以言真？至于不知雅俗之别，不但词意俚浅，言论庸俗，即沿用陋套。"[②]"不知诡正之殊，则横驱别骛，截题强串，串题强截，分题强合，合题强分，另立宗旨，横生枝节，武断翻案，全无发明。或又沿袭王、尤，优孟章、李，以及剽窃奇书诡说，捋扯古文异字，施之经义，均属疵类。以此求佳文，犹断港绝潢欲望至海，乌可得乎？"[③]并举详例进行了分析辨明，如此一来，对应试诸生便有示人轨则之效。光做到这些还不够，张岳崧认为："今必先去诸弊，然后加之以理法词气。文以说理，故理须明，理得而法生焉，故法以辅理。词不备不可为文，则宗经据传，佩实含华矣。阐理行法，运词必资乎气，则气不可不讲矣。"[④]这是很明显的以古文之法串讲时文之艺。张岳崧还提出了一个较为行之有效的办法，即精挑名家的时文选本，精熟于胸，涵咏其法，然后"肆力于经史古文"，"增长见识，涵濡理义，推拓议论，波澜一切"，屏绝恶习，自立创见。"如此用功，于清真雅正之义，庶有合乎。"[⑤]

张岳崧在读明"七子"李梦阳的文集时，题序云："曩读空同子诗而美之。其文顾少概见，将嗜者鲜与，抑其文诚古人影子，如何仲默所云邪？余视学空同里，低徊久之，访志乘得若干篇，手录以存。夫摹拟固空同不免，然其论法不可弃，允言哉。偭规改错，纵恣谬悠，文之灾，古之贼也。夫拟古斯伪，悖古斯谬，匪伪匪谬，胡

①②③《筠心堂外集·训士录》，第378页。

④ 同上，第378—379页。

⑤ 同上，第379页。

道之从？曰：研究义理，镕冶性情，理必己出，趣必自得。古今无穷者，理文奚穷哉夫？”①说的也是勿剽窃，勿泥古不化，最根本的解决之道便是“研究义理，镕冶性情”，理趣出于一己之得。实际上，也就是将义理与性情融为一炉，既反对字描句拟，又强调要遵从法度。

此外，张岳崧还对试帖诗等也作了详细的指导：“至试帖诗，则导源唐律，而参观国朝馆阁之作，总以平正工雅、格律浑成为宗。若佻纤填砌，晦滞杂沓，即非雅音。律赋则材取《文选》，格本唐贤，馆阁之篇亦须别择，与试诗同。此皆应试之艺。至于研究古文，旁及骈俪并诗古词章，皆有门径。”②据此观之，在张岳崧的文学观念中，文章诗赋与举业时文的最终旨趣皆归于“平正工雅”、“浑成”。

复次，张岳崧对经传诸史与文体风格之关系也作了较为清晰的思辨。从上引诸文即可看出，张岳崧十分重视经传史籍，此乃修身报国作文之根源。张岳崧在给恩师陈寿祺的信中说：

> 夫学臣之职，得士綦难。以言取，则华辨进而朴讷黜矣；以貌取，则冠玉进而戚施黜矣。选举既废，科目斯兴，经义、对策、韵语、八比，历代相沿，厥言斯重。窃计士当求立言之本，此即以言相士之方。是故，肃穆而敦悫，则笃于行之文也；精核而密察，则邃于理之文也；渊深而典茂，则深于经之文也；恢奇横肆而不拘，则涉及诸子之文也；跌宕雄厚而不滥，则熟于《左》、《国》、《史》、《汉》之文也。之数者，质有敏钝，学有浅深，功有生熟，其能比附经旨，驰骤不失，上也。间有英奇挺特，鸿文无范，能近数者，皆称隽物，九方相马，奚必牡牝骊黄哉？不然，为浅陋，为俚俗，为陈腐，为腔板模窃，或徒逞议论而一往空疏，或墨守巢臼而奄无生气，以斯立言，未见其可。要而论

① 《筠心堂文集》卷六《明李空同文序》，第217—218页。

② 《筠心堂外集·训士录》，第379页。

之，则学与不学，厥涂异焉。有学之文，奇正均美，即不工亦有佳致，不学者反是。①

在张岳崧看来，为文之风格与经传子史关系甚大。所谓的渊深典茂，自是儒家经传的浸染使然；恢奇横肆，乃深受诸子纵横捭阖之风的影响；跌宕雄厚，无疑是熟稔《左传》、《国语》、《史记》、《汉书》的结果。当然，若能摒弃浅陋、俚俗、陈腐、摹窃、空疏、守旧之病，则不管奇与正、学与不学、工与不工，皆有佳致，悉可称道，不必拘泥于牡牝骊黄之别。这也看出张岳崧文学思想中豁达通融的一面。

除了对文章文体的辨析与作法途径的指导之外，张岳崧还对创作的迟速作了一番小小的论述。他在海南琼山雁峰书院执掌山长之际，作了一篇《示雁峰书院诸生》，文不甚长，今全引如下：

构艺之方，迟速攸异。祢衡草奏于当食，阮瑀制书于据鞍，速之工者也。平子研京以十年，太冲练都于一纪，缓之善者也。然才思虽有敏钝，时日岂可怠荒？诸生未尝著《论衡》而潜思，宛若赋《甘泉》而惊梦。一篇初构，数宿仍成，闭无己之门，何曾觅句？吮长卿之笔，真欲腐毫。揆其所由，略悉其故。大抵人心静则专，专则挚，故径路绝而风云通。人心动则贰，贰则驰，故意象起而鸿鹄至。若夫义在咫尺而思隔山河，岂苦虑之有益？况乎学不敏求而思废寝食，诚冥索之徒劳。既悟前非，将观后效，何俟钟鸣烛尽，悔不十年读书？所希钵响诗成，等之百夫决拾，听春蚕之食叶，幸各杼柚予怀，愧老马之知途，当毋河汉斯言。②

文学创作之迟速，因人而异。有的人草篇速就，神来之笔，一气呵成。有的人闭门觅句，呕心沥血，捻断数须。鸿文佳构的生

---

① 《筠心堂集》卷八《上陈恭甫师书》，第 273 页。

② 《筠心堂文集》卷十，第 366—367 页。

成,不可以时间的长短来作轩轾之论。张岳崧对其原因还稍作探析,有的人主静,故能专心冥思,方可结篇。有的人主动,故能兴象玲珑,速能成章。说到底,还是得勤奋读书,浸淫典籍,取百家之长,铸一己之言。

3. 诗学观及其创作论

张岳崧的诗学观和其文章观念极为近似,可作如是观。在诗歌观念上,张岳崧在《捐赀重刊丘海文集序》中称:"吾琼学者,自汉以降,有明为盛,而大学士文庄丘公、都御史忠介海公,褎然称首。夫二公相业风节章已,其文章大者羽经翼史,辅运匡时,煌煌乎河岳日星,流照今昔。而诗古文词之作,则亦不遗于细焉。"[①]文章、诗词实同一理。从本体论而言,诗须"羽经翼史";从功用论出发,诗要"辅运匡时"。惟此,诗词古文之作,才可流传于世,彪炳日月。在《黄仰山先生诗集序》中,张岳崧还说:"诗本于情而通于乐。其大者,调元汁律,陶化淑民,圣贤务焉。匪兹则弗作,作焉屏弗录,可也。"[②]这里讲的也是诗本出于性情,合乎律乐,发之则能陶化斯民,如此之诗篇,方可采录而流播。就是他在文中继续说到的:

> 或曰:先生祖泰泉能诗,先生能诗,今香石又能诗,此其渊源欤?予曰:唯唯,否否。有泰泉之理学渊邃,然后有泰泉之诗;有先生之谆行笃教,然后有先生之诗;香石进不已,又将有香石之诗。不是之求,虽骋妍斗巧,琢月镂云,非所以筦情维化,则所谓弗作也,弗录也。试考诸君子所传先生之行,乃归而读先生诗,其不至訾予言也。惜乎,予不得拜而质之先生也。[③]

黄仰山即黄绍统(1726—1788),字燕勋,八岁父卒,家境贫苦,

---

① 《筠心堂文集》卷五,第197页。

② 同上,第201页。

③ 同上,第201—202页。

尝啖数螺而毕一餐，却怡然自得，勤奋读书。中乾隆二十四年(1759)举人，选授石城县训导，尤加意扶持指导贫寒儒士。因授课之堂称仰山堂，后人誉其为“仰山先生”，后迁升琼州府学教授，并卒于琼。绍统博学能文，尤长于诗，著有《石城县志》八卷、《仰山堂集》三卷、《三唐诗选》三卷、《历朝赋选》四卷、《列朝古文杂选》四卷及《古文五选》等。自署仰山堂楹联云：“为伦类中所当行之事，作天地间不可少之人。”由此可见出其广阔胸怀。《粤东诗海》评赞绍统诗不炫异，不求工，不规规摹仿，即事抒怀，自合温柔敦厚。其子黄培芳(1778—1859)乃张岳崧好友。字子实，又字香石，自号粤岳山人。自幼聪颖，应童生试时，曾题诗西山寺，有奇句。二十岁补入郡学，嘉庆九年(1804)以副贡进入太学肄业。道光二年(1822)拔充英武殿校录官，十年(1832)选授乳源县教谕，调陵水县，迁肇庆府学训导。旋任两广总督祁宫保幕僚，叙劳加封内阁中书衔。培芳工于诗文书画，时与番禺张维屏、阳春谭敬昭，被誉为“粤东三子”，又有人推崇其三人及顺德吴梯、黄玉衡、吴川林联桂、镇平黄钊，尊称“粤东七子”。著作甚丰，有《香山志》一卷、《重修肇庆府志》二十二卷、《重修新会县志》十四卷、《易宗》九卷、《春秋左传翼》三十卷、《岭海楼诗文钞》、《浮山小志》、《云泉随记》、《香石诗话》等不下50种，共数百卷，世称“岭南名儒”。张岳崧称誉黄仰山诗之可以存录，原因在于其理学造诣深邃，方有其诗；而其诗又如其人，谆行笃教。黄氏父子两代名儒，在向来尊崇儒学的张岳崧看来，能诗乃是自然之事，也就是道载于诗，诗以明道，人如其诗，诗如其人。影响诗歌最重要的是道德修行，绝非等而下之的镂云雕月般的形式技巧。一切诗作，都应归乎儒家诗旨。这一点，张岳崧在为其师冯敏昌的诗集题序时说得极为明白：

> 凡大家诗，宁质毋浮，宁拙毋巧，宁秃毋纤，而尤要在陶淑性行。读书穷理乃然为正大洪达之音，有合温柔敦厚之旨。

然则师之为人与其所以为其诗，皆可思也已。[①]

“读书穷理”，是为了“陶淑性行”；而写诗作文，最高旨趣无疑是“温柔敦厚”了。不管大家诗质拙与否，要紧的还是必须切乎儒家诗教。

张岳崧对诗歌创作与日常交游、江山之助之关系作了一番较为可取的探讨。他在《冯鱼山师小罗浮草堂诗序》中说：

师年十二补弟子员，弱冠受知于大兴翁覃溪先生，与选拔读书试院，旋偕入都，越七载始成进士，入词馆。盖闻先生之论独详，又得与名贤公卿游，故其于诗功益深而学益邃也。迨改官部曹，假游雍豫，恣情山水，旁搜金石，每与岳崧言平生足迹遍五岳，而留太华最久。尝攀铁絙，登天门，陟落雁之巅，俯瞰黄河直如一线。又尝匹马千里度太行，逾轩辕至恒山，上琴棋台，睹秋中之明月与塞外之黄云。故凡山川雄直，苍莽之气，世路夷险，可喜可愕之情，一于诗发之，宜乎。[②]

冯敏昌（1747—1806），字伯求，号鱼山，广西钦州人。乾隆四十三年（1778）进士，改翰林院庶吉士。散馆，授编修。后补刑部河南司主事。生性至孝，父丧服阕，遂不复出。尤笃于师友，钱载、张锦芳卒，哭至咯血。前后主讲端溪、越华、粤秀三书院，学者称鱼山先生。后人对他作出“诚五岭之鸿儒，非只一乡善士也”的评价，影响远远超出钦州乃至广西。工诗，由昌黎、山谷上宗李、杜，力追正始，俨然为一大宗，与张锦芳、胡亦常齐名，称“岭南三子”；古文受之朱筠、钱大昕；又嗜金石，孙星衍、邢澍《寰宇访碑录》对其成果多有采录。冯敏昌是著述最丰的广西壮族大家之一，一生作诗2000余首，文200多篇，著有《小罗浮草堂诗文集》、《岭南感旧录》、《笃

① 张岳崧《冯鱼山师小罗浮草堂诗序》，载《张岳崧诗文集》，第368页。
② 《张岳崧诗文集》，第367—368页。

志堂文抄》、《师友渊源集》、《华山小志》、《河阳金石录》等，纂有《孟县志》、《广东通志》等。冯敏昌堪称壮族古代文豪，与谢启昆同为乾嘉时期诗坛执牛耳者翁方纲所推重，并受翁氏提拔，诗风也受其影响。冯诗有“徘恻之情，旷逸之抱”之誉。张岳崧于文中提到了冯敏昌诗歌成就颇高，主要得益于两点：一是交友甚广，最值得称道的是师从诗坛盟主翁方纲；二是游历颇丰，平生遍五岳，足迹半天下，其诗雄放奇壮颇得江山之助。翁方纲《冯鱼山诗集序》亦曰：“予与及门诸子论诗，所知之最深者无若谢、冯二生。……冯鱼山则天骨开张更过于谢，而其自翰林改部曹，衣食奔走于四方，遍游五岳，穷探奇险。其游太华苍龙脊，攀絙索而陟千仞，昔人危栗咋舌处，犹手拓铁絙题字以寄予。”[①]江山风物之美，与诗人兴象构境关系极为密切。这一点，同张岳崧在《元黄子久秋山图跋》中所谓的“意与兴驱，境与心构”[②]，多有契合之处。

另外，张岳崧对诗人一家风格的形成也有一番论述。《冯鱼山师小罗浮草堂诗序》又云：“嘉兴钱萚石先生曰：‘岭南自曲江后，诸子皆存偏方之音，唯冯生力追正始也。’师于诗始学山谷（黄庭坚），继乃腾踔百家，由韩（愈）、苏（轼）而归于杜（甫），至其炉锤锻冶，生面独开，则自成一家言焉。师有云：‘诗不可不守绳尺，亦不可徒涉旧巢。不可颛持性灵，亦不可浪逞博洽。必深悉古人堂奥，而究其离合浅深，然后自辟一境，以附古人之后。’”[③]钱载（1708—1793），字坤一，号萚石，又号匏尊，晚号万松居士、百福老人，秀水（今浙江嘉兴）人。乾隆十七年（1752）进士，改庶吉士，散馆，授编修，后授内阁学士兼礼部侍郎，历上书房行走、《四库全书》总纂、山东学政。官至二品，而家道清贫，晚年卖画为生。擅诗文，又精画，善水墨，尤工兰竹，著有《萚石斋诗文集》。雍正三年（1725），钱载与朱沛

---

① 《复初斋文集》卷四，《续修四库全书》集部第 1455 册，上海古籍出版社 2002 年版，第 382—383 页。

② 《筠心堂文集》卷十，第 351 页。

③ 《张岳崧诗文集》，第 368 页。

然、陈向中、祝维诰、王又曾定交。其经常集会，曾合五家诗钞为一集曰《南郭新诗》。钱载为乾嘉年间秀水诗派的代表诗人，与汪孟鋗、汪仲鈖兄弟、万光泰、朱休度、诸锦、金德瑛等交往，谈诗治学，形成诗歌创作上有共同创作倾向的流派——秀水派。钱仲联先生在《梦苕庵诗话》中曾赞曰："钱萚石诗，清真镵刻，神景开阖。体大思精，卓然大家。在雍、乾间无敌手。"[①]钱载为金德瑛门生，论诗亦宗黄庭坚，强调辞必己出，不主故常，其诗险入横出，崭然成一家。又为乾隆朝有名的文学侍臣钱陈群族孙，师从陈群母学习画法，其画苍秀高劲，亦如其诗。而冯敏昌的老师翁方纲即为钱载弟子，这可从翁氏为冯敏昌诗集所作序中得知。据此可知，在张岳崧看来，学诗当如乃师一样，兼综众长，自成一家。当然，主要还是偏师宋人，并由此上溯唐代韩愈及至诗圣杜甫。在具体的师法策略上，既要避免剽窃、摹拟之风及泥古不化之习，又不可率露随意，抬高性灵。

如何做到作诗工致呢？诗人的穷达对其诗歌有无影响呢？张岳崧对此提出了自己的看法，尤其是对宋人欧阳修称誉梅尧臣（字圣俞，世称宛陵先生）时提出的"诗穷后工"理论有所怀疑。张岳崧在《李卷山同年诗序》中说：

欧阳文忠叙梅圣俞诗云："诗穷而益工。"余疑而有进焉。夫诗奚必穷？穷奚必工？且工而穷则诗病，穷而工犹诗病也。穷而不自穷，则奚必穷？奚必工？穷而自穷，则以穷媒工，而以工写穷，故曰：皆诗病也。且夫穷而工者，将毋谓愁苦之音，勃郁之气，兀傲峻峭之象，怒号以鸣志，激伉以言情，与夫卑靡浅易、里巷歌罢之声相万矣。虽然，诗必如是，工必如是乎？史迁赞《骚》曰："《小雅》怨诽而不怒。"余尝低徊于变雅诗人而伤其所遇，及三复其旨，无亢厉愤懑之音，傥所谓穷而工者耶！

余同年友李子卷山以名进士官词馆，迁台职，以言事谪西

① 钱仲联《梦苕庵诗话》，齐鲁书社 1986 年版，第 200 页。

边，旋赐还，往来二万里。于其归也，竟跧伏不复出，卷山可谓穷矣！其往也，有诗；其归也，又有诗。余读竟册，大率流览山川，凭吊古昔，优游平中，无亢激猛厉之作，其庶几《骚》、《雅》之遗耶？卷山不自穷亦不自工，所谓以穷媒工、以工写穷者，无有也；所谓穷而工、工而穷犹诗病者，无有也。①

司马迁“发愤著书”、韩愈“不平则鸣”以及欧阳修“穷而后工”等文学观念已形成了一条明晰的理论线索，当今文学批评史论著中对此已是格外重视，大书特书。其实这只是古人论断的一个方面。自宋代以来，“诗能达人”犹如雨后春笋般地从各个维度来提出与“诗能穷人”相反的论调。所谓的“穷”与“达”，既可指物质层面又关涉精神层面。所谓的“达”，既有指诗人因诗而享配当世的现实功名之显贵，也有指诗人因诗而享誉当下与流传后世的才名。从另一个角度来说，诗也有世俗社会强烈的功用色彩，即有许多以诗擢高第者，以诗转官职者，以诗蒙圣宠者，以诗得眷属者②。

细味此文，张岳崧在这里主要讲了两个意思：一是对“诗穷益工”理论的怀疑，认为穷与工并无太多关联，虽然自谦“不工诗”，但目的还是很明显，就是“为读文忠语者广焉”，“诗穷而后工”之说并非完全正确而得到士大夫阶层的群体认同的。这一点，张岳崧主要是从“诗”的工与不工和诗人之“穷”并无多大联系来说的。“以穷媒工，而以工写穷”都是诗病。据张岳崧所考，《诗经》中的《小雅》便是此种情况之显例。早于张岳崧之前，乾嘉时期“桐城派”领袖之一的姚鼐也表达过这样的意思：“夫诗之源必溯于风雅，方周盛时，诗人皆朝廷卿相大臣也，岂愁苦而穷者哉？”③张岳崧则从与

---

① 《筠心堂文集》卷六，第 216—217 页。

② 详参吴承学《中国古代文体学研究》第五章《诗人的宿命》，人民出版社 2011 年版，第 87—111 页。

③ 姚鼐《惜抱轩诗文集》文集卷八《陈东浦方伯七十寿序》，上海古籍出版社 1992 年版，第 118 页。

姚鼐相反的一个角度认为《小雅》中有变雅之风的诗人并不是因一己之“穷”而发为“亢厉愤懑之音”。这无疑比姚鼐更进一步，因为《小雅》中的某些作者确实不是现实中摄高位、享寿福的诗人。这些民间的或在野的“穷”诗人所发之言，毋庸置疑是后世诗人的楷模，绝对属于“工”之列，但并不是以“穷”来抒“愁苦之音”，发“勃郁之气”，摹“兀傲峻峭之象”，“怒号以鸣志，激伉以言情”，而其诗是合乎“怨诽而不怒”的诗教。这恰如与张岳崧同时代的汤储璠（1783—1832）在《读梅宛陵诗集书后》中所言：“人谓诗以穷而工，我谓工诗而后穷。自古诗人多富贵，《雅》、《颂》作者何雍容。”①《诗经》中变风变雅者，虽然其人生际遇亦有坎坷淹蹇，但所作之诗却是“温柔敦厚”的。

二是张岳崧从身边的同年好友李卷山的亲身经历看出，尽管李卷山在物质层面、仕宦遭际上，可谓是真正的“穷”者——宦海前升后谪，归居闭门不出——但李卷山纵览山川河岳之美，凭吊历史胜迹之奇，所发之诗乃“优游平中，无亢激猛厉之作”，完全合乎“温柔敦厚”诗教，有“《骚》、《雅》之遗”风。从这个角度而言，李卷山其人其诗确实是“穷”与“工”并无多大关涉的一个极有力的证明。因为从他身上，可以看出“所谓以穷媒工、以工写穷者”，“所谓穷而工、工而穷犹诗病者”，都是不存在的。当然，从创作论的角度来说，李卷山平生游历视野广，转益多师采众长，江山之助与平正之心是其诗玉成的重要因素。概之，张岳崧关于“诗穷而后工”理论的怀疑与辨析不为无见，是值得我们好好重视的。

（三）张岳崧诗歌的思想内容及其分类

张岳崧诗歌今存于《筠心堂集》。袁行云《清人诗集叙录》著录，诗文集合刊，道光二十四年（1844）刻本，其中《筠心堂诗集》四

---

① 徐世昌编，闻石点校《晚晴簃诗汇》卷一二五“汤储璠”条，第5360页。

卷，收嘉庆十六年(1811)至道光十八年(1838)诗三百四十九首[1]。柯愈春《清人诗文集总目提要》著录此集时，称《筠心堂集》有十七卷，内诗集四卷、文集十卷、外集三卷，道光二十四年(1844)刻，中国国家图书馆藏，录诗三百四十九首，自嘉庆十六年(1811)迄道光十八年(1838)[2]。《筠心堂集》今有郭祥文点校本，收入《海南先贤诗文丛刊》，由海南出版社2006年出版。另有张岳崧后裔张正义先生和韩林元主编，极力搜罗，汇集编纂而成《张岳崧诗文集》，1998年南海出版公司出版。尽管广讨博稽，仍有遗珠之憾，尚有数则佚文可辑，详见附录。值得注意的是，张岳崧的《经进稿》之中尚有诗一百四十八首、颂文十二篇，因其为恭祝皇帝寿诞和巡狩、谒陵之作，多不予收录，而本世纪初海南大学重印《海南丛书》对此加以保留。本节所论张岳崧诗歌皆以《筠心堂集》为准，而《经进稿》中之祝诗颂辞不在此列。

张岳崧诗歌的内容极为丰富，题材十分广泛。又因其游历颇广，宦迹实丰。南自海南琼山、定安，北至京华、朔方，东赴江南的苏浙，西极秦陇的陕甘，中有湖广的武汉等地。故凡涉天文地理、风土人情、历史名迹、宦海升沉、艺术沙龙，皆有品题歌咏，缀之成篇。概之，张岳崧的诗歌内容可谓包罗万象，风格也是异彩纷呈。今就其荦荦大端者，从内容题材上来看，大致有以下几类：一是表达政治思想，反映国事时势之诗。二是描绘边关要塞的风土人情和山川河岳的篇什。三是宴饮酬答，表达送情别绪、思亲念远的诗作。四是题咏书画，品艺衡文之诗。现拟就此分而论之。

1. 政治诗："何当采风献当宁，宽政所及如春温"

正如夏宋《前湖北布政使张岳崧崇祀乡贤实录》中所言："本员(张岳崧)学问淹通醇粹，所为文章皆有关于世道人心。……为文

---

① 袁行云《清人诗集叙录》，文化艺术出版社1994年版，第1894页。

② 柯愈春《清人诗文集总目提要》，北京古籍出版社2001年版，第1080页。

根柢经籍，其言关于世道而浑厚醇肆。”[①]此处说的是文章，比之诗歌，亦可借称。张岳崧乃笃信儒家经世致用思想之人，身处家国剧变的嘉、道两朝，所作诗篇皆关乎世道人心。

其一，关切时事，关注政治。此尤以《筠心堂诗集》中第一首长篇五言叙事诗、多达一百句的《平海纪事诗上百菊溪宫保前辈》为著。

瀛海靖貔貙，肤功属讵儒。皇威原止辟，民望慰来苏。朱鸟分星壤，仙羊旧沃都。百蛮臻贸易，五岭号膏腴。地辟珠江壮，潮通碧澥输。虎门关扼塞，鳌背聚舵艅。每为滋丰庶，多缘习侈舮。吏谁栽枳棘，盗正长萑苻。狡兔潜营窟，狂鲸讶负嵎。沙虫迷身影，蜃雾偃星弧。出没矜长策，波涛实坦途。如何持法网，顿使漏天诛。十郡绥饶地，经年扰蹦虞。乘流疑窃鼠，沿岸叹瞻乌。圣德安良切，嘉猷简在需。舆情元夙戴，公抚粤罢归，粤民攀辕卧辙者千计，乃微服夜出。朕卜此同符。许国忠心亟，成城众志孚。赍粮先厉禁，简卒汰恇愶。粤弁务废弛，公廉，不用命者置于法，军政肃然。刁斗严光弼，军容肃亚夫。鹳鹅群列象，蛇鸟八门图。青海晁驱壁，天山夜控弩。势方穷突兕，计尚作疑狐。恃有豚鱼格，真无秦越殊。轻舠明坦易，群丑感顽愚。匪徒向诈降，抵岸阻图接济，公小舟径抵贼寨，宣谕威德，贼众遂降。祭鳄诚相服，然犀照不渝。汾阳亲悍虏，诸葛渡深泸。东海初归命，西师尚萃逋。兜鍪劳涉履，老稚竞欢呼。时东路就平，公总戎亲指高、雷，老幼迎拜马下，感泣不已，贼匪大骇，众遂溃。犀手挥熊虎，鸱鸣射镤鋒。轰波腾万炮，地动转千舻。螳臂难相拒，狼凶已就俘。神功同破竹，能事比摧枯。令震鲲身岛，风严雁户区。回戈迎凯奏，献馘属锟铻。西路匪逆乌石二百廿人皆伏法，贼遂平。溟渤看弢甲，关河俨弃繻。烟光迎海若，云气净天吴。更讯诸群从，毋令贼不辜。生还余绻缱，故里乐

① 《张岳崧诗文集》附录，第711页。

忻愉。蔼蔼桑麻景，熙熙作息娱。岁时丰蟹稻，生计及茭菰。恰见敉宁速，谁云礼让迂？淳风期上理，甘澍快旁敷。入奏天颜喜，酬庸帝眷纡。彩翎光顾盼，文锦重璠瑜。方叔猷能壮，阿衡德莫逾。平定奏闻，上赐公花翎世爵并加宫保衔。讵矜荣宠意，倍觉拊循须。走也家荒僻，时惊有毒痡。关心存故井，翘首即康衢。再造恩同戴，生全泽共濡。长歌上公寿，常此翊神谟。①

嘉庆十五年(1810)六月，两广总督百龄上奏，生擒积年为患的巨寇，东海一线全部清平。张岳崧作此长诗贺之。百龄(1738—1816)，本姓张，字子颐、菊溪。汉军正黄旗人。乾隆三十七年(1772)进士，选庶吉士，授编修。掌院阿桂颇器重，称其为辅器。后督山西学政，改御史，历奉天、顺天府丞。百龄负才自守，不干进，遭回闲职十余年。嘉庆帝亲政后，始加拔擢。嘉庆五年(1800)，出为湖南按察使，调浙江，历贵州、云南布政使。八年(1803)，擢广西巡抚，加太子少保。十年(1805)，调广东。寻擢湖广总督。后授汀漳龙道。擢湖南按察使，调江苏，以病归。病痊，授鸿胪寺卿，历山东按察使，就擢巡抚。十四年(1809)，擢两广总督。据《国朝耆献类征初编》卷三五、《清史列传》卷三二等史籍所载本传，百龄于嘉庆十四(1809)正月初七日由山东巡抚迁任两广总督。粤洋久不得靖，巨寇张保挟数万之众，气势甚为猖狂，百姓受此盗之苦久矣。百龄甫上任，剿抚并用，多方筹划。撤沿海商船，改盐运为陆路，禁销赃、接济水米诸弊。筹饷练水师，惩贪去懦，水师提督孙全谋失机，逮捕治罪。每一道檄文下，耳目震新，吏治肃明。巡哨周严，遇盗辄击之沉海，先声夺人，群盗气衰，望风而始有投诚之意。巨盗张保首先乞降，其妻郑氏尤为黠悍，百龄遣朱尔赓额、温承志往谕以利害，贼寇遂降。但张保惧怕遭诛，未敢轻意冒进，请百龄亲临招抚乃可听命。旁人劝公不宜以贵重之身蹈

① 《筠心堂诗集》卷一，第8—9页。

不测之地。百龄曰："粤人苦盗久矣！今既乞降，若不开其自新之路，海氛何时得息？即坦怀以待之，使其不生疑惧。"于是单舸出虎门，随从仅十数人，张保率舰数百，轰炮如雷，环船跪迓，百龄神色不动，命张保过船进见，好言抚慰并加以奖励，许奏乞贷死，张保率众而降，旬日解散二万余人，缴炮船四百余号，又令张保诱降乌石二，设计使乌氏至雷州而斩之，释其余党百余人，粤海巨盗得以肃清。嘉庆帝愈加对其嘉赏称异，复太子少保衔，赐双眼花翎，世袭轻车都尉职。

除了对上述轰动朝野的大事以诗纪之之外，张岳崧步入仕途在外为官时，尤其是在泰州赈灾、浙鄂治水等关乎一己宦海升沉、天下苍生社稷的要事，都在诗歌中有所反映。如《十二月八日查赈泰州舟泊繁汊》："腊八行糜昉佛家，余粮豆麦杂胡麻。岂知乞食城中路，半是哀鸣怨声哗。"[①]道光十一年(1831)三月，年近花甲的张岳崧奉旨出任江苏常镇通海兵备道。十二月，因水灾泛滥，道光帝亲命张岳崧与江宁布政使林则徐一同前往江北赈灾。此诗便是纪实之作。据诗中所称，腊八节这一天，张岳崧乘舟至江苏泰州查看灾情，寺庙开棚施舍腊八粥，里面是余粮、大豆、麦粉加胡麻，哪里知道城中到处都是乞食的灾民，一半是哀鸣遍野，一半是怨声载道。诗人于穷年忧黎元的悲悯之情，昭然跃在纸上。他如《赈江北由繁汊晚泊杨家庄赠王竹楼大令并示同事诸君四首》，我们看到的是张岳崧面对遭遇灾祸的天下苍生时，产生的深深的自责与愧疚："岂有长才苏众困，能教濒死沐恩波"(其一)；也有其对吏治政事的反思："瓮牖柴扉逐户过，时抽查户口。防奸争奈救饥何。早知教化凌夷甚，敢怪舆情诡诈多"(其三)；还有其对浩荡皇恩的歌颂："萧条城郭乍经过，却为疮痍幸若何。百万泉刀民命赖，一夫饥溺圣恩多"(其四)；更有其对水灾人祸的务实做法，其二"为惜芸生依泽国，惭无长策障江波。频将渲泄咨贤令，汇海曾经议导河"句下注曰："下河州县，众水由兴、盐归海，余曾建议疏引。今与王竹楼大令议

① 《筠心堂诗集》卷四，第86页。

修白驹、天妃各闸以资渲泄，庶少水患。”[①]又如《七月十六日张家口渡黄河五首》：

莽莽沙堤望，呼舟又渡河。南来方息辙，北去讶飞梭。舟楫原期用，风烟但觉多。圣明何以报？未敢惜蹉跎。

忆昔分巡日，修防更勘灾。鱼龙骄未慑，鸿雁听增哀。三策徒思贾，千金孰识隗？余有下河水利三论，赈抚兴化时，尝与王竹楼大令言之，王甚以为可行。王权兴化，办赈极洽舆情，惜上游少器识者。徙薪非上客，谁是济时才？

雨浙罗山海，鱼盐易度支。未能裁冒滥，奚以赡公私？省费财斯裕，惩奢习易移。漫言桑孔术，徒尔竞刀锥。

陈臬关民命，刑章岂易任。好生天地德，弼教圣人心。化导惭无术，哀矜感倍深。还怜诸父老，惜别意难禁。

吴越重回首，湖山感旅情。圣恩迁执法，时以大理寺少卿内召。臣职愧持平。宦迹琴书共，关河岁月更。瞻云心恋阙，旦夕计邮程。[②]

道光十三年(1833)五月，浙江按察使张岳崧内召升授大理寺少卿，回京途经张家口，北渡黄河，回首在吴越的两年任期，屡任江苏常镇通海道、两浙盐运使、浙江按察使，期间修防、赈灾、理财、平盐、治狱、惩奢、移俗、化民……皇恩浩荡，自愧“化导无术”，政绩平平，光阴虚度，难以报答圣明，惟心恋魏阙，日夜兼程，盼望早点抵达京城。

其二，张岳崧在诗歌当中还表达了自己关于政治的一些看法，多不出儒家仁政大同思想之范围。如《张掖郊行》：

南峰郁深蔚，北岭森嵯峨。平川得广路，夷旷无坡陀。涓

---

① 《筠心堂诗集》卷四，第86页。

② 同上，第88—89页。

涓甘泉流，悠悠弄微波。沙石漱细溜，皋岸旋洄涡。白日暖春昼，轻风动岩阿。村烟出土舍，负戴行相过。回番杂部落，毡裘比纨罗。地利苦硗确，生计将如何？我行采风谣，民气恬以和。衣食愿沾足，礼教相渐摩。抚兹重叹息，揽辔为浩歌。[1]

道光二年（1822）八月至五年（1825）八月，张岳崧授任陕甘学政，三年任期内遍走秦陇大地，倡儒教，办学校，振士风，化民俗。此诗写的便是在张掖郊行，"南峰郁深蔚"至"毡裘比纨罗"，前十四句为我们描绘出一幅美丽动人的田园风光：祖国山河秀色，村落宁静祥和，民众恬淡融洽。在这贫瘠的土地上，诗人看到了一片欣欣向荣的胜景，想到的是"哀民生之多艰"，下乡采风，惟愿"民气恬和"、"衣食沾足"、"礼教相摩"，给人们营造了一幅美好的人间蓝图。

张岳崧是嘉道年间颇有名气的书画家，自然而然他对书画（包括诗文等艺术作品）的题咏也是值得关注的，其中就不乏借图作诗表达一己修齐治平的思想。如《伏狐记为宋斋堂刺史题》：

神道有至教，妖氛靖细幺。绥绥敢跳梁，鬼蜮扰闾左。为饵成阳呼，设伏革囊裹。鞫之帖耳伏，镇以石塔坠。既宥贰负诛，乃类支祁锁。魑魅绝群慝，闳门静帖妥。吾闻为政者，正直戒偏颇。饮羊敛厥迹，害马去必果。鹯鹰森搏击，蟊蟥畀炎火。长林靖啾唧，苗稚茂繁夥。使君识高卓，治体薄庸琐。试作伏狐观，寓言诚亦可。[2]

妖狐鬼魅，祸民殃国。史籍所载伏狐故事，不绝如缕。设计用饵引诱它，用囊包裹它，使之降伏，镇以石塔。如此，才能使魑魅绝迹，四方绥和。在张岳崧看来，伏狐犹如治国，亦应正直而不偏颇。

---

① 《筠心堂诗集》卷三，第 66 页。

② 《筠心堂诗集》卷二，第 33—34 页。

害群之马，务必除之殆尽；诈羊之行，定当惩之从严。治理国体之方略，应当尽量避免平庸繁琐，而应识大体，兴大业。

又如《皖江赈饥图为朱恕斋刺史作》，恕斋即朱士达（1776—1854）之号，张岳崧的座师朱士彦之弟，字公孚，扬州府宝应（今江苏宝应）人。嘉庆十二年（1807）举人，二十二年（1817）进士。署安徽黟县、南凌、霍山、怀宁等地知县，后升任寿州知州、凤颍捕盗同知。道光九年（1829）擢凤阳府知府，署庐凤道。十三年（1833）调徽宁池太广道，升广西左江道。十六年（1836）授云南迤东道。二十年（1840）任四川按察使、陕西按察使。二十二年（1842）任湖北布政使。以老疾致仕，年 79 卒于家，祀乡贤及寿州名宦。著有《知足知不足斋诗文集》。《皖江赈饥图》大概作于道光十一年（1831），朱士达时任凤阳知府，张岳崧此年六月至十一月协理林则徐江北赈灾事宜。诗中有曰：

> 闻道贤侯来自霍，春风有脚嘘幽霿。舣楫周巡日百遍，忍自饥渴为饥黔。小船数叶载饼饵，太仓千斛煎釜鬵。余生一饱食侯德，救死千辈知侯心。除盗本是救荒策，安集况乃繁刑禁。我闻长孺擅发粟，河内安抚弭灾祲。韩富在宋讲赈恤，青州善绩尤所钦。我披此图识循政，如听歌颂留棠阴。何当传播告司牧，直将绘事为官箴。①

张岳崧在诗中一是盛赞朱士达身为朝廷命官，实为百姓父母，不辞劳苦，日夜巡察，自己忍住饥渴，一心赈灾为民的壮举。这与其《题张南山郡丞维屏黄梅拯溺图二首》中所倡导的“匡济归儒者，民生系宰官”（其一）、“为怜万人命，奚止一官轻”（其二）庶几契合。面对国家大难，诗人提出了“除盗本是救荒策，安集况乃繁刑禁”的看法，并由此赈饥之图而识得善政一方面要开仓赈灾，恤民弭祸，另一方面也要善于平时的治理与德化。他如《题朱海谷前辈垣棠

---

① 《筠心堂诗集》卷三，第 54 页。

荫膏雨图二首》、《连阳秋凯图为管椒轩都转题》，亦当作如是观。

张岳崧《筠心堂诗集》尚有《咏史八首》，纵论天下大事，品评历史人物，从中也可窥测其政治思想之一二。如其六曰：

> 雝睦唐治光，德行周政上。吾闻万石君，醇谨汉廷望。申申复欣欣，内政穆和鬯。奋建世其美，庆亦能退让。雅化传青齐，千秋祠石相。安得培淳源，浇风振凋丧。[1]

据《史记・万石张叔列传》、《汉书・万石卫直周张传》所载，石奋及其四子皆二千石，故称石奋为万石君。石奋为人本无文学之长，但恭谨无人可比。本传称："万石君以孝谨闻乎郡国，虽齐鲁诸儒质行，皆自以为不及也。"[2]长子石建、少子石庆得其家传。其中石庆于兄弟最为简易，也颇有乃父之风。出为齐相，齐国慕其家行，不治而齐国大治，遂为立石相祠。后为丞相，因汉武帝认为石庆年老谨慎，不能与其议事，便赐其归里。石庆愧不能胜其职，上书归侯印，乞骸骨归乡，让贤者进路。司马迁、班固皆以为石奋一家虽不善言谈，力不能任，但敏于行事，忠厚恭孝，谨慎细微，故能德而化民，周行天下，内政和畅，外则使浮薄凋丧之风焕然一新，不啻为一条治国安民的成功之道。这一点正是张岳崧所推崇的治民之术。

身处嘉道经世致用思潮之时，张岳崧在他的文章中对政治国事也多陈管见。如《与云淡人大令书》，认为治理富邑比穷地更难。《与唐镜海同年书》中大谈漕政之弊。《上蒋励堂相国书》一文中，主张严明峻厉以治世。这些与其诗歌的旨趣是一脉相通的。

其三，嘉道年间，清廷内外交困，日薄西山，民不聊生。一个来自穷乡僻壤，而遍尝人间艰辛的张岳崧，对普通百姓的悲惨生活有一种本初的怜悯和同情，这在其诗歌中也有所反映。如《山农叹》：

---

① 《筠心堂诗集》卷一，第 5 页。

② 司马迁《史记》卷一百三，中华书局 1959 年版，第 2764 页。

山行阒若无墟村，孤烟隐隐生高墩。土门人家穴岩腹，有如戴天窥瓦盆。巨石嵚崎峭壁立，悬流下作惊涛奔。居人三两出其穴，下窥直若猿猱蹲。鸡犬岑寂间一响，颓垣仄径连篱樊。出门百折不容足，往往屋脊为田园。硗狭荦确不及亩，半如掌迹如眉痕。田苗稿萎豆菜恶，崚嶒山骨盘其根。耕者肤汗日当背，并火裂石锄间翻。荼蓼藜藿冀果腹，妇子短褐无完裈。乐岁劳勚艰一饱，饥馑荐至谁图存？道旁况复达官至，计口力役追呼繁。吁嗟乎！泽农患潦山患旱，造物孰与蠲烦冤。山农所处况瘠薄，雨露不受滋培恩。何当采风献当宁，宽政所及如春温。蒿目郁悒不能默，叹息奚补徒空言。①

此诗从住、吃、穿等各个角度写山农之苦。苦在居所为山洞，悬崖峭壁，周遭是颓败的门墙，逼仄的小路，出行极为不便，百折千转，地不容足。耕作犹如在屋脊之上，且土地狭小贫瘠，作物槁萎，虽辛苦劳动，而所获甚微。吃的是野菜苦蓼，食不果腹。穿的是衣不蔽体，出无完裙。辛辛苦苦劳作一年，也难得一饱，活着就是个大问题！更何况官府追赋税，加徭役，极其急迫，这无疑使本来难以生存的山农雪上加霜。诗人对山农们种种恶劣的生存状况十分心忧，抑郁无言，最后表达了对贫苦山农们的深切同情，希望朝廷体察民情，施以宽政，别让山农们失望，但这到头来是一句无济于事的空言。

又如《牵夫谣》，其序曰："西行途中，山势险峻，以组挽肩舆作引舟状。舆多者至十余人，皆科户就役，然多匿壮者，而以耄稚充之。予悯焉，作二谣。"《牵翁谣》曰：

予视蒙胧，予履跛瘥。而不见维山穹窿，维谷䆗䆛。人马喘汗，胁息抚胸。予筋力几何，而执兹工？维达官之故兮，予

① 《筠心堂诗集》卷二，第45—46页。

无而恫。[1]

《牵儿谣》曰：

> 予髫初垂，予齿初龀。予不能诵读，不能胼胝。胡业之不习，而舍焉以嬉？胡行之不能，而就劳且危？予稚而痴，谁使予为？维达官之故兮，予无而訾。[2]

朝廷科差徭役，为官者不体恤民众，作威作福。官员行峻岭上，舆者肩抬绳引。青壮年多逃匿之，而充以耄耋、稚幼之人，愈见其差役之苦。诗人见而怜悯，作此二谣以同情百姓之疾苦，也对这些本应为父母官的达宦予以严谴。

当然，张岳崧对百姓升平祥和的生活也有赞美，对循吏爱恤子民的壮举也有歌颂。如《沙湖晚泊二首》：

> 苍苍暮色下江隈，半幅篷帆向晚催。隔岸渐闻人语杂，居民争看长官来。
>
> 沙湖临水杂人家，阛阓中宵笑语哗。共说邻舟来汉上，今年米价贱堪赊。[3]

诗人乘舟晚泊江边，听闻岸上船里笑语连天，原来是来自汉江的邻船上的人，与他人一起在讨论今年的米价特别便宜，不必担忧温饱的大问题了。这含蓄地表达出对国泰民安的赞美之情。他如《牛痘词赠邱浩川二首》：

> 灵枢何处觅神方，滋护奇苗试玉浆。参得西来真解脱，却令夭札济慈航。

---

①② 《筠心堂诗集》卷二，第 47 页。

③ 《筠心堂诗集》卷四，第 104 页。

文犀一点妙灵通，物性从教悟化工。为问阴阳均相业，生全奚止卜黄童。[①]

种牛痘疫苗，以预防天花这种恶性疾病。据余新忠《清代江南的种痘事业》所载，人痘接种术大约在清初由皖南等地传入邻近的浙西和苏南地区，然后渐趋传入浙东地区，并继续向南传布[②]。在牛痘传入中国之初，就有人得风气之先，积极参与了牛痘的接种和推广，最突出的代表人物就是邱熺。邱熺，字浩川，广东南海人。嘉庆十年(1805)，当牛痘接种法传到澳门的时候，在澳门经商的邱熺决定在自己身体上进行试种，成功之后，他便开始了专门种痘的生涯。为了让国人理解并接受牛痘接种法，邱熺将十几年间种痘的方法和经验详细记录下来，写成《引痘略》一书。他为什么要起这样一个名字呢？原来，中国古人一直认为，天花由胎毒引起，而要避免得天花，必须把深藏在体内的胎毒引出来。因此，邱熺将自己的书名为《引痘略》。邱熺在《引痘略》中这样启发国人：牛痘接种法，是选择在人的两臂上叫消烁、清冷渊的两个穴位上下交连之处接种，看起来种痘的方法似乎与中国传统的塞鼻法不同。但是，道理上却是一样的。因为人身上的两臂，是手少阳三焦经必经之地。三焦者，是人身上最为关要之府，如同天地之中的三元，总领五脏六腑，营卫经络，通内外左右上下之气。三焦通，则内外左右上下皆通。在消烁、清冷渊两个穴位种上牛痘，痘毒就可以通过皮毛、血脉、肌肉、筋络直接传入人体，深藏在人体内的胎毒就会自然被引出体外。因此，接种了牛痘的人，自然也就不会再得天花了。邱熺从中医的“引毒原理”出发，证明牛痘接种法优于人痘接种术。加上当时种痘的实际效果，牛痘接种很快就被国人接纳。嘉庆二十二年(1817)，时任两广总督的阮元也把邱熺请到家中进行牛痘接种。事后，阮元还写诗相赠。诗中写道：“阿芙蓉毒流中国，力禁

① 《筠心堂诗集》卷二，第 38 页。

② 余新忠《清代江南的种痘事业》，《清史研究》2003 年第 2 期。

犹愁禁未全。若把此丹传各省，稍将儿寿补人年。”[①]张岳崧也用诗歌记录了这种泽被子民、功在千秋的先进医术。施种牛痘的历史始于道光年间，到光绪二十年(1894)前后，江南大多数县都创设了牛痘局。与接种人痘不同，牛痘传入后，官府很快介入，积极加以推广。不过，创设的主要动力，似乎还是来自地方社会力量。人痘或牛痘的足迹到清末已遍及江南城乡各地。

其四，作为深受儒家思想浸染的张岳崧，自然对孔孟提出的那套仁义、忠孝思想信奉不疑，其诗歌中也或多或少地对此有所呈现。这自然还不包括所谓的恭祝圣上寿福的贺诗颂辞如《寿皇上》的106首。

其中最明显的便是儒家宣扬的忠孝观念。如后被选入《琼州府志》卷四一《艺文·诗》的《李孝子歌》，张岳崧序曰：“李孝子名朝钦，澄迈人。父瑞荣，康熙十九年冬，为海寇杨二所掳。孝子年十六，哭泣从。寇逼父纳赎不得，临以刃，孝子呼号以身蔽。父病瘫，手掬秽。寇感动，纵父，得上岸。孝子负父行不数里，父殁。孝子掘砂碛埋父骸，指爪尽血。或见而悯之，助以槥厝焉。孝子行乞，疾病垂绝，遇救复苏，归语其兄，偕至厝处，舁以归葬。人咸称孝子。按察副使王元枢有传云，歌以纪之。”诗云：

> 黑云罩海凄风鸣，枭禽作音鲸鲵横。高樯大戟耀白昼，叱缚戍卒如孩婴。磨牙吮血恣一饱，贯发絷颈谁能撄？累累掳掠纳巨舶，暮失赎镪晨为烹。我闻孝子未弱冠，伤父被执从之行。家赀倾尽父疾剧，雪刃屡试啼咿嘤。拊膺痛号丐父命，气动白日天峥嵘。以手掬秽自浣濯，以体翼刃聊措撑。悲风怒涛助哭踊，能令恶逆怜其诚。小艘出波纵近岸，背负嫛婗频颠倾。吁嗟父兮陨厥命，呛呼匍匐怜孤茕。淋漓血指力掘地，表以累石为之茔。行乞喘息病垂绝，观者感救苏余生。竭来航

① 朱方增《种牛痘序》，载邱熺《引痘略》卷首，《续修四库全书》子部第1012册，第400页。

海十四月，负骸归葬丘首营。君不见白虹贯日气所感，精卫衔石波能平。自古至性动天地，孝子之行尤堪惊。出入坎窞为救父，颠沛万死鸿毛轻。但知所生义应尔，遑计身后留其名。於嗟乎孝子！遑计身后留其名。[①]

此七言古诗共有38句，酣畅淋漓，一气呵成，生动地赞美了澄迈县孝子李朝钦的感人事迹，读之催人泪下。此事不只是张岳崧作诗以歌颂之，尚有按察副使王元枢为之作传，由此可见孝子李朝钦的事迹令一些官员也为之动容，这正是一次宣扬儒家孝恭的机缘。因为在儒家看来，百事孝为先。古有孝女缇萦救父，今有乡人李朝钦救父。无疑，这是张岳崧宣扬儒教，标榜孝义，又可表彰桑梓的大好时机。

不单单是表彰乡梓同里的孝义之事，反躬自身，张岳崧也是如此推崇儒家伦理思想中颇具核心价值的孝悌之情。如《送子明归琼并示诸弟》：

留汝不可住，送汝还家园。宁知别后泪，相视但声吞。汝亲惊衰白，多病无朝昏。我来跽别时，掩泪垂潺湲。嗟我复奚为，虚名枉驰奔。十年客京国，孤负生我恩。此行计归期，祝汝亲长存。生儿固贵多，羡汝多弟昆。子职务各尽，奉养期加餐。尤戒汝诸妇，口舌毋纷繁。妇舌古厉阶，雌黄徒嚣喧。亲心既已伤，友爱奚能敦？生儿为养老，岂令多烦冤。汝亦各自思，朝夕勤清温。勉励率诸妇，服劳寒与暄。况汝得亲慈，衣食非苦辛。滫瀡竭馨洁，甘旨谋鸡豚。上以奉严慈，下以和篪埙。七旬之高堂，百年如风翻。莫似予卤莽，枯鱼徒悲惛。勉哉思此语，后悔难复论！[②]

---

① 《筠心堂诗集》卷一，第2—3页。

② 《筠心堂诗集》卷二，第31页。

张岳崧自嘉庆十年(1805)首赴京师科考以来,驻留京城,为客十载。九弟离京回琼,张岳崧客中送客,千叮咛万嘱咐,殷殷劝诫,务必要孝敬父母,克尽孝道,昆仲间应和睦相处,各司其职,妯娌间亦应如是,切忌不可多舌,离散亲人们的情谊,男人则不可偏听偏信。当然,远在万里的张岳崧对自己不能在父母身边尽孝也是自责不已。诚如张岳崧《题负米图》所言:"我亦奔驰数年余,京华旅食聊糊口。一官妄意慰劬劳,万里何为旷瀡滫。因揽此图发长叹,归来洗腆为亲寿。"①这一点在《阕先君制后追念伤怀怆然有述四首》中也有详尽的倾诉,此仅选其一以窥全貌:"十载飘蓬悔莫追,一年膝下竟终辞。本图薄禄沾颐养,转为虚名误老衰。衔索枯鱼今已矣,绕林乌鸟又何之。惊心此日风庭树,痛断援琴辍哭时。"②十年漂泊,追求功名,图谋养亲,但是世事难料,岁月无情,"子欲养而亲不待",这是一种无比痛苦的遭际,也是忠孝难两全而造成的内心矛盾的悲恸。故而,也有如其子张钟彦《澥山公行述》所言的哀毁以致灭性:"癸酉正月,先大父不豫,府君与世父皆精岐黄,百方诊治,侍药饵,躬挟掖,衣不解带者兼旬。及持丧,哀毁皆灭性。"③长久离别的无情,短暂侍养的恭谨,生与死的体察,阴与阳的相隔,这都足以令人感怀到张岳崧对忠孝的虔诚与笃行。

除了上述引诗称扬儒家"父为子纲"的孝义之外,张岳崧尚有数篇诗作来宣扬信奉"夫为妻纲"而不惜生命的贞妇和烈女。如张岳崧督学秦陇时,闻见甘肃会宁有妯因夫张某逝而吞苦杏以殉,娌亦从之,作诗《双烈篇》二首曰:

正气存巾帼,贞名重瑾瑜。推心甘殉死,赍志竟捐躯。碧玉香魂断,青天血泪枯。年年红杏节,行路痛双姝。

忍见卷葹秀,愁看杏子黄。一门棠棣恨,千古蕨薇香。国

① 《筠心堂诗集》卷一,第15页。

② 《筠心堂诗集》卷二,第25页。

③ 《张岳崧诗文集》,第694页。

典褒贞烈，家声嗣显扬。采风来陇右，彤史把芬芳。①

张氏兄弟俱丧，妯娌悉吞苦杏殉夫，这在古代传统社会中，可谓是懿德贞烈之风，足可使朝廷褒奖，家声远扬。他如《拟李太白〈东海有勇妇〉》亦作如是观，其序曰："高要梁翰妻杨氏，姑耄弟稚。翰疾笃，杨刲股和药以进。翰愈，杨创发死。余闻而哀之。"诗云：

端江有勇妇，结发君子盟。君疾弗可瘳，怅然悲填膺。君姑发皤皤，君季扶床行。君乃不可死，妾生复何成。宛转煎中肠，沉痛迫中情。白刃持素雪，苍天动精诚。剜肉奋不顾，摧心惨无声。逡巡劝君饮，饮此疴能平。妾肉为君啖，妾血为君倾。妾心为君死，妾目为君瞑。父母生妾时，愿从君死生。报君骨肉重，况乃支体轻。古有报父死，传者苏来卿。缇萦西上书，津妾免严刑。报夫截耳鼻，断臂以自明。磨笄旧有山，千秋传其名。名亦非所知，死亦非所惊。卓哉此勇妇，凛凛昭日星。②

细味此诗，可知广东高要梁翰妻杨氏堪为古代传统社会中宣扬的勇妇贞女，"夫为妻纲"，也如诗中所说的，一日为夫，终身服侍，上奉老姑，下抚小叔，中报夫君。生死不渝，何惜皮肉之割？何惧性命之虞？此种贞烈行迹，的确足可远绍缇萦等诸多烈女勇妇之精神。他如《伊节母状书后》写伊母年轻守寡，侍奉家翁，抚育幼子，双子亡又抚养曾孙，终见其飞黄腾达，歌颂了伊母令人称扬的孝道与懿德。《吴舜华孝子遗册为其孙杏舒墨客题》写的是吴舜华的父亲客死他乡，舜华卖墨筹钱，负骨回乡营葬，侍养老母。舜华之子存有乃父遗册，诗人便为之作记称颂其孝道。《题汤雨生都督令慈杨太淑人吟钗图二首》亦是题画诗。汤贻汾(1778—1853)，字

---

① 《筠心堂诗集》卷三，第72页。

② 《筠心堂诗集》卷二，第26页。

若仪，号雨生、琴隐道人，晚号粥翁，武进(今江苏常州)人。以祖荫袭世职，官至浙江乐清协副将。凡天文、地舆、百家之学，咸能深造。书、画、诗、文并臻绝品。书画仿董其昌，闲淡超脱，画梅极有神韵，有《琴隐园诗词集》。弹琴、围弈、击剑、吹箫诸艺靡不精好，与戴熙并称“汤戴”。海内名宿多与之游。汤贻汾秉性纯良孝谨，生母逝世，绘图悼之。张岳崧诗其一写其孝子情怀，其二颂汤母懿德。后事可证，汤贻汾晚年辞官退隐南京白门，贷保绪园以居，焚香鼓琴，翛然尘外。值洪杨之乱，白门被攻陷，赋绝命诗，首联云：“死生轻一瞬，忠义重千秋。”遂投池而死，后谥忠愍。诸如此类歌颂儒家忠孝仁义之诗，尚有《题史忠正公手札后》、《题丁筠浦授经图》等。

总而言之，作为封建时代的传统士大夫，张岳崧关心民瘼，关注民生，讲求儒术吏治，强调忠孝仁义，这是他诗歌内容中的一大旨向。

2. 写景纪游诗：“风景旷相怡”，“旧山余缱绻”

细按张岳崧的人生履历，着实颇为丰富，“生平走南朔，舟车历齐楚”，其行迹遍布祖国的大江南北、黄河上下。这一类的篇什将近百首，是张岳崧三百多首诗作中所占比重较大的一部分，也是极能代表其诗歌艺术成就的名篇佳作。我们从这一部分诗篇中既能欣赏到旖旎的江南风光，也可领略到雄险的北地胜景。下面试举例论述之。

首先，我们来看张岳崧是如何描绘南国风光的。先说他的家乡。张岳崧的家乡在今海南省定安县龙湖镇高林村。在国家住建部与国家文物局 2010 年公布的第五批中国历史文化名镇名村名单中，作为探花故里的高林村赫然在列。早在张岳崧的笔下，《家园八景》诗已志其胜。其序曰：“余居环群山，名阙志乘，顾朝夕游处，不可忘也，各系以诗。”[①]由此可见，张岳崧心中彰显乡梓风景的意识极其强烈而自觉。在这一组诗中，张岳崧首先写的是圆势

---

① 《筠心堂诗集》卷一，第 19 页。

岭："家园东南仅半里，有山特立，形如覆釜，圆净可爱，远眺极目，频登陟焉。"[①]诗云：

家园尺咫周群山，圆势迥出青孱颜。当轩却立侍僮仆，入牖窈窕窥烟鬟。山雨欲来得奇势，云头压山湿苍翠。凉飙四面纷飕飗，碧树千株讶崩坠。有时云日相鲜妍，青葱交辉明原田。朝暾东睢挂铜镜，残月西泻光流天。小石荦确杂齿齿，大石倾危纷嵬嵔。回旋百折升其颠，千里苍茫渺烟水。北眺云海疑有无，西瞻城邑远可摹。白云飞尽天宇高，青烟插空明浮图。华岳崔巍在何许？裹粮蹑屐愁修阻。何处江山不可娱？归来大笑从樵父。

圆势岭离张岳崧家仅有半里之遥，开窗便可揽色入怀。远望此岭，山势耸立，峰峦苍翠，雨后愈发显得圆净可爱。置身山中，感觉遍体凉意。绿树悬崖挂壁，白云红日两相辉映，田野水面清圆如铜镜……其险峻，真可谓比得上北岳华山。家乡的风景如此可人，直令诗人为之陶醉，欲归隐终老。随即诗人又写到了第二景挂榜山、第三景香炉墩、第四景大鼓坡、第五景黑岭、第六景水坛井、第七景狮子山、第八景琴岭，每景皆先以序说明之，复作七言古诗题咏赞美之。文笔开张扬厉，气势雄壮，有一股青年人的凌云之志。

最值得我们关注的，莫过于张岳崧在广州粤秀书院求学时，于立秋日登楼赋诗，备受师友赞誉之事。详情本部分前已载述。试看张岳崧这首成名之作《立秋日登镇海楼》：

霸业雄千载，高楼镇五层。气象三城阔，光芒百粤腾。云山浮霭霭，宝塔势棱棱。赖有丹梯步，宁虞暑气蒸。人从高处立，景向望中增。地迥金风到，天高玉宇澄。虎门开更壮，珠海静还凝。恋阙思飞鸟，摩霄想大鹏。呼鸾真引领，朝汉旧堪

① 《筠心堂诗集》卷一，第19页。

称。况此佳辰值，超然胜概征。蓺天看彩笔，今日更谁能。[1]

张岳崧子张钟彦《澥山公行述》对此详叙曰："肄业粤秀书院时，冯鱼山先生敏昌负重名为书院主讲。先生于人才少所许可，府君始至，未之奇也。会以九日登镇海楼，令诸生赋诗，览府君作，惊曰：'海外自苏文忠游后，未闻有诗人嗣响，于此其有望乎？'与谭论竟日，遂大称许。"[2]冯敏昌之师即笃崇苏轼的翁方纲，冯氏亦深受乃师之影响。于此，以东坡雄壮奔放之诗风称许张岳崧，足可见此诗令冯氏惊异，击节叹赏。苏轼当年谪居惠州，路经广州，作有《浴日亭》诗，其云："剑气峥嵘夜插天，瑞光明灭到黄湾。坐看旸谷浮金晕，遥想钱塘涌雪山。已觉苍凉苏病骨，更烦沆瀣洗衰颜。忽惊鸟动行人起，飞上千峰紫翠间。"[3]浴日亭即宋代羊城八景之一的"扶胥浴日"，今与"镇海层楼"同属"羊城八景"。今亭内有苏诗碑刻。盖冯敏昌即以苏轼此诗为题咏广州名胜之最，借之来称引张岳崧诗。岳崧诗纵横捭阖，视野阔大，想象奇特，思绪相接，古今交错，角度切换，将镇海楼的奇伟气势、壮美意境用雄浑的语言挥洒出来了，的确是一首足可称道的好诗。他如张岳崧游览肇庆七星岩所作的《早游宝月台望七星岩》，也是一首酷似宋诗风格的诗篇。

其实，张岳崧受到追慕宋诗的冯敏昌之赞赏，在内在精神上也是讲得通的。因为张岳崧本身对苏轼诗就比较喜爱，就连做梦也会梦到东坡，有诗题为证——《初冬午睡梦见坡公墨书因赋》。《筠心堂集》中步韵、追和苏诗的写景之作随处可见也就再正常不过了，如《过江风作不得泊远望金山用苏东坡妙高台韵》、《峡山寺追次苏韵》，试看后者：

石势斗水立，古碧摇清湾。不知山寺高，俯首苍孱颜。寒

---

① 《筠心堂诗集》卷一，第 5 页。
② 《张岳崧诗文集》，第 693 页。
③ 《苏轼诗集》卷三八，中华书局 1982 年版，第 2067—2068 页。

雨暗木叶，暮云闲往还。听泉识道心，窥潭亦禅关。我生走湖颍，洗眼佳江山。安知奇秀钟，招我家园闲。南陔归去来，负郭山水环。兹游亦幻相，留诗赠烟鬟。①

苏轼原诗《峡山寺》云：

天开清远峡，地转凝碧湾。我行无迟速，摄衣步孱颜。山僧本幽独，乞食况未还。云碓水自舂，松门风为关。石泉解娱客，琴筑鸣空山。佳人剑翁孙，游戏暂人间。忽忆啸云侣，赋诗留玉环。林空不可见，雾雨霾髻鬟。②

细味二诗，第一首求奇而眼界不宽大，但是结构上较为紧凑，跌宕起伏，由景及人再延及理；笔意虽熟，却不脱主旨；笔法较为老到，而境界还欠火候。第二首开篇境界阔大，然句尾孱弱，虎头蛇尾，结构散乱。此诗为苏轼被贬惠州路经江西峡江境内，游览时所作，心情也较为抑郁，寂寞冷落之味、羁绊漂泊之感跃然纸上。故而思绪比较复杂，也有可能是出于应付或随意之作。清人王鸣盛在《蛾术编》卷七八中便称此诗"逞笔乱写"。据此观之，张岳崧写景诗之功力着实不容小觑，境界较为阔大，笔意纵横，由景及人，境中寓理。

张岳崧不仅能状难写之景，境象壮阔，而且还能将乡思羁旅之情熔于一炉，自然地抒发出来，此类诗作可拈出特表一番。譬如路经江西吉州府万安县所作的《万安十八滩》：

舣舟下南安，逶折依浅渚。章贡汇两流，稍稍辟门户。颇意幽谷出，或得夷旷所。沿流无晷刻，陡觉众峰聚。白日悬高崖，苍壁瞰深釜。大声发水上，众窍助号怒。调刁碎风萧，砰

① 《筠心堂诗集》卷一，第12页。

② 《苏轼诗集》卷三八，第2063—2064页。

訇咽雷鼓。万骑乍环营，千军疾赴虏。舟人手篙橛，未至先栗股。湍波喷珠玉，峭壁束罽氍。怪石逼溪流，累累讵可数。大者搏熊罴，猛者蹲貔虎。长者亘铁索，峙者耸柱础。洄澜激卧牛，罅隙斗黠鼠。谽谺张口颊，荦确逼斤斧。沙水日激啮，锋锐攒万弩。长流已中断，前觑无寸土。我舟讶驱车，太行困龃龉。须臾鸟道转，渐觉蛇腹吐。诘曲危累卵，迫狭争铢黍。窄径已难容，深潭不可俯。篙师俨御敌，叫绝呼其伍。喧声哄岩谷，众指纷柁橹。篙响震磔砉，水石撞钟簴。飞梭乍离手，枉矢初脱弣。簸宕千丈落，回转四山舞。耳边风飕飗，目眴不敢睹。稍寂辨人声，相视但色沮。回首古帆樯，峨峨埋沙浒。出险就平旷，清月照天宇。青山瞩夜碧，平流放柔橹。雁声过远天，渔火明遥浦。篙师始一笑，稽首谢神祜。回首向我言，滩名为觇缕。白涧与棉绳，九曲及天柱。诸名少雅驯，惶恐闻诸古。昔传三峡峻，又说五溪苦。世路多崎岖，人情喻险阻。生平走南朔，舟车历齐楚。况我家海南，波涛与游处。乡园久离别，岁月惊羁旅。牛背自稳便，马足漫夸诩。却羡东家某，远胜西域贾。①

西源出大庾岭的章水，东源自武夷山的贡水，在宋城赣州汇合成赣江后奔腾而下。沿赣江北下，从赣县至万安，百余公里的水路江道，诞生了著名的十八险滩。《章贡图经》载云："二水合而为赣，在州治后，北流一百八十里至万安县界。由万安而上，为滩十有八，怪石如精铁，突兀廉厉，错峙波面。"也如张岳崧诗中前十句所形容的奇观和"陡觉"。章、贡二水汇合而成的千里赣江，是数千年来长江流域连接赣闽粤的交通大动脉和黄金水道，负载着赣闽粤南来北往的人流、物流、信息流。十八滩，两岸峰峦巍峨，山势险峻，怪石嶙峋，江中暗礁林立，激流拍岸，浪涛訇然，历代舟子篙师视之为畏途。民谣有云："赣江十八滩，滩滩鬼门关，竹篙点水心胆

① 《筠心堂诗集》卷二，第41—42页。

寒，十船过滩九船翻。”十八滩的奇险景观，触发了古今众多文人墨客的情思，留下了许多脍炙人口的名篇佳作。北宋绍圣元年(1094)，苏轼贬至岭南的惠州，经赣江路过黄公滩，写下了有名的《八月七日初入赣过惶恐滩》，中有“山忆喜欢劳远梦，地名惶恐泣孤臣”之句，将滩险流急的黄公滩改称惶恐滩。徐鹿卿(1170—1249)三次过十八滩，每次过滩都毛骨悚寒，感触皆有所不同，三赋此滩，深叹其险。南宋末年民族英雄文天祥(1236—1283)在此挥笔写下千古名句：“惶恐滩头说惶恐，零丁洋里叹零丁。人生自古谁无死？留取丹心照汗青。”万安境内九滩中，即以古城观澜门外的惶恐滩最深、最奇、最险。民间亦有流传道：“惶恐滩，鬼门关，十船过滩九船翻。”这便是张岳崧诗中所谓的“惶恐闻诸古”。围绕赣江“十八滩”，特别是针对万安境内的九个险滩，千百年来留下来的诗词歌赋枚不胜举。如杨万里的《过皂口》、《过百家渡四绝句》，朱熹的《野馆》，周敦颐的《香林寺唱和诗》，赵抃的《惶恐滩》，彭汝砺的《万安道中》，戴复古的《游五云阁》，郭师元的《云洲》，乐雷发的《金滩》，辛弃疾的《书江西造口壁》，文天祥的《过万安县》、《题凝祥观》，解缙的《过十八滩》、《疏源诗》等等，形成了独具特色的“滩头文化”，古今传颂，闻名遐迩。眼前有景道不得，前人题诗在上头。若想指我题诗处，今觉超越万般难。张岳崧此诗妙在学苏轼《百步洪》等写景状物的“博喻”之法，摹水声，绘石势，极尽物态之变，又颇具想象力。又由景及人，形色兼备，再以三峡作比，旁衬其险峻。清人吴兴祚(1632—1698)也有此感：“怪石触舟怯，飞涛惊梦寒。曾问三峡险，不似此行难。”过了惶恐滩，便是张岳崧所描绘的“出险就平旷”之美，云水波痕，青山碧树，明月穹宇，柔橹平帆，细风软语，渔火岸浦，飞雁沙浒。与张岳崧同时代的万安知县胡万年曾经赋诗赞曰：“吉州南上水环湾，十八滩头是万安。来客莫言万安恶，万安无数好青山。”诗人又延宕出去，由景物的惊奇雄峻，比拟人生世途的崎岖险阻，最后将思乡之情、羁旅之苦以轻语淡笔出之，实则其深情厚意跃然纸上。全诗跌宕起伏，景物相谐，时空交错，情理互融，堪称佳作。此种写胜景、抒乡思之作，又可参《中秋滩河夜泊》二首：

> 月影依人近，滩声向晚多。万山围夜色，孤棹耿秋河。佳节驰驹速，浮踪旅雁过。鄜州千古照，乡思更何如？
>
> 纵解长安忆，能禁两地愁？乡心随水远，凉月照山秋。虫语闻清切，吟声自唱酬。珠江与琼海，南望怅悠悠。[①]

督学秦陇大地的鄜州（今陕西富县），远隔家乡海南千里。月影、滩声，万山、孤棹，旅雁、行客，虫语、蛩鸣，乡思之愁油然而生。阔大无边的景色，寂寥孤独的诗人，月夜下的宁静与鸣虫们的动响，多与一、静与动的强烈对比将张岳崧敏感多情的思绪无限地张大、扩展，淡淡的哀愁包裹着诗人孤寂的心灵。正如他在《永昌西风竟日四首》其四中所言："梦断乡心余缥缈，炼成诗骨伴萧飕。"[②]又如《宁夏渡河》二首，亦可作如是观。诗云：

> 沙碛灵州路，临流见素涛。河声宁夏壮，山色贺兰高。地迥烟浮树，天空日丽皋。平生山水兴，隔岸唤轻舠。
>
> 村落平芜远，人烟野色青。众峰连绝漠，一水护孤城。墟邑饶生计，菑畬劝力耕。乡心频触拨，却忘朔方行。[③]

其一的颈联，其二的颔联，皆写景较为闳大雄壮，浓郁的乡愁又蕴含其中，与上引二诗有异曲同工之妙。他如《过庾公岭谒文献公祠》："长江尽处耸崔巍，鸟道盘虚百转回。漫笑汉唐空地辟，始知蛮粤是天开。寒梅不作江南梦，过雁偏从塞北来。继起谁人识风度，曲江不是五丁才。"[④]既有景色的闳放，蛮粤天开般的惊叹，又

① 《筠心堂诗集》卷二，第 42 页。
② 《筠心堂诗集》卷三，第 65 页。
③ 同上，第 63 页。
④ 《筠心堂诗集》卷一，第 11 页。

有对历史的喟叹，对先贤的大力褒赏，景与人，古与今，情与理，巧妙地熔为一炉。

如果前引《中秋滩河夜泊》二诗尚不足以彰显张岳崧写景状物的笔力，那么现在我们就来看看行走于秦陇高原、燕赵大地间的诗人是如何描绘这片神奇的世界的。先看《五丁峡歌》，序曰："七月十九日行宁羌道中，距州三十里，群峰壁峙，迥无人踪。循壁下深峡，悬崖际天，潺湲水声，盖漾源云。峡行里许，径路又绝，扪壁而上，逾嶓冢绝顶，迤逦而南，有碑曰：'五丁开山处。'予感其事，为赋长句。"诗有云：

我诵青莲蜀道诗，浩歌缥缈仙风吹。我登蜀山千万仞，青天尺咫浮云垂。崔巍矗屃不可数，悚魂落胆愁攀跻。朝循大麓暮陟顶，马蹄踣血舆徒悲。妄思脱险就夷旷，百盘万旋滋惊疑。陡觉崩崖劈面立，上绝云蹬旁无蹊。舆人大呼扪壁下，出坎入窞临危溪。悬崖再断得仄径，侧身容足嗟倾欹。怒猊蹲象迭乱石，涩泉咽涧沙流澌。汉源漾水仅涓滴，一口可吸难盈卮。行人蚁附涉水过，穹岩上戴危累棋。苍天一线见明灭，白日昼晦幽难窥。彳亍千步出户牖，回看崭绝山中歧。斤瘢斧迹若可辨，碎石乱下森矛铍。何人飞空劚山骨，天旋雷动摇坤维。仆夫为我道往事，五丁开凿夸神奇。我闻秦女嫁蜀国，途间修蟒形夔跜。……想当混沌始创辟，洪钧鼓铸区崇庳。此山陡峻绝蹊径，特遣神力司炉锤。雷奔电奋丁女赴，丰隆扇炭飞廉椎。太乙下摄百灵走，娲皇喘汗夸娥驰。饕风怪雨助号怒，云根石髓纷支离。后来翦伐继人力，缒幽凿险兹焉施。……我时奉使历旧迹，揽奇怀古生遐思。河山岂为助蛮触，秦蜀空笑争雄雌。旧闻聊述作谭柄，长言寄兴供解颐。曲终上马去复去，飒飒衣帽吹凉飔。①

---

① 《筠心堂诗集》卷三，第61—62页。

诗人奉使出游，"揽奇怀古"，浮想联翩。开头便起势不凡，以"我"的主体情感直落纸面。随后写"我登蜀山"后所见所感所思，笔力颇类李白《蜀道难》，描摹其景所采用的夸张技巧和想象手法，也有几分近似。中间除了绘景状物之外，还从神话传说中臆想出去，探讨了秦王暴政的恶果，提出了当今还民仁政的必要。诗末以"我"作结，稍作游戏之言，以轻松诙谐的笔法撇去历史沉重的外衣。此诗势大力雄，想象奇特，夸张合宜，着实高妙。又如路经陕西宝鸡所作的《大散关》：

> 大散雄关矗万峰，天梯石栈自重重。凌虚屡陟飞云洞，绝顶疑逢羽士踪。北戒山河凭指掌，西陲风景拓襟胸。马蹄好助登临兴，百折何愁历蚁封。①

是诗描绘大散关峰峦耸峙，地势雄伟，诗人登高凌顶，指点江山，拓展襟胸。境界壮阔，笔力豪放，音律浏亮，情志昂扬乐观。他如《南天门》亦可作如是观，诗云：

> 万笏层峦乱插空，帝阍真欲叩鸿濛。雍梁地扼秦关壮，巴蜀天开汉使通。看尽烟霞皆下界，听来鸡犬入云中。高寒已到清虚府，俯瞩扶桑晓日红。②

诸如此类者较多，如《春仲由肃州取道西宁复经甘凉故道至兰州途得诗二十首》、《贺兰山》、《肃州竣事东行途次有作》、《张掖郊行》以及行经河北而作的《涿州早发》、《渡滹沱》，等等。

除了描摹西北雄奇的壮观之外，督学张岳崧也常寻幽探胜，走进宁静、恬淡的田园世界。如《同州早春郊行》：

---

① 《筠心堂诗集》卷二，第 47 页。

② 同上，第 48 页。

平芜澹晴旭，遥陇凝朝烟。宿干吐新条，麦颖弄清妍。箬笠聚三五，嫩草除新阡。村墟静烟火，桃杏抽葩鲜。感物固偶尔，观化为怡然。行役未云久，流光如奔川。[1]

诗人郊行陕西同州（今陕西大荔），驻留游观，只见春色盎然，生机勃勃，百姓怡然，自得其乐，虽然篇末带有一点淡淡的感时伤怀的情愫，但一派盛世清平气象犹如置于读者眼前。或许是张岳崧只身漂泊西北的日子太久，离情别绪时常涌上笔端。如《竹根滩有感》：

榆关城外忆征程，无定河边奉使行。予视学陕北所经沙漠地。谁道此间同塞上，江声寂寂白沙横。[2]

寂寂的无定河边，放眼望去，白沙遍野。诗人视学游经此地，不料想客中回忆漂泊他乡的一段段征程，倍觉凄寂，更增一缕情思。前二句叙事，第三句反诘，尾句以景作结，动静相宜，借景抒怀，闲愁顿生。

若说西北塞漠的奇观异景给来自天涯之南的诗人多少带来一丝丝荒凉孤寂的话，那么旖旎的江淮南北让张岳崧体会到了细腻、柔软，秀色可餐。兹以扬州为例。嘉庆二十四年（1819）四月，因《明鉴》案而被罢黜的张岳崧出京，取道江淮吴越，遍览湖山名胜。其中在扬州驻留时间最长，与诗友书朋如吴鼒、郭尚先等人访幽探胜，泛舟揽色，品文论艺，寻帖拓碑，饮酒赋诗，赓续前贤雅集之风流，极得人生之至乐。而素以风景著称的扬州自然为其增添了许多趣味，诚如张岳崧所自道的“览胜登临豁远眸”[3]。请看《平山堂》：

① 《筠心堂诗集》卷三，第62页。

② 《筠心堂诗集》卷四，第104页。

③ 《筠心堂诗集》卷一《泛舟游平山堂有怀》，第10页。

隔江瞩群山，岁崱互簇拥。弃舟跻此堂，山势不及踵。有怀欧阳公，构奇傍坡垄。呼山入几樽，累累相揖拱。骈罗见首尻，抚摩俨承捧。有如游波鱼，群头数现涌。又如渡江马，联辔敢驾要。白日俯阴晴，层云依檐栱。高卧枕翠微，拍肩失窿耸。我来正秋末，草木谢丰茸。笑语失崇峦，腰足觉余勇。始知形势奇，况乃风流重。何时一登岱，磁砦渺丘冢。①

平山堂乃宋贤欧阳修于仁宗庆历八年(1048)所建。当时欧阳修谪居此地，虽然抱负无法施展，内心颇为郁闷，但极赏此地清幽古朴，便于此筑堂，宴饮宾朋，尽展乐观自适、落拓不羁之情怀。坐此堂上，“江南诸山，拱揖槛前，若可攀跻”，含青吐翠，飞扑于眉睫，似与堂相平，“平山堂”之名即寓于此。它既是幽静之所在，又是文士吟诗作赋、驰目骋怀的胜地。“苏门六君子”之一的秦观有《次子由平山堂韵》诗赞曰：“栋宇高开古寺间，尽收佳处入雕栏。山浮海上青螺远，天转江南碧玉宽。雨槛幽花滋浅小，风卮清酒涨微澜。游人若论登临美，须作淮东第一观。”叶梦得则直称它“壮丽为淮阳第一”。张岳崧时亦贬黜至此，与友朋一同登临此堂，“始知形势奇”，人在堂上，众山入眼，形态万千，俯看白日阴晴变化，平视层云檐栱相接，高卧堂上犹枕于渺渺青翠山气之中，再度领略到了先辈的风流蕴藉，郁积悲愤之情顿时消失得无影无踪，还许下愿望：何时登临泰山，一览天下美景。

假如此诗展现的是江淮南北奇美一面的话，那么下面几首所描绘的地方便可称得上是优美如画，娇柔似仙了。试看《石门江行》三首：

菰蒲猎猎作秋声，尽日浓阴倦旅情。烟树远迷孤棹转，半林红叶隔溪明。

雨斜风细又前溪，渺渺新桥拍岸低。秋获人忙蚕已熟，柘

① 《筠心堂诗集》卷一，第9页。

阴浓碧尚垂堤。

襟吴带越古雄关，往事烟云付等闲。村落即今丰蟹稻，墟烟渔火过前湾。①

此为七言绝句组诗，表面看起来，虽然各自独立，实则联章成篇，意思条贯。第一首前两句点题，写诗人纵游石门之因；后两句及次首全是描景绘色，在朦朦胧胧的江雾中，一叶扁舟与远处迷树，将诗人的“倦”心愁思烘染得十分浓郁，而忽隐忽现的隔溪岸上的半林红叶，给诗人带来了一缕阳光与些许慰藉。细风斜雨里，沙溪新桥上，垂杨长堤边，农家在繁忙地劳作，呈现出一派欣欣向荣而又恬淡宁静的景象。末首则偶带议论，一笔划过，什么往事烦忧、雄关漫道都付了这番美色，犹如云烟等闲飘散。月色入幕，万家灯火，渔家农户，一团喜气，因为丰收在望。诗人也在这欢庆而优美的画面里，轻舟驶过前湾。这不就是令人心醉的吴越江南么？在湖鄂荆楚大地上，年近花甲的张岳崧愈发恬淡自适，虽贵为一方大吏，而诸事繁杂，以致心力交瘁，“投老厌奔驰”，退隐归居之念时常涌露。这一点，可详见下节所论。正因为有此心境，但凡下乡视察，“旧山余缱绻”，多会心于田园山色之美。与上引三首，用词、造境、抒情方面都颇为类似。如：

轻烟淡淡幕遥山，细雨斜风送客还。墟落晓鸡听断续，数声柔橹过前湾。（《潜江晓发》）

归鸦万点暮烟生，柔橹声声杂雁鸣。遥指浮家投宿处，数星渔火隔溪明。（《彭市晚泊》）

多宝何从浪得名，祇园孤阁隔江明。轻舟尽被空回笑，岂识丰年喜告成。（《多宝湾》）

东皋聊纵目，风景旷相怡。远水兼天净，闲云度岭迟。旧

① 《筠心堂诗集》卷四，第83页。

山余缱绻，投老厌奔驰。自笑耽吟兴，归来有和辞。(《野望》)[①]

轻烟、遥山，细雨、斜风，闲云、远水，墟落、鸡鸣，橹声、渔火，归鸦、回雁，独园、孤阁，形成了一幅清幽而孤寂的画面，营造了一个柔美又感伤的境界。他如《晚眺》、《春云》、《喜晴》、《郊行》、《对月二首》、《楼桑村二首》、《擘荔亭二首》等等，皆可作如是观。

3. 唱和送别诗："亲情友谊两殷然"

这里所谓的唱和送别诗，除了张岳崧平日与恩师前辈、诗友侣朋们的倡和酬答和送别寄赠之外，还包括一些思念、追怀亲人师友们的篇章。

由上引诸诗可知，张岳崧一方面是忠君爱国，关心民瘼，另一方面则眷恋田园，关注自我。概言之，张岳崧是一个重情义的人。虽然关于这方面的诗作不是特别多，但乡情、友情和亲情是他念兹在兹、心系于斯的话题。在这里，我们主要来探讨诗人对此是如何怀人念远，抒情达意的？

先说亲情。关于张岳崧父亲的作品前已述及，此不赘言。笔者粗检《张氏族谱》及和张岳崧相关的诗文，可知张岳崧仅有嫡兄岳元一人，余则为从兄弟，有岳伦、岳崑、岳嵅、岳峻、岳瑞、岳崇(玉峰)等数人。在这些兄弟当中，唯长兄张岳元、五兄张岳崇(玉峰)、七弟子存[②]、九弟子明(未详其名，待考)与之情谊最契，文字见于《筠心堂集》中。长兄岳元暂且不表，稍后详论。其余三人有诗文可证。五兄张岳崇玉峰，自小便与张岳崧一同求学于县教谕蔡玉田，张岳崧《候选教谕蔡玉田先生传》："先生家故窭，以课徒为业，

① 《筠心堂诗集》卷四，第 95、105 页。

② 据道光十七年(1837)张岳崧作的《子存七弟六十寿序》所言："子存为余九叔父次侯公长嗣，于余为嫡堂弟，少余五龄。"《筠心堂文集》卷六，第 233 页。抑或即张基伯之长子岳嵅耶？姑存待考。

某与伯兄艺圃、从兄望东、玉峰皆得先生教,有所成就。”[1]张钟彦《澥山公行述》亦云:“府君幼无专师,然颖悟过人,时人未尝见其勤于诵习,而博闻强识,触类旁通。先大父钟爱府君,以素羸善病弗忍督也。至是,府君益发愤,偕玉峰从伯下帷攻苦,栉沐欲废,夜恒漏数下不辍。”[2]且与岳崧相知最深。道光十一年(1831),玉峰六十大寿,张岳崧作《玉峰五兄寿序》,其曰:

> 某之知兄最深,而得兄之力甚钜也。兄长某一龄,稚年嬉戏钓游,必兄偕;稍长就傅,必兄偕。……兄之安贫好学出于自然,生平绝未闻以贫为病一语。此非笃于道者不能,盖某知之深而能道之者如此。先是乾隆甲寅,某年廿有二矣,赴试在郡。兄召某语曰:“吾与若归读书,若资质好,文及字皆可,学毋自弃。”某随兄归塾,庐数椽,虚无人。兄与某下帏对榻,一床一案一灯。兄启箧自朝达暮,诵不辍声,所诵唐宋大家文,置签于案,篇必数百遍,既周复始,统计殆逾万遍。读册黄且腐,或断裂则购新册,如是者再三。读倦则临楷字数百,以是为休息,兄之用心良苦矣。当是时,某病羸,善忧郁,初不能诵,恒偃息。兄亦不禁,然卧榻辗转,听兄书声不能寐,每愧且愤,或潸然。因强起执卷,久之,则效兄以遍数诵《周易注》及诸经。又久之,颇能随兄朝夕诵并作楷书。……某别兄廿年矣。每拟林泉引退,家塾依然,敝庐风雨,复与兄对床吟讽,临池追寻往绪。吾兄弟虽老,或畴昔三十载读书之志,冀可稍补,而身心收束,神明康豫,延年益寿,于是乎在。[3]

细绎此序,可知张岳崧与五兄玉峰关系非浅,受其影响甚深,尤其是在求学与书法方面,另外二人情深意笃,对于晚年的张岳崧

---

① 《筠心堂文集》卷七,第257页。

② 《张岳崧诗文集》,第692页。

③ 《筠心堂文集》卷六,第230—232页。

来说，与之优游林下，回忆往昔吟咏之乐和临池之趣，便是一个莫大的愿景。七弟子存也从小与张岳崧交情较好，读书游乐，每随岳崧同趣。道光十七年(1837)张岳崧作《子存七弟六十寿序》，其云："余儿时或览于山，或钓于水，朝夕嬉戏必余偕，偕则欢然，累日无倦容忿色，盖童稚所难。余幼喜博涉传记，凡英雄节义、奇特惊异之事，必语子存。子存每倾耳，双眸炯炯，若睹其人。余或告疲，而子存神色飞舞，常至暮废餐也。……余虽老，犹望乞身引退，与子存重寻钓游往迹，纵谈古今事，子存将神飞色舞无异少时。余老兄弟两人相视而乐。"[①]岳崧此序所言儿时嬉戏读书、年老退隐乡野之情，可知兄弟二人情深意重，天荒地久。九弟子明与岳崧也手足情深，岳崧在肇庆端溪书院讲学期间，子明曾渡海亲临探望。岳崧有诗二首赠之，《子明九弟航海至端州》诗末有"安得十亩闲，与汝长守株"[②]之愿，由此可窥一斑而知全豹。现在来看看最能代表张岳崧棠棣之情、鹡原之意的《哭兄(十首)》：

鸰原凄悲风，雁声咽南浒。凶音海上来，开缄泪如缕。少兄十四年，依依可历数。四十馀年中，仅尔半相聚。生离已足悲，死别尤更苦。手足竟涂人，微名究何补。(其一)

少壮事远游，吾兄辄沮之。黯然谓予季，富贵徒尔为。人生贵适意，行乐能几时？冥鸿遂兄志，吓鼠诚予痴。岂如林泉中，慰此聚首思。悔不从兄言，哀哀终古辞。(其二)

阕服予北行，涕泣与兄别 。休官予南归，琼海仍阻绝。一别十六周，此生竟永诀。邻家有昆季，皓首共怡悦。踽踽予何辜，戚戚叹摧折。渍泪志哀思，寒风夜呜咽。(其十)[③]

张岳元长张岳崧十四岁，虽同为手足，实则长兄如父。张岳崧

① 《筠心堂文集》卷六，第233—234页。

② 《筠心堂诗集》卷二，第30页。

③ 《筠心堂诗集》卷四，第79—80页。

三十来岁便北上广州、京城，求学纳名，正如此组诗第五首所言“吾生叹飘蓬，十载客京国”。逗留京城几年之后，张岳崧荣登一甲，但初入仕途便遭遇《明鉴》案，而被罢黜离京。张岳崧游行于江南吴越，中间回家丁父忧，服阕后又四处讲学谋生。直到道光皇帝登基，才被召复进京，此后仕迹遍布南北，可以说是半生羁旅。这也就造成了他与兄长“四十馀年中，仅尔半相聚”的境况。所以当“凶音海上来”的时候，张岳崧是情不自禁，悲难自持，“开缄泪如缕”，直接就沉浸在无限的悲恸之中，也一下子把诗人拉进了深深的回忆之中，更陷入了阴阳从此两相隔的无情的人生遗憾之中。悔的是不听兄长苦口婆心的劝诫，贪图功名，迷恋利禄，追逐富贵，故而无法适意人生，聚少而离多，林泉之趣、天伦之乐、父母之养，皆成了他此生无法弥补的遗憾，而这些恰恰都是兄长所拥有的。即诗中所道的“悔不从兄言，哀哀终古辞”。眼见邻家昆仲白头相悦，而自己却与兄长“此生竟永诀”，真可谓是悲从中来，五脏俱焚，泪洒寒风。

除了手足之情，张岳崧《筠心堂诗集》中有两首论及父子之情的作品，请看《闻銮儿娶妇二首》：

> 家室此燕喜，羁人犹未归。嘉宾列门户，华烛交光辉。远别昔所昔，近别犹相违。人生乐聚首，营营何所为？
>
> 长儿未及冠，仓卒为远行。携妇拟随予，慰此羁旅情。室人及稚子，远道非所胜。风霜苦奔驰，舟车恐劳形。昔离怨别苦，今行愁远程。望望在天涯，踟蹰两情萦。[①]

长子年纪虽未及冠，却已娶妻成家。值此大事，而诗人仍流落在外，无法与家人相聚，故有“人生乐聚首，营营何所为”之叹。但长子纳室，旋即便要远行谋生，羁旅之苦实非所能承受。人生有时就是为了现实的生活与理想的前程而在风霜雨露里奔驰，有舟车旅

① 《筠心堂诗集》卷二，第32页。

途中劳顿。在朴素的文字中,无形地透露着诗人关爱家人,爱护幼子似水般的柔情。他如《西凉除夕》其二有云:“轺传经年迫,羁愁向晚增。鬓华添晓雪,乡梦托孤灯。解忆怜儿女,相携慰友朋。来朝心恋阙,冠佩记晨兴。”[①]除夕之夜,羁旅漂泊的诗人愁思乡梦难耐,想想自己两鬓雪白,夜伴孤灯,只影度年,只有在回忆里想念自己的儿女,远方的友朋。梦醒时分,诗人才意识到自己乃朝廷命臣,督学边关,又要赶路去视察学堂。

此外,像上述那种种殷殷缱绻之情,希图大隐于市,或退居江湖的志趣,也出现在张岳崧与姐丈莫绍德的诗酒风流之中。如《乙亥至都和莫衣堂姊丈绍德喜晤之作二首》:

> 小别邗江动隔年,重来携手五云边。且欣双鬓犹畴昔,莫问浮名计后先。雅操如君冰比洁,清斋许我盘同悬。同寓汇海堂。欢呼劝进杯中物,一曲高歌起暮烟。
>
> 十载相依是夙缘,亲情友谊两殷然。高谭漫许同心契,要路何须捷足先。诗酒等闲真落落,性天随处见渊渊。行藏至理能安遇,斋额新颜“安遇”。渺渺前修共著鞭。[②]

莫绍德,字衣堂,号云庵,与岳崧同里。乾隆五十四年(1789)举人,嘉庆元年(1796)进士。六年(1801)殿试后,考选授内阁中书,充实录馆校对官。后归琼守制而不赴任。擅书法,精金石,小楷名噪一时。嘉庆二十年(1815),服阕的张岳崧进京复职,与姐丈莫绍德相聚。莫绍德与张岳崧有十载的交情夙缘,当年在扬州小别,如今重聚于京城,宴饮于汇海堂。虽然功名有先后,离别“动隔年”,但“亲情友谊两殷然”。莫绍德为人雅洁,行藏有术,随遇而安,又能诗酒风流,与张岳崧高谈阔论,谈笑风生,同心相契。无怪乎劝酒高歌,随处见性。

其次,我们来看看张岳崧笔下所描述的与老师、前辈、诗友、同

---

① 《筠心堂诗集》卷三,第 64 页。

② 《筠心堂诗集》卷一,第 23 页。

年、上司、同僚们的挚挚之情。由前文所知，张岳崧求学广州粤秀书院，师从冯敏昌先生，时有唱和雅集，赏景赋诗之风流。到了京城这个四方辐凑、名士聚集的地方，张岳崧自然也免不了参与文人比较喜好的结社雅集、宴饮唱酬活动。张岳崧的交游更广了，“唱酬者秦瀛、吴鼒、陈用光、梁章钜、张维屏、唐鉴等名宿”①。其实袁行云先生只是蜻蜓点水式地举了几个人而已，除此之外，像曾燠、宋湘等诗界名流皆与张岳崧交善。荣登金榜的次年嘉庆十五年(1810)十二月十八日，在无锡籍耆硕秦瀛的主持下，张岳崧参加了一年一度的庆祝宋代大诗人苏东坡诞辰的雅集活动。这一天，秦瀛招集了陆言、陈传经、卢文锦、秦为成等人集于秦府尚友斋，提前一天为苏轼庆生，同时拜祀祖先宋代大词人秦观②。张岳崧作诗《坡公生日，秦小岘师招同陆给谏言、陈编修传经、秦州牧卢水部文锦，敬祀于尚友斋，步小岘师韵二首》，其二后四句有云：

> 追随却喜同君弼，市井何当隐伯休。小岘师已告休。仰止风流淮海共，秦淮海先生为小岘师祖，同日并祀。渊源师友一时留。③

张岳崧在诗中称道苏轼与秦观亦师亦友、荣辱与共的人间至情，实际上也是借古喻今，直指当下。因为此时恩师秦瀛已告老致仕，即将回籍颐养天年。张岳崧也以诗代言，一方面称扬曾流寓海南的东坡和恩师的先祖秦观，另一方面也是以苏、秦二人交谊为楷模，慰藉恩师秦瀛。次年春三月，秦瀛离京归乡，张岳崧等人设宴相

---

① 袁行云《清人诗集叙录》，第 1895 页。

② 秦瀛《小岘山人诗集》卷二〇《十二月十八日祀坡公于尚友斋，余自来京师，于是六祀坡公矣。同集者仁和陆给事言、海宁陈编修传经、定安张编修岳崧、新会卢水部文锦、涪江宗侄为成》诗有自注曰：“时余已在告。……是日仍并祀先淮海公。”《续修四库全书》本，集部第 1464 册，第 726 页。

③ 《筠心堂诗集》卷一，第 17 页。

送，秦瀛《小岘山人诗集》卷二一《三月十八日送驾后，出广渠门，赴通潞，登舟杂咏六首》其三诗末自注："是日，叶云素继雯、熊介兹方受、程春庐同文、唐受堂业谦、张翰山岳崧俱集卢东川友石山房送余，东川至泪下。"其六诗末自注："东川约凌泊斋鸣喈、徐月岩送余至通潞，置酒邮亭，俟余张帆始别。"因秦瀛为顺康年间名士秦德龄之玄孙，又以诗、古文名当世，桐城派领袖姚鼐与之相推重，且工行楷，善隶书。交游甚广，声名颇著。值此告休之际，京师名流士大夫屡次宴请邀游，诗酒唱和，后结集成册，张岳崧亲自为之作《送秦小岘司寇谢政归里序》。随后，张岳崧又作诗《怀秦小岘司寇师》三首追怀恩师，诗云：

北阙挂冠去，东山高咏余。林泉供偃息，踪迹寄樵渔。道岂全身退，吟仍抱膝摅。遥知忧乐感，天地一蘧庐。

大雅推前辈，灵光岿独尊。文章性情事，勋业口碑存。阳羡去何远，惠泉清复温。却怜君实健，高卧水云村。

嗜古成奇癖，怜才识素忱。摩挲千载意，椒醑百年心。衣盏惭相负，师每岁祀东坡、淮海二公。某与拜赋诗，师诗有"京华六度陈椒醑"之句。诗文许共寻。蓉湖归棹近，犹喜听长吟。①

恩师秦瀛风雅高蹈，文章垂世，嗜古成癖，敬先祀祖，识士爱才。如今挂冠退隐，优游山林，寄身渔樵，闲卧东山。张岳崧与之亦师亦友，幸赖其提携奖掖，得以雅集赋诗，现在只有作诗追怀，思念恩师昔时之风流，钦羡恩师今日之恬适，浓浓的师友之情溢于言表。我们还可从秦瀛逝世前，力嘱张岳崧为之作行状一事可看出二人之深厚情谊。道光元年(1821)四月二十三日，秦瀛作书嘱弟子陈用光为之撰墓志铭、张岳崧作行状。七月初十，秦瀛因病卒于家。陈用光《予告刑部右侍郎秦公遂庵墓志铭》云："道光元年秋七月初十日，予告刑部右侍郎秦公遂庵以疾卒于家。是年四月二十

---

① 《筠心堂诗集》卷一，第7页。

三日，公尝致书于新城陈用光，曰：‘余衰病增剧，恐旦暮入地。君知我，又素知古文，敢以他年墓石之文相属。余生平治行，子弟无能尽知者。当略具梗概，属琼山张编修岳崧为行状以授子。’”[①]翻检《筠心堂集》，可知其师众多，除秦瀛之外，他如蔡玉田、冯敏昌、陈寿祺、蒋丹林等近十人，张岳崧为人恭谨谦和，与师作诗唱酬，撰文追怀先师者，比比皆是。如《蒋丹林师童子钓游图次韵奉题二首》、《梧斋琴韵图步蒋丹林师韵》等。

除了这几位有名的恩师之外，张岳崧还与曾燠、聂铣敏、吴鼒、吴嵩梁等几位当时名流俊彦雅集唱和，诗酒风流。如随同前辈曾燠等人往私园赏花，《曾宾谷前辈招同人李氏园看花即席赋此》篇尾有云："引杯且尽醉，遣兴多清狂。吟赏不觉晚，林表余斜阳。"[②]吟诗遣兴，引杯复醉，风流不知天晚。可见诗人与其相得之乐。曾燠(1759—1831)，字庶蕃，一字宾谷，晚号西溪渔隐，江西南城人。清代中叶著名诗人、骈文名家、书画家和典籍选刻家。自幼聪颖过人，少时随父亲宦游至京，京城耆宿见其诗文秀美，"多折行辈与论文"，有少年才俊之名。乾隆四十五年(1780)中顺天府乡试，次年中进士。曾燠仕途亨通。嘉庆二十年(1815)，再升贵州巡抚。道光二年(1822)，以巡抚衔巡视两淮盐政。为官之余，倡导风雅，曾辟"题襟馆"于邗上，"周植花木为倡和之所"，延纳四方名流唱和，与宾从赋诗为乐。在京城又建南城会馆，讲学论道，结社雅集。曾燠工诗文，其诗清转华妙，文擅六朝、初唐之胜。在清代中叶文坛上，以才力富艳负盛名。洪亮吉《北江诗话》称其诗"如鹰隼脱鞲，精采溢目"[③]。骈文与邵齐焘、吴锡麟、洪亮吉、刘星炜、袁枚、孙星衍、孔广森齐名，并称为"国朝骈文八大家"。为文磊落风雅，体正旨深。纂有《江西诗征》，辑有《江右八家诗》、《国朝骈体正宗》、《清

① 《太乙舟文集》卷八，《小岘山人诗文集》卷首作《刑部侍郎秦小岘先生墓志铭》，载《续修四库全书》集部1493册，第442—443页。

② 《筠心堂诗集》卷四，第75页。

③ 洪亮吉《北江诗话》卷一，人民文学出版社1983年版，第5页。

真集》，著有《赏雨茅屋诗集》二十二卷、《骈体文》二卷、《外集》二卷等。张岳崧能从其宴饮雅集、赏花赋诗，自是受益匪浅。张岳崧后来在《呈宾谷前辈四首》中回首言道："三复先生诗，古声浮秋旻"（其一），"有馆曰题襟，有编曰赏雨。……昌诗与昌身，吾欲叩坡语。铸金百十篇，哦罢一仰俯"（其三），"嘉章夙所钦，未叩长城钥。兹焉惠清风，洗耳钧天乐。……何当从吟赏，睎踪得矩蒦"（其四）[①]。据此可知，张岳崧跟曾燠过从甚密，素来钦羡其诗酒风流，仰慕其好诗嘉章。

又如在有名的尺五庄宴饮，"清光供客醉"，与聂铣敏次韵赋诗，绘图记胜，"慷慨谭心趣"（其一），" 盟鸥感旧知"。《筠心堂诗集》中有《尺五庄宴集次聂蓉峰前辈韵二首》，其二有云："肯负同心约，难辞入手卮。酒杯浮树色，人影落荷池。骋骏多新句，盟鸥感旧知。殷勤图绘意，泥爪记他时。"[②]聂铣敏（1775—1828），字晋光，号蓉峰，湖南衡山人。聂焘孙。嘉庆十年（1805）进士，选庶吉士，改兵部主事，授编修，典贵州乡试，督四川学政，门生颇多。后迁绍兴府知府，有惠政，卒于官。平生著述甚富，有《寄岳云斋试体诗》、《蓉峰诗话》、《玉堂存稿》等传世。

最值得称道的当然还是嘉道年间著名诗人吴鼒。嘉庆二十五年（1820）秋，被罢黜的张岳崧在扬州与吴鼒相别，未料次年道光元年（1821）七月，吴鼒病卒。张岳崧时召复进京，路经扬州，师友之痛难以自持，作诗《邗上哭吴山尊前辈三首》以哭祭之。

鸿雪重寻水一方，先生亭名。蒹葭萧瑟露成霜。风流老辈嗟云散，水竹精庐自夕阳。挂剑正摧吴季恨，碎琴终为伯牙伤。不堪回首邗江别，惆怅西风老泪长。某去秋邗江别公而南，公握手垂涕曰："仆老矣，先生南去，不知见时。"竟成语谶。

十年献赋列仙班，扬马名声禁御间。凤阁已应推作手，乌

---

① 《筠心堂诗集》卷一，第13页。

② 《筠心堂诗集》卷三，第73页。

私终许恋家山。芜城吊古篇章庄，隋苑寻芳岁月闲。歌吹声残竹西路，二分月色黯前湾。

儒雅真堪作者师，迂疏犹许共论诗。淮南招隐多联袂，冀北空群愧赏奇。公评某诗深于六朝，近代所罕；字书则平生师友刘文清之外，鲜有匹敌。鹤去亭虚余怅望，居园有二鹤，公病，二鹤先逝。水流花谢总凄其。平生知己无多泪，洒向雷塘再访时。①

吴鼒(1755—1821)，字山尊，号抑庵，安徽全椒人。嘉庆四年(1799)进士，选翰林院庶吉士，散馆，授编修。八年(1803)三月，大考以一等二名升为翰林院侍读。九年(1804)充广西乡试副考官，迁侍讲学士。晚以母老告归，主讲扬州梅花书院，寓红桥之西园曲水，与其乡人士酣嬉文酒，纵情林泉。吴鼒胸藏二酉，力富五丁，擅长骈文，沉博绝丽，大兴朱筠谓其合任昉、丘迟为一手。在翰林院八年，进奏文字多为其属稿，名达于九重。喜与人论诗，所作以韩(愈)、孟(郊)、皮(日休)、陆(龟蒙)为宗，尚险崇奇，五言长古尤足以推倒一世。晚年好填词，均用"一萼红"词牌。又善书能画，雅秀而饶有逸致，花卉笔意清挺，近陈淳，山水学王原祁，兼工人物。与张岳崧座师、诗友万承风、曾燠等人多有唱和。著有《抑庵遗诗》八卷、《吴学士诗文集》九卷、《夕蔡书屋叠韵诗》、《百萼红词》二卷、《阴宅撮要》二卷，编有《八家四六文钞》等。细味三诗，可知岳崧与吴鼒交情甚深。吴鼒对岳崧其诗其书颇为赞赏，平时又多有指点提携，故有"平生知己"之称谓。而吴鼒的遽然离世，令其又有吴季挂剑、伯牙碎琴之伤。竹西路上歌声残，前湾二分月黯，良友已逝，风流云散。此种悲恸，又见于《挽吴巢松同年四首》，其四有云："蛩蹶曾偕臭味亲，锋车常喜尺书频。幸从持枋闻忠告，每许论诗契秘诠。挂剑苍凉悲宿草，断琴憔悴付荒烟。天涯寥落谁真赏，洒翰临风向九泉。"②细绎此诗，与泪挽吴鼒三首辞近情同，由此可见岳崧

① 《筠心堂诗集》卷二，第43—44页。

② 《筠心堂诗集》卷三，第52页。

与同年吴巢松之交谊非同寻常。

当然,除了这种丧友失朋之痛外,张岳崧也有一些和同道临行送别而希图归隐结邻的佳作名篇,从中也可看出张岳崧与诗友、同年(道)之间的深情厚谊。如《汪益斋铭谦喜晤有诗即步其韵》:

> 蚤岁曾陪月殿槎,竭来双鬓却霜华。蓬山伴侣看君贵,粉署才名更孰加。清宦故应饶逸兴,襟期相许绝纤瑕。何当僦屋为邻比,竹月清辉共一家。[1]

想当年同科及第,而如今双双鬓白,岁月无情催人老,惟愿比邻而居共清辉。由此可见二人交情甚笃。这还可从《送汪益斋同年铭谦归粤》中找到旁证:"自闻君南行,中宵发惊寤。揽袂及君语,中情转回互。往予忝宾兴,与君幸联步。"[2]听到同年好友要南归,半夜惊醒而无法入睡,只有二人揽袂相语,心中难过之情才稍有回转平复。故如今与同年相晤,便喜步韵和诗,无疑乃自然之理。张岳崧与同年好友之情深意笃者,并非汪氏一人。比如邓雪帆,当其回籍乡居之际,张岳崧作诗《送邓雪帆同年应罴致仕归里五首》送别,"何必高官恋宦情"(其二),"旧山聊作买山看"(其四),"归来把臂君偕我,相访罗浮赋好诗"(其五)[3],情辞亦如送汪氏之真切。他如《送丁兴斋同年杰归滇二首》:

> 蕊榜同登再,蓬山接席频。襟期孤月共,诗酒卅年亲。遇蹇名逾重,官荣老更贫。还闻焚谏草,秋兴在鲈莼。
>
> 慷慨论交重,天涯手足看。班曾联玉笋,谊更契金兰。老病怜君去,狂疏为我宽。滇云南望处,珍重慰加餐。[4]

---

① 《筠心堂诗集》卷一,第 23 页。

② 《筠心堂诗集》卷二,第 43 页。

③ 《筠心堂诗集》卷四,第 100 页。

④ 同上,第 97 页。

丁兴斋与张岳崧共列一榜，接席频仍，诗酒相交，有卅年之亲，胜金兰之契。如今，同年名虽重而官运蹇，只好仿效张翰鲈莼之思，辞归回滇。虽然两人天各一方，但情同手足，默默相望，勉慰好友珍重。同榜进士当中还有黄安涛，其与张岳崧交好，谈诗衡艺，对岳崧诗歌及归隐心态影响不小。黄安涛(1777—1848)，字宁舆、凝舆，号霁青，浙江嘉善人。嘉庆十四年(1809)二甲一名进士，仅次于张岳崧。改翰林院庶吉士。散馆，授编修。嘉庆二十一年(1816)，任贵州主考官。迁广东潮州知府，多有惠政。告归之后，数主书院讲席，以诗酒自娱。间与吴中名士联诗斗酒，不复出仕。工诗文，著有《诗娱室诗集》、《息耕草堂诗集》等。试看《和黄霁青太守见怀原韵四首》：

重披简牍讶髯苏，醉墨纵横态不殊。好忆西湖美风景，岭南曾似武林无？

文章旧价拟韩苏，岭海知名岂昔殊。峡雨衡云今古共，风流莫道眼中无。

南屏山馆倒屠苏，嘉庆庚辰年，君守信州，余南旋酌别于此山馆，署中别业也。一醉何知世路殊。却恐狂谭嫌恶客，梅关十载一诗无。

便应投老伴樵苏，岂意天恩眷特殊。重扫巢痕怀旧侣，好诗清绝似君无。①

岳崧所交接者多钟爱苏诗，如师友冯敏昌、梁章钜、吴嵩梁、吴鼒等人，即宗宋派诗人群，且有数人如冯、梁等即嗜苏如命的翁方纲之门生故吏。如集中有《送梁芷林林中丞抚粤西次程春海侍郎韵三首》，岳崧不仅与梁氏交好，还次程春海诗韵。程恩泽(1785—1837)，字云芬，号春海，安徽歙县人。嘉庆十六年(1811)进士，授翰林院编修，历官贵州学政、侍读学士、内阁学士，官至户部侍郎。

---

① 《筠心堂诗集》卷四，第78页。

熟通六艺，擅长考据。工诗，乃近代宋诗运动之提倡者，与阮元并为嘉庆、道光年间儒林之首。著有《国策地名考》、《程侍郎遗集》。黄安涛也偏爱宋诗，尤瓣香苏轼。西湖美景，岭南风物，皆见于其诗。岳崧与之交情甚笃，嘉庆二十五年(1820)南归时，路经信州，曾驻留其馆，诗酒唱和。今同年见怀赠诗，岳崧本应相约告老投伴渔樵，怎奈圣恩眷顾，只好写诗步韵酬答，重扫巢痕，追怀旧友。由此亦可见二人之风雅情谊。

张岳崧不只是一位诗人，还是一位声名较著的书画家，其《筠心堂集》中署题书画的诗作达一百余首，占三分之一强。关于这一类作品，部分已在前节中稍有涉及。大体不出此节所论三者之藩篱，故此不赘述。

三　张岳崧的教育理念及其实践

纵览探花张岳崧的一生，除了政治、文学、书画之外，他在教育方面也办了不少实事。不管是荣登三甲之后，张岳崧教习过翰林院庶吉士，权掌过四川文衡，督学陕甘数府县，直至抚理湖北一方，抑或是退隐江湖，几主粤、琼书院之讲席，劝士勉学，育人荐贤，捐俸兴校。从官方庠校、民间书院到家族塾学，张岳崧黾勉传道，篆额立碑，撰书题序，积极宣传并身体力行地从事教育活动，而且深刻地阐述了教育(读书)的目的——“夫学也者，学所以为人之理而已，人之理以德行为先，以纲常为本，以忠孝节义为归，以礼让廉耻为重，以修己治人为务，以经济事业为期”[①]，清醒地认识到教育与学校的重要性——“欲端士习兴吏治，必自讲学始”[②]、“人才之兴自学校始，学校之要，惟力行先”[③]、“化民成俗必由学”[④]，充分意识到督学与教师的神圣使命——“师儒之职，尤以端士习、正人心为本”[⑤]，对如何选才、如何用人、如何读书等诸方面他都有自己的见解，这些都与其尊奉程朱理学、崇尚经世致用的教育理念颇有关联。简言之，张岳崧的教育思想及相关活动绝不容小觑，足令后人重视。现就此详述之，以求教于方家。

---

① 张岳崧《湟中书院碑记》，《筠心堂文集》卷七，第 247 页。

② 张岳崧《与朱干臣方伯书》，《筠心堂文集》卷八，第 292 页。

③ 张岳崧《与颜鲁舆观察书》，《筠心堂文集》卷八，第 278 页。

④ 张岳崧《重修武昌府学宫碑记(代)》，《筠心堂文集》卷七，第 251 页。

⑤ 张岳崧《与何藜阁同年书》，《筠心堂文集》卷八，第 286 页。

(一) 嘉、道年间背景概览

清高宗乾隆帝践阼之初，因不想凌越乃祖康熙帝享国六十一年之数，故多次谕告群臣，在位六十年必退休，以示孝道。乾隆前期内修文治，外备武功，施政居然满六十年，以八十六岁之高龄，内禅仁宗嘉庆帝，称太上皇，训政逾三年，于嘉庆四年(1799)正月驾崩。所谓的“康乾盛世”自此划上了一个句号。实际上，乾隆帝陶醉在所谓的“十全武功”的表面繁荣下，一个个忧患如暗流般涌动。从乾隆中期开始，清朝已开始走下坡路，乱弊环生，衰象纷呈。乾隆六巡江南，骄奢淫逸，劳民伤财；大兴文字狱案，戕害士子，桎梏人心；宠幸佞臣和珅，贪贿成风，吏治腐败，社会矛盾不断激化。就在乾隆五十一年(1786)冬十一月，台湾彰化林爽文聚众结会，起义造反，攻城掠地，四方桴应。直至乾隆五十三年(1788)春，清廷才将其平定。但规模更大，影响深远的湘黔苗民起义和川陕白莲教大起义已为时不远。乾隆六十年(1795)正月，湖南永绥、贵州松桃苗民暴动。嘉庆元年(1796)正月开始，楚川陕甘豫白莲教农民相继起事，给“承平六十年”的“乾隆盛世”划上了一个惨淡的句号，也给嘉庆王朝留下了一个危机四伏、问题丛生的烂摊子。匪乱、水患、吏治、盐政、财赋，内忧外患接踵而至，初登皇位而无实权的嘉庆帝面对的是积弊丛生、江河日下的“衰乱之世”。

龚自珍敏锐地观察到当时社会危机的深重：“自乾隆末年以后，官吏士民，狼艰狈蹶，不士、不工、不农、不商之人，十将五六”，“自京师始，概乎四方，大抵富户变贫户，贫户变饿者，四民之首，奔走下贱，各省大局，岌岌皆不可以支月日，奚暇问年岁？”[①]“山雨欲来风满楼”，世道时运的移易，也迎来了学术思潮和社会风气的剧变。这一点尤其表现在从考据之学走向经世之学，从埋首稽古转

---

① 龚自珍《龚自珍全集》第一辑《平均篇》，中华书局 1975 年版，第 78 页。

为直面现实[①]。“学风的转变，就是由脱离实际到经世致用，由讴歌升平到怀着强烈的忧患意识。”[②]其实早在乾隆年间，就有一批有识之士先锋地意识到“时变”，奔走呼号，力主变革，欲挽狂澜。乾隆六十年(1795)三月，著名史学家赵翼的《廿二史劄记》书成，书前昭然地申明所撰史籍的目的是揭示“古今风会之递变，政事之屡更，有关于治乱兴衰之故者”[③]，并以清初实学派思想家顾炎武的《日知录》自比，盖以古喻今，鉴古知今，希冀有裨于时世。虽然此作是赵翼中年归田所撰，或许难以上达天听。但知识界对此已掀起轩然大波，嘉庆五年(1800)六月史学名家钱大昕为之序云：“读之窃叹其记诵之博，义例之精，论议之和平，识见之宏远，洵儒者有体有用之学，可坐而言，可起而行者也。”[④]

嘉庆帝亦欲挽救日趋崩溃的颓势，试图革故鼎新。上行下效，那些关注现实、忧世伤时的文士纷纷秉笔上疏，直陈弊政。嘉庆三年(1798)，翰林院编修洪亮吉以《征邪教疏》为题试詹事，著文力陈内外弊政数千言，次年(1799)八月又违例上《乞假将归留别成亲王极言时政启》，触怒嘉庆，下狱当死，旋发配伊犁，洪亮吉却自嘲是万里荷戈，幸而百日后赐赦回籍，将所作诗篇结为《万里荷戈集》，遍邀时流名彦三十八人题咏唱和，影响不容小觑。也就是在这一年，嘉庆帝敕令和珅自裁，查没其家产。乾隆晚年，因抨击朝政、揭露腐败而获罪的尹壮图亦来京候旨擢用。另一位史学名家章学诚

---

① 参黄长义《从考据到经世：嘉道之际的学术转向》，《武汉大学学报(哲学社会科学版)》1999年第3期。亦可详阅梁启超的《清代学术概论》、章太炎的《检论·清儒》、刘师培的《近代汉学变迁论》、孟森的《明清史讲义》下册、萧一山的《清代通史》卷中、余英时的《清代思想史的一个新解释》及冯天瑜的《道光咸丰年间的经世实学》。

② 张立文主编《中国学术通史·清代卷》，人民出版社2004年版，第64页。

③ 赵翼著，王树民校证《廿二史劄记·小引》(订补本)，中华书局1984年版，第1页。

④ 赵翼著，王树民校证《廿二史劄记·附录二》(订补本)，第885页。

一连呈交六篇《上执政论时务书》，抨击时政，针砭学风，彰显出一代名士关心国家民族命运的荦荦大节，开启道咸时期龚自珍、魏源等人议政变革之先声。此乃章氏对顾炎武“经世致用”思想的继承，也是章氏倡导“史学所以经世，固非空言著述”①的践行。史学变革的同时，也伴随着经学尤其是常州今文经学的迅猛兴起和发展。

概言之，身处这种注重经世、议论朝政、鼓吹变革的社会浪潮中，张岳崧不可避免地深受其浸染和影响。

五年后的嘉庆九年(1804)秋，张岳崧高中广东乡试举人，在恩师冯敏昌与父亲张基伟的鼓励下，于次年春远赴京师应试。虽然名落孙山，但岳崧并未返乡，而是听从父亲的建议，留寓都门，一边坐馆聂家以度日，一边肆力研读《十三经注疏》，希图有所成就，实现经邦治国之大志。张钟彦《澥山公行述》载之甚详：

> 明年礼闱报罢，府君念京师去乡万里，而先大父年逾七旬，亟图归养。先大父邮书谆属云：“余神明矍铄，有汝兄侍养，若宜勉图进取，以竟吾志。”府君乃留寓都门，虽窘甚，不妄受一人一介。馆于聂氏，节脩脯所入，以岁时寄供菽水资。聂故多藏书，府君课学之余，益肆力于古，而《十三经注疏》尤覃精紬绎，功力最深。座主陈恭甫先生以经学文章为儒者宗，恒以经世传世相期许。②

陈恭甫即陈寿祺，嘉道间封疆大吏阮元的门生，有一代大儒之称。陈康祺有言为证：“国朝闽大儒，其通经泽古，躬行粹然，必以

① 章学诚著，叶瑛校注《文史通义校注》内篇二《浙东学术》，中华书局1985年版，第524页。

② 《张岳崧诗文集》，第693页。

嘉庆间左海陈先生寿祺为巨擘矣。”[①]陈寿祺一生屡掌文衡，屡主讲席，如杭州敷文书院、诂经精舍、泉州清源书院、福州鳌峰书院，教育生涯达数十年之久，弟子遍天下。张岳崧便是陈寿祺主考广东乡试所取之士。此外，陈寿祺首重品行，次核课文。订立规章，整肃课程，恪守儒家传统思想教育。张岳崧勤学笃行，为师的陈寿祺对其常以“经世传世相期许”，这正是当时经世思潮下的一个缩影。单就经学来讲，具体有如下蜕变：其一，从考古转向通今，如前述的洪亮吉、章学诚等人上疏言事，其辞之激切，所指之露骨，若置于前朝，不啻石破天惊。其二，从考据回归义理，主要表现在汉宋兼采，调和融通，强调明道致用。其三，从治经过渡至治史，主张“六经皆史”，经史并重，借古喻今[②]。其中的第二点，我们也可从张岳崧给乃师的书信中窥探一二：

> 况夫撰述之难，约有二患：谈性灵者，易涉空虚；恃考据者，率近繁碎。繁碎则遗大义，而粘滞于语言文字之末；空虚则恃冥悟，而无穷理格致之功。古人学有本原，语皆心得。不如是，不足以羽翼曩训，垂示来兹。[③]

张岳崧既反对“宋学”家们过多地崇尚空谈、侈论心性，只求顿悟而不顾及命理；也反对“汉学”家们一味地专注于考据、死守章句，只求名物而遗乎大义，而应该抛却空虚之弊与繁琐之碎。兹足以表明其身上已烙上经世思潮的时代印迹。而这又可上溯到乃师陈寿祺的座师阮元之旨归：“崇宋学之性道，而以汉儒经义实

---

① 陈康祺《郎潜纪闻初笔二笔三笔》之《三笔》卷四“陈左海之学行”条，第 722 页。

② 参黄长义《从考据到经世：嘉道之际的学术转向》，《武汉大学学报(哲学社会科学版)》1999 年第 3 期。

③ 张岳崧《上陈恭甫书》，《筠心堂文集》卷八，第 291 页。

之。”[1]阮元作为清朝中叶位高权重、总持学术的盟主，爱新觉罗家族的守护神，面对内忧外患，尤为推崇清初顾炎武既能“博学于文”又“留心于经世之务”，大肆宣导糅合“稽古之学”（即考据学）与“政事之学”（即经世之学）[2]，上追孔门四教，下衍曾国藩的儒学四科（即义理、考据、辞章、经济），以此图谋“鉴古以资治”，达到济世救民的目的。阮元不守汉宋之壁垒，提倡兼宗并重。近人钱穆先生《中国近三百年学术史》中也有此种论断[3]。张岳崧汉宋兼综的经学思想源于陈寿祺，而陈寿祺则源于阮元。近人刘师培有云：“闽中陈寿祺确宗阮氏之学。”[4]后来张岳崧受阮元之邀，主讲广州粤秀书院，其经世致用的教育主导思想真可谓是渊源有自。像张岳崧的进士同年好友唐鉴极力诋毁陆王心学和汉学，潜研性道，笃行格致，时推称为醇儒。唐鉴对心学空谈的严厉批评，对程朱理学讲求义理的重视乃至维护，这也可在思想正统醇正的张岳崧身上找到桴鼓相应的影子。此外，嘉道之际的一批治世名臣能吏如林则徐、陶澍、蒋攸铦等人，皆与张岳崧交善。这一官吏集群既重视性命义理的阐发，也强调程朱理学的经世功用。在张岳崧的文集里，我们可体认到一个为国为民而鞠躬尽瘁，有强烈的现实批判精神，也有浓厚的责任感的正统文士。张岳崧在《与唐镜海（鉴）同年书》里大谈漕政之弊，在《上蒋砺堂（攸铦）相国书》中畅论“严明峻厉以治世”。道光二年（1822）张岳崧主掌四川乡试，为国抡才举贤，督抚蒋攸铦便称其能得士，早就以经邦济世相嘱。

---

① 阮元撰，邓经元点校《揅经室集》一集卷二《拟国史儒林传序》，中华书局 1993 年版，第 37 页。

② 阮元撰，邓经元点校《揅经室集》一集卷一一《汉读考周礼六卷序》，第 241 页。

③ 详参钱穆《中国近三百年学术史》“阮芸台论学宗旨”一节，商务印书馆 1997 年版，第 529—541 页。

④ 刘师培《近儒学术统系论》，载《清儒得失论》，中国人民大学出版社 2004 年版，第 281 页。

> 是科，命为四川乡试正考官。府君入闱既发题，自为程文复论理法数百言。于后，与副考官沈舜卿先生巍皆，悉心校阅诸艺，合核两三场以定去取，各房遗卷皆苦心搜阅，兢兢然惟恐有遗珠之憾。揭晓，得士左廷宾等六十二人。出闱，蒋砺堂先生相见，喜曰："吾所至物色人才，今知名士如某某者皆获举，吾固知君之能得士也。"府君尝及先生门。先生延揽贤才，方府君在词垣，留心经世之学，每谒见辄款谈竟日，固夙以经济望府君矣。①

蒋攸铦(1766—1830)，字颖芳，号砺堂，辽东襄平人。父韶年，官知州。幼颖特，年十三为诸生，乾隆四十九年(1784)进士，改翰林院庶吉士。五十二年(1787)，授编修。次年充福建乡试副考官。数掌文衡，充贵州、陕西、河南乡试正考官。后历任江南道御史、按察使、江苏布政使、浙江巡抚、两广总督、刑部尚书、直隶总督、军机大臣、两江总督。道光十年(1830)坐监枭事而左迁侍郎，十月殁于旅途中。蒋氏为政明而不苛，清而不刻，饬武备，清吏源，尤壹意以培植贤才、扶持善类为念。所荐达者多任封圻，跻显秩，最为著名的如唐仲冕、严如煜、刘清、赵慎畛、陶澍、林则徐。蒋攸铦乃张岳崧上司，其查禁洋人事务和河事防汛诸事，对张岳崧不无影响。由此可见蒋攸铦与张岳崧经世思想之关联。

成书于道光六年(1826)，实为魏源所代编的《皇朝经世文编》，凡 120 卷，收文章 2236 篇。分为学术、治体、吏政、户政、礼政、兵政、刑政、工政八类，类下又分子目。选辑清初至道光五年(1825)官方文书、专著、述论、奏疏、书札等文献，入选作品反映了清代前期和中期部分学者和官吏的"经世致用"思想及改革图治的愿望。其虽本于乾隆时期陆耀的《切问斋文钞》，实集清代前中期经世实学之大成，以供有志于经世者取资借鉴。据书首所刊作者与篇章名录，单是生存者便选录了与张岳崧交好的一群能臣俊士之文，如

---

① 张钟彦《澥山公行述》，载《张岳崧诗文集》，第 694—695 页。

蒋攸铦关于用人、漕运的疏 2 篇，颜检关于赋役的疏 1 篇，英和关于理财、旗人生计、漕运的疏 3 篇，朱桂桢关于屯垦的状 1 篇，陶澍关于仓储、漕运、运河、水利等文 6 篇[①]，等等。而在张岳崧《筠心堂文集》里，关乎吏治、选才、用人、漕运、水利、禁烟等奏疏之文，俯首即拾。《皇朝经世文编》行世后，开启了近代经世思潮，续书纷呈。光绪十四年(1888)四月，晚清汉学大师俞樾为葛士浚《皇朝经世文续编》作序，其云："自贺耦耕先生用前明陈卧子之例，辑《皇朝经世文编》，数十年风行海内，凡讲求经济者无不奉此书为矩镬，几于家有其书。"[②]曾经名列三甲之中，屡次涉足教育之域，始终存系经世之念的张岳崧，受其影响也是自然而然之事。道光五年(1825)冬，张岳崧陕甘学政任满，归京供职文渊阁校理，所言所撰皆关乎经世，时流咸服。其子张钟彦记之曰：

> 乙酉冬，以任满入京，供职充文渊阁校理。本衙门撰文、进奉文字多出府君手。府君心存经济，虽居馆阁，而于当世之务了如指掌。每儤值余暇，与同官从容论天下事。诸师友官外僚者入都，必就府君讲吏治。府君指陈利弊，知无不言，冀于国计民生稍有裨益。至贻大吏书，若河工，若漕务，与夫政治之得失，言之剀切，均可见诸施行，当代诸公咸心折焉。[③]

张岳崧"心存经济"，"于当世之务了如指掌"，仅验其在陕甘学政之任职，即可知此洵非夸饰之言。此可作为张岳崧受经世实学思潮影响并笃行之的明证。

概之，肇始于乾嘉之际的经世实学思想如同滚滚浪潮，蔚为大

---

① 贺长龄、魏源辑《皇朝经世文编》卷首《皇朝经世文编生存姓名》，载《魏源全集》第 13 册，岳麓书社 2004 年版，第 42—45 页。

② 俞樾《皇朝经世文续编序》，葛士浚《皇朝经世文续编》卷首，光绪十七年(1891)上海广百宋斋校印本。

③ 张钟彦《澥山公行述》，载《张岳崧诗文集》，第 696 页。

观。这股时代思潮无疑也主导着张岳崧的教育理念及其教育活动。

(二) 张岳崧教育思想综论

张岳崧从政数十年,除了主管过盐政、水利等之外,便是典试督学。关于教育,张岳崧向来“以兴学校,振士风为己任”①。比如学者的目的表现在哪几个方面,为何吏治先须兴校,办校当先育士,书院山长、一省学政的职责是什么,如何去选识、培养、使用人才,扭转士风,家庭教育又该怎样进行,诸如此类问题,从书院讲学到家庭教育,从士的选用到士风的培育,不仅涉及面广,而且还有一套较为完整而深刻的理念和见解。

1. 从重学兴学到学之何为

自北宋书院教育壮大以来,书院便是一种重要的教育基地,集讲学、育才及议政等众多功能于一身。清朝中央学校如国子监、宗学、旗学等,所收生源极其有限,门槛也过高,故为国造才举贤的重任更多地落在地方学校,尤其是书院上。清代书院教育的兴起,有一个转变的过程。

明代尤其是明末文士结社雅集之风颇为昌炽,如无锡东林书院高攀龙、顾宪成等人以书院为依托,收徒讲学,实际上其学术活动与政治斗争紧密相结合。“当是时,士大夫抱道忤时者,率退处林野,闻风向附,学舍至不能容。……故其讲习之余,往往讽议朝政,裁量人物。朝士慕其风者,多遥相应和,由是东林名大著,而忌者亦多。”②所谓忌者,指包括皇帝、阉党魏忠贤甚至权相张居正在内的当权者。故东林党遭遇查禁屠戮之时,城门失火,殃及池鱼,东林书院在嘉靖、万历年间数次被禁毁也就在所难免。清承明钵,

---

① 张钟彦《澥山公行述》,载《张岳崧诗文集》,第 695 页。

② 张廷玉等撰《明史》卷二三一《顾宪成传》,中华书局 1974 年版,第 20 册,第 6032 页。

汲取了晚明空谈误国的经验教训，在建国之初便对书院多加管制，尤其是严禁立盟结社。顺治九年(1652)，由礼部奏议，立约八条颁刻于学宫，勒令“不许别创书院，群聚徒党，及号召地方游食无行之徒，空谈废业”①。顺治十七年(1660)一月，礼科给事中杨雍建以为朋党之争有害时政，上《严禁社盟疏》曰：“朋党之患，酿于草野，欲塞其源，宜严禁盟社，请饬学臣查禁。”②自此社盟之事渐趋销声匿迹。虽然期间有丝微复燃，如顺治十四年(1657)湖南巡抚袁廓宇奏请修复衡阳石鼓书院，康熙皇帝三次手书赐匾给各大书院，实多出于尊崇程朱理学以资借治国化民的目的，其实书院的文化教育活动长时间陷入低迷状态，直到雍正一朝才有所起色③。雍正十一年(1733)正月，在禁令私人创办书院讲学的同时，雍正皇帝谕令各省兴建或恢复一至两所书院，并赐拨帑银一千两为倡：

> 朕临御以来，时时以教育人才为念，但稔闻书院之设，实有裨益者少，浮慕虚名者多，是以未尝敕令各省通行，盖欲有待而后颁降谕旨也。近见各省渐知崇尚实政，不事沽名邀誉之为，而读书应举者亦颇能屏去浮嚣奔竞之习，则创建书院，择一省文行兼优之士，读书其中，使之朝夕讲诵，整躬砺行，有所成就，远近士子观感奋发，亦兴贤育才之一道也。督抚驻扎之所，为省会之地，着该督抚商酌奉行，各赐帑金一千两。将来士子群居读书，须预为筹划，资其膏火，以垂永久。其不足者，在于有公银内支用。封疆大臣等并有化导士子之职，各宜殚心奉行，黜浮崇实，以广国家菁莪棫朴之化，则书院之设，于

---

① 昆冈等修，刘启端等纂《钦定大清会典事例》卷三九五，《续修四库全书》影印清光绪石印本。

② 赵尔巽等《清史稿》卷二七四《杨雍建传》，中华书局1977年版，第33册，第10046页。

③ 详参谢国桢《明清之际党社运动考》，上海书店出版社2004年版，第171—172页。另可阅徐雁平《清代东南书院与学术及文学》，安徽教育出版社2007年版，第2页。

士习文风，有裨益而无实弊，乃朕之所厚望也。①

细绎此谕，可知清廷倡办官方书院的初衷是“兴贤育才”，“黜浮崇实，以广国家菁莪棫朴之化”，这与雍正皇帝留心政事息息相关。据学者查考，当时省办书院达 23 所，像张岳崧后来执掌过的广州粤秀书院、肇庆端溪书院赫然其中②。下及乾隆一朝，书院日益发展壮大。乾隆元年(1736)六月初一日，乾隆皇帝谕：

书院之制，所以导进人才，广学校所不及。……今府州县学并建，而无递升之法，国子监虽设于京师，而道里辽远，四方之士不能胥会，则书院即古侯国之学也。……该部即行文各省督抚、学政，凡书院之长，必选经明行修，足为多士模范者，以礼聘请；负笈生徒，必择乡里秀异，沉潜学问者，肄业其中。其恃才放诞，佻达不羁之士，不得滥入书院中。酌仿朱子《白鹿洞规条》，立之仪节，以检束其身心；仿《分年读书法》，予之程课，使贯通乎经史。有不率教者，则摈斥勿留。学臣三年任满，谘访考核，如果教术可观，人材兴起，各加奖励。六年之后，著有成效，奏请酌量议叙。诸生中材器尤异者，准令荐举一二，以示鼓励。③

由官方的限制、解禁到积极的提倡，书院已逐步演变为“古侯国之学”，犹如省立“大学”，肩负着为国抡才的重任，而朝廷暗地里的整顿与钳制，同时也使得书院慢慢地成为官学的附庸，无一幸免地践行着统治者的文化政策，体现统治者的儒家正统思想。

---

① 刘锦藻《清朝续文献通考》卷七〇《学校考》，商务印书馆 1936 年版。

② 王炳照《中国古代书院》，商务印书馆 1998 年版，第 179—180 页。另可详参李国钧主编《中国书院史》，湖南教育出版社 1994 年版，第 779 页。

③ 《清实录·高宗实录》卷二〇“乾隆元年六月上”，中华书局 1986 年影印本，第 487—488 页。

降至嘉道之际，在经世实学思潮的流被之下，君王大吏亟欲图强求变、整饬吏治、端正士风、教化子民，而仁人志士亦欲敦励气节，匡时济民。而在张岳崧看来，这一切的出发点与归宿全在于兴学育才。如孟森所言："清一代学人之成就，多在书院中得之，此固发展文教之一事也。"[①]由此也可佐证，书院在清朝文化教育事业中的重要地位。在《筠心堂文集》中，我们可看到张岳崧三番五次地申述学校对于端士习、兴吏治、化民俗、举贤才的重要作用。

(1)"欲端士习，兴吏治，必自讲学始"

嘉庆、道光两朝，虽承乾隆盛世之绪，实开衰败没落之象。士风颓靡，汲汲于功名却不知修身治人之道；吏治腐败，营营于利禄而莫晓经世济民之策。道光三年(1823)，陕甘学政张岳崧在给甘肃布政使朱桂桢的信中谈到：

> 欲端士习，兴吏治，必自讲学始。而讲学之方，则必知学者所以学为人之理，而毋驰逐乎苟且之为，庶几所学近义而不藉学以图利耳。若夫无素讲之学，而不能阙居官治民之人，则惟有明示赏罚，劝廉惩贪，使不以巧捷为工，而以笃实为贤，不以媚上为能，而以恤民为事，不以迁转为务，而以称职为心。[②]

---

① 孟森《清史讲义》，第304页。

② 张岳崧《与朱干臣方伯书》，《筠心堂文集》卷八，第292页。朱桂桢(1767—1840)，字干臣，号朴庵，晚年号觉修，江宁府上元(今属南京江宁)人。乾隆五十三年(1788)顺天举人。中举之后，探究古代名臣言行以及宋明理学心学，曾云："吾他日用而求之，不莽莽乎！"嘉庆四年(1799)进士。以主事用，分发吏部候补。十三年(1808)补吏部稽勋司主事。次年丁母忧。十七年(1812)服阕，改补吏部考功司主事。历任山东道监察御史，贵州镇远知府、陕西潼商道。道光二年(1822)擢浙江按察使、甘肃布政使，四年(1824)由山东布政使升山西巡抚，后迁漕运总督，官至广东巡抚。谥庄恪。朱桂桢所到之处都独立任事，不踟躇拖延，同僚见其难以亲近而与之疏远，但都对其折服。生平事迹见《续碑传集》卷二三、《清史稿》卷三八一本传、《国朝先正事略》卷二四等。

朱桂桢为人正派，办事认真，居官清正，勤政爱民，深受道光皇帝嘉许。《清史稿》赞曰："朱桂桢实心实政，治绩称最。"[①]潘谘《故广东巡抚权两广总督朱庄恪公墓志铭》称其"忠介刚实，毅然以古人自勖，于外物无所动。虚己爱物，闻人一善或用心民事者，虽所嫌怨，辄翻然师事之"[②]。由此看来，与张岳崧当属同道中人。写信谈论时事经济，应算是英雄识英雄。张岳崧在给其师陈寿祺的信札中也有所论及："比者士风汩没，垂髫授簏，即名利是图，古圣名训，只供科举利禄之阶，而于身心罔所体察，穷理存诚修己治人之道，弃焉如遗。父兄之教，子弟所率，大抵如斯。欲里有良士，国有纯臣，治有循吏，是用匪所学，强其不肄而觊之效也。"[③]士子们把科举当作是晋身耀祖之阶梯，这是偏离"学"之大义。在深受儒家教义浸染的张岳崧看来，士子应进则经邦济世，退则修身养性，而不是为己图利，偏离"儒"之大道。摆在张岳崧们乃至皇帝面前的一个难题便如何端正士子之陋习、振兴吏治之昌明。而解决这一点的根本之计，最终得归之于兴校讲学。任陕甘学政期间，张岳崧在给另一位座师朱士彦的信函中曾谈到这一问题：

前此浮议沸腾，妄生瘢痏，都下号称名流，不为禁止，反助雌黄，甚至胪列无稽，张皇入告。盖袒护朋比，牢不可破，一至于此。此由于学识未深，以同流圆通为事，不知以移风易俗为心，无异于纵骄子、厌严师，不至于放恣妄为不止。而其父兄之讳饰而深护者，若罔问也。……士习若此，民俗可知。处不能为醇谨之儒，安望出而为名臣为循吏？辗转效仿，恬不知非，江河日下，伊于何底？才辨聪明，只助浮伪近习之弊，职此之由，

---

① 赵尔巽等《清史稿》卷三八一《朱桂桢传》，第38册，第11636页。

② 缪荃孙纂录《续碑传集》卷二三，载周骏富辑《清代传记丛刊》，台北明文书局1985年版，第116册，第260页。按，此墓志铭又收入《国朝耆献类征初编》卷一九九。

③ 张岳崧《上陈恭甫师书》，《筠心堂文集》卷八，第272页。

改弦更张，恐难骤效。学臣三年瓜代，尤难为力，此诚无可如何。[1]

由此文可看出，张岳崧对士风吏习之担忧，乃至于有无可奈何之叹。尽管境地是如此艰难，张岳崧还是兢兢业业、尽心尽职，认为只要像"吾师以经师人，师之望极型方，训俗之心，似为历任所未有，谓宜奉为矜式，庶几士风敛华就实，一变浇漓"，也只有兴校讲学，才能整饬士风吏习，教化风俗，"上报朝廷，下摅所学"[2]。张岳崧在《题丁筠浦授经图》一诗中，也大加褒扬丁君能黾勉传经授道，主张传大道远远高过于遗巨财的儒家观念。其诗有云："多君此图得至乐，鬖髿缥帙光帘栊。婉栾青衣手一卷，琅琅振玉声摩空。人生有子万事足，况乃业世尊彝钟。明经高位此可致，籝金奚必遗财丰。"[3]

如果说在给座师们的信件中，更多的是论及对士吏风气的忧虑，甚至喟叹，而于如何兴校讲学的治本之法含有谦恭之辞的话，那么张岳崧在道光四年（1824）冬给时任陕西延榆绥道的同乡晚辈颜伯焘的信件中则详加申论之：

且夫安民之道在乎察吏，而吏治之贤否由所学之邪正。邪正既分，如南朔之殊方、冰炭之异类，各适其适而不能相谋。方今宇内承平，家塾乡庠，人多弦诵，而士少实修，吏或不职，其故何哉？士自束发受书，初不知书何为而读也，其父兄师长必诏之曰："读此可弋科名也，可劵爵禄也，可渔货利、充囊橐、广田宅也。"则欣然听之，惟恐不得。当比稍长，出而交游，见有奇才异能者，初不识其何以奇且异也，又或诏之曰："某某以博洽称也，某某以文章擅也，某某以词赋、书法、言语、状貌著才艺、夸圆通也。"则奋然企之，惟恐不得。当若此者少而习焉，长而安焉，钝者苦之，敏者几之，惰者失之，勤者得之。父

---

①② 张岳崧《上朱咏斋侍郎师书》。

③ 《筠心堂诗集》卷四，第82—83页。

师督责之，子弟步趋之，持衡者以是进之退之，用人者以是升之黜之。夫以其博洽文章词赋之所攻，博科名爵禄贷利之所得，攻之则竞工之矣，博之则竞得之矣。然则所谓士少实修、吏多不职者，当其学而并无敦士修之心，当其学而并无称吏职之意。……窃以为人才之兴自学校始，学校之要，惟力行先。士当其少，必教之以亲长爱敬之理，比其长，必教之以事君爱民之心。有其理必见诸行，有其心必施之事，而诵读之中，皆所以讲求此理此行、此心此事者，使资古人之言论以振起之，师古人之成法以遵行之，由一家以暨乡国天下。耳濡目染，无非此意，趋向既正，习尚自移，天下古今学术邪正之所关，人才贤否之所判，盖莫有大于此者矣。某职任师儒，为责綦重，惴惴弗胜。……以弗胜之才，处难期之效，然终不敢诿以为非己责，亦责己以自修自勉以尽职之意也。……某以为举廉惩墨，则勉强从善，实可济时；讲学兴贤，则风俗回心，无难至道。[1]

“伯焘累世膺疆寄，娴习吏治，所至有声。”[2]今西安碑林博物馆五室存有由颜伯焘跋、张聪贤铭“官箴碑”云：“吏不畏吾严而畏吾廉，民不服吾能而服吾公；公则民不敢慢，廉则吏不敢欺；公生明，廉生威。”此碑由明代恭定年公在山东做巡抚时首刻，明孝宗时贞庵主人任泰安州牧曾勒石自警。颜伯焘祖颜希深任泰安知府时，偶然在科房破壁中看见，心有所会，于是将其移置衙署侧的西轩作为座右铭。伯焘出任外官时，官居浙江巡抚的父亲颜检把拓本赠送给他。道光四年(1824)立秋，颜伯焘作跋文一篇，连同其父颜检所赠杭州刻石拓本，一并寄与长安知府张爱涛(聪贤)，请其刻石立碑以广其传。十月，张聪贤亦题跋，碑立。由此，想必张岳崧此信当有所指。在这通书信中，张岳崧对“士少实修、吏或不职”的堪忧现状进行了溯源的探究，认为皆出自学邪之故，对策便是“讲

① 张岳崧《与颜鲁舆观察书》，《筠心堂文集》卷八，第277—278页。

② 赵尔巽等《清史稿》卷三七一《颜伯焘传》，第38册，第11509页。

学兴贤”,“人才之兴自学校始”。概之,学校的重要性不言而喻。

(2)“化民成俗必由学”

不仅端士习、兴吏治,皆当从学校始,而且教化子民、匡正风俗,也须由学校来进行。道光十五年(1835),时任湖北布政使的张岳崧为人代撰《重修武昌府学宫碑记》,有云:

> 圣人之道大矣。统纪伦物,纲维正教,而其所以为教,则必有敦庞纯笃之本,祛奢而崇质,返朴而还淳。其于一事一物之微,犹虑以缘饰浮华,贼道而妨教,而况于建学兴化之大者乎!……且夫学之本不惟其名,惟其实。苟名之是徼,则将雕饰藻绘,眩目观而已,岂暇怀永图哉?务实则节而不侈,简而核,朴而有体。此无他,其趣异而其所成者相越也。由是推之,士君子游乎是门,瞻仰齐邀,必蕲乎经明行修,惇本茂实,直中而方外,暗然而日章,然后足以任重致远。处则卫道域,出则殿邦基,斯实之谓也。劝学之道亦然。邦大夫积强教悦安之意,养端良朴茂之才,考德艺以励其精,宽岁月以游其志,使士皆尚实斥浮,以圣道为依归。仰副朝廷重儒崇学之意,而不饰乎谀闻动众之为,则圣功何患不崇,儒业何忧不正?《记》曰:化民成俗必由学,其斯之谓欤![1]

如果说对官吏文士之教较多的是针对统治阶级、精英阶层的话,那么子民风俗的孕育教化则更具有普泛化的意义,也更能彰显出学校在整个国家和文化教育事业中举足轻重的地位。“吏治之贤否由所学之邪正”,而人心之向背、风俗之乖异,亦由所学之邪正。张岳崧《上蒋砺堂相国书》有曰:

> 至于人心风化之本,积习已久,变易为难。然其要在乎讲明理义,敦崇名节。朝廷以此黜陟大吏,以此进退师儒,以此

① 《筠心堂文集》卷七,第249—251页。

训导，以实心行之。上之所好，远迩向风，转移自易。方今士大夫以气节为乖僻有如此者，弗容也。以道学为迂愚有如此者，弗容也。匪惟不好，抑且戒之，人孰肯从其所不好而又乐犯其所戒也乎？舍此不言。至于言才情，言干济，虽骤觉可用，所损必多。而人心风俗邪正之分，向背之异，于此判矣。①

当今士风乖僻，吏治不振，民心丕变，积习难返。身为一方教育之行政长官，当兴校办学，联合大僚，敦请儒师，“讲明理义，敦崇名节”，训导人心，督化民俗。“上之所好，下必效焉。”藉此来转移人心向背、风俗乖异。张岳崧给巡抚程祖洛的信函中也说到：

养民之方，因势利导，要在不扰。外此，则教化矣。教化之道，民俗于是乎兴，人才于是乎出，运会于是乎成。顾学校具文，有司簿领期会，未知大体，或迂目之。广文一官，自处冗阘，毫无模范，难为士表。比间老成，与俗靡靡，无复典型。书院主讲，徒计脩脯，鲜能训导。俗之不型，化之不成，则兹之由。然舍之数者，竟无他术，惟加之意而已。慎选以任之，旌别以劝之，谆诫督课以申之，积之岁时，加之渐摩，或冀兴起。俾今日有教成之人，即来兹有养人、教人之人，世道人心，风俗吏治庶有豸欤！②

---

① 张岳崧《上蒋砺堂相国书》，《筠心堂文集》卷九，第 296 页。

② 张岳崧《复程梓庭中丞书》，《筠心堂文集》卷八，第 288 页。按，程祖洛（？—1848），字问源，号梓庭，安徽歙县人。嘉庆四年（1799）进士，授刑部主事，迁郎中。谙练刑名，为嘉庆帝所知。京察记名道府，久未外简，以截取铨授甘肃平凉知府。后擢内阁学士。寻授江西按察使，迁湖南布政使，调山东。道光二年（1822）五月，由山东布政使迁陕西巡抚，七月改河南巡抚。七年，丁母忧去官。服阕，署工部侍郎。寻署湖南巡抚，调江苏。十二年（1832）擢闽浙总督。十六年（1836）丁父忧去官，服阕，引疾不出。二十八年（1848）卒，道光帝甚惜之，赠太子太保，谥简敬。生平事迹见《清史稿》卷三八〇本传、《清史列传》卷三七、《国朝耆献类征初编》卷九八、《清代七百名人传》等。

养民在于因势利导而不扰民，除此之外便是教化，关键在于兴校举贤。尤其是慎重挑选书院主讲，而那些只计“脩脯”之资却无学可授之人，是万万不可的。除去此计，“竟无他术”。惟有如此，才能兴民俗，出人才，成运会。学校的重要性由此可见一斑。

(3) 学之何为：“处为醇儒，出为循吏”

世道人心与风俗吏治的迁转，纯臣循吏与良士贤良的培育，都有赖于学校之教化。学校如此重要，正是因为与此息息相关。这也由此衍生出“学”的目的。那么，时处变革之际的张岳崧，对学习目的有没有新的思想呢？

一方面，张岳崧既重视传统的儒家教育，另一方面他也强调“务有本之学”，“读有用之书”，概言之，即“处为醇儒，出为循吏”。他在《湟中书院碑记》中写道：

> 道光甲申（四年〔1824〕），使者奉命视学，深惟所以宣扬礼教，丕振士风，亟访学舍。……湟中用武地，僻处西陲，然斯举一倡，皆鼓舞争先，知本务而乐善施，其趣向既端，其振兴必奋。美哉！此邦人士，可与论学矣。且夫学也者，学所以为人之理而已，人之理以德行为先，以纲常为本，以忠孝节义为归，以礼让廉耻为重，以修己治人为务，以经济事业为期。凡此皆人之理所必赅，即学之道所必致者也。读书明理，以明数者之趣；敦笃践履，以体数者之实。而又必严义利之辨，究诚伪之分，使有光明卓荦之规，无苟且浮游之习。诸生无隘其规模，无骛于歧径。务有本之学，则敦品砥行，日进于高明；读有用之书，则究史研经，兼优于治理。处为醇儒，出为循吏，必此之由彼。工文辞，取科第，奚足道哉？抑岂外是而别有术哉？[①]

学校的重要性前已申述，它是“宣扬礼教，丕振士风”的重要基地。故而，陕甘学政张岳崧视察书院自是分内紧要之事。据文中

① 《筠心堂文集》卷七，第246—247页。

所称，湟中书院虽地处青海西宁边陲之地，但民风淳朴，重视教育。书院数次遭到毁损，官吏绅民却踊跃捐修。张岳崧认为此地风俗趣向纯正，文教必然振兴复炽。那么，士子民众虚心向学，要学什么呢？张岳崧提出了“学所以为人之理”，归纳起来，便是“六以”的教育宗旨。深入剖析之，“六以”实际上是以儒家孔孟传统思想为指导的“士”教育模式。既重视个体内在德行的修养，又强调外在功名的奋进。简言之，“六以”是儒家思想传统中士子所信奉的“正心、修身、齐家、治国、平天下”理念的另一种表述。退可为醇儒，独善其身；进可为循吏，兼济天下。在白云苍狗的世运之下，张岳崧或多或少还是有点新的思想，那就是读书须“务有本之学”，“读有用之书”，“工文辞，取科第”为仁人志士所耻而不足以道。这是张岳崧经世致用的实学思想在教育理念上的一种体现。

2. 从学臣之命到师儒之职：“教士子以读书立品，严关防以杜弊抡才”

张岳崧不但高度地认识到学校对于国家命运、士子前途及文化复兴的重要性，而且也意识到无论是身为一院之山长还是数省之督学，都应担负着为国抡才的使命，为士表率的职责。从端正士风到教化人心，从相士识才到选人用贤，张岳崧极为明确地体会到肩负的责任。故而，正如其子张钟彦所论：

> 奉旨简放陕甘学政。陕甘两省地舆辽阔，而甘肃边郡地杂羌回，国家文治覃敷，声教所施；如镇西、敦煌等处，乃在长城以外，幅员既长，文风不一，士习多歧。府君以兴学校、振士风为己任。授任之日，具折谢恩，有云：“臣勉竭愚诚，力矢清慎，教士子以读书立品，严关防以杜弊抡才。”奉朱笔旁批：“此二语实学臣之要务，但不可徒托空言而无实绩也，勉之。”①

张岳崧“以兴学校、振士风为己任”，“教士子以读书立品，严关

① 张钟彦《澥山公行述》，载《张岳崧诗文集》，第695页。

防以杜弊抡才”，就连道光皇帝都以为后两句当为“学臣之要务”，可见张岳崧对学政之职的高度认识。按其所为，张岳崧赴任陕甘三年间，“奉命视学”，“宣扬礼教，丕振士风，亟访学舍”①，为多处书院筹措修复之资并题写碑记，张岳崧确非“徒托空言而无实绩”。可见，张钟彦所述洵非虚言诳语。而且，张岳崧亲力亲为，“将届试期，必豫为示文训迪士子，如训立志、饬学业、正文体、革弊窦诸示，剀切详尽，读者感夺。既虑不能家喻户晓，乃裒辑示文，为《训士录》一卷刊行，流传遍关中。是由士风大振”②。这些都是张岳崧深刻认识到学臣肩负重要职责的体现。

视学秦陇时，他跟老师陈寿祺谈学臣之责是“职司风化，多士仪表”：

> “师哉！师哉！桐子之命。”诵之太息也。某庸劣无似，然向不自菲薄，刻意励行，图所以仰酬国恩，稍副师训者。生平之志，温饱非求，况学臣职司风化，多士仪表也。③

督抚湖鄂时，他跟同年何太青讲的是“至于师儒之职，尤以端士习、正人心为本”：

> 弟本樗材，分甘匏系，滥叨恩命，重厕清班，复幸典试蜀中，视学秦陇，自扪幽独，益切冰渊。现于去冬十月接篆，惟有力矢清慎，勉竭悃诚，廉俸之外，不染丝毫，关防之宜，严加约束。至于师儒之职，尤以端士习、正人心为本。自愧疏庸，未

---

① 张岳崧《湟中书院碑记》，《筠心堂文集》卷七，第 246 页。
② 张钟彦《澥山公行述》，载《张岳崧诗文集》，第 695 页。
③ 张岳崧《上陈恭甫师书》，《筠心堂文集》卷八，第 272 页。

知体要，所望德音惠我，朗镜照人，庶获参稽，稍免陨越耳。[1]

概之，学臣、教官之职本在端正士习，教化子民，责任尤为重要。这一点，张岳崧在《与梁蓼圃学博书》中进行了详细阐述，今不烦赘冗，引录如下：

每慨学术不明，俗吏刀笔筐箧，视教化为不切之务。广文一官，多士仪表，迩辄自居冗阘，或貌为高旷，于国家设官之意，吾儒素位之道，漠然若忘。……且夫广文，七八品官耳。昔人云，不为宰相，必为谏官。仆尝续之云，不为谏官，必为教官。诚以宰相总司教化，谏官以谏诤助教化，而教官则将自任其教化者也。是故州县为亲民之官，教官为亲士之官，使天下之州县称职而民治，使天下之教官称职而士治，天下之士治，则学术正，礼教兴，贤才出，人心风俗于是乎移易则甚矣。

教官之任，不可苟也。古之教者，六艺之学不先德行，其于孝弟忠信之理、礼义廉耻之防、践履诚伪之分、学术邪正之辨，必与学者提撕反复，详为发明，使知诗书礼乐、往圣垂训之旨，皆承学自修之方。言言著明，字字悚切，能切己体验，不托空谭，然后为载道之器，有入道之门，乃能为见道之言。

子朱子曰："非科举累人，人自累科举。"仆尝谓无践履之力，亦并不能为科举之文，何则？理不从身心体会，则是非浮游，隔壁听话，虽强加涂泽，傅以词华，安能亲切有味？文章小技，尚不能工，何况立身之本、行己之方、修己治人之术、居官

① 张岳崧《与何藜阁同年书》，《筠心堂文集》卷八，第286页。按，何太青，生卒年不详，字乐俞，又字藜阁，广东佛山人。诸生。嘉庆九年(1804)举人，十四年(1809)进士。选庶吉士，改知县，历官于潜、德清、仁和县令，有政声。爱才若命，与士子讨论诗文昼夜不倦。擢嘉兴海防同知。后归乡主讲郡邑。喜收藏宋元翰迹。能诗文，工书法。著有《潜川集》、《钱江集》、《海上吟》、《孤云集》等。

临民之务？奚怪其懵然不省、肆意妄为耶！

此则教官之责也。国家敦尚儒术百余年矣，科目屡增，人才辈出，然学多浮伪，吏或不职，较之古人，诚不相及。岂天之生才固或吝欤？其所学者非也！是故高者或记诵涉猎，厌常嗜诡，而无理义心得之功，卑者则涂饰词章，趋骛科名而弃体认笃实之学。若斯二者，其于学术、吏治奚当焉？然则师道不立，则学术乖；学术不明，则风俗敝。是故助宣教化、维持民风，与宰相、谏官交分其责者，将教官是望。而顾可以冗员自处、高旷自命，谓不事事者可塞吾责耶！①

细绎是文，张岳崧认为教官之职责甚至重于谏官。教官一职，虽然官位卑微，但关涉颇大。由于它是亲士之官，故而能举士唯贤，故而士治才能学术醇正、礼教振兴、贤才辈出，进而移风易俗。师道立，则一国之学术、吏治、教化诸多方面才能步入正轨，走向昌明。反躬自省，又可为一人之立身之本、行己之方！当然，我们也可知这一切皆源于儒家传统的重“士”思想。犹如张岳崧在《雕山书院碑记》中所说：“且夫古之学者，以纲常为本，以道德为归，以礼义廉耻厉其躬行，以诗书礼乐化其乔野。父兄师友之所以陶铸，鼓钟桓笾之所以涵濡，修己治人之方于是乎出，学术勋业之美于是乎兴，盖成才易易也。”②那么，为什么张岳崧会如此重视“士”呢？这是因为：

士者，民之仪表也；大家巨室者，又士之仪表也。今日之达官，即前日之茂秀；今日之茂秀，将为异日之达官。士习若此，民俗可知。处不能为醇谨之儒，安望出而为名臣为循吏？辗转效仿，恬不知非，江河日下，伊于何底？才辨聪明，只助浮

① 《筠心堂文集》卷八，第282—283页。

② 《筠心堂文集》卷七，第245—246页。

伪近习之弊，职此之由，改弦更张，恐难骤效。[①]

在传统儒家思想中，士乃“民之仪表”。士的培育成败与否，直接关系到国家的未来，士独处时的一己之修行，士入仕后融入集体的吏治，近来浮伪之弊，皆源于“士”教育的疏漏和失职。张岳崧在《训士录》中即云：“士为四民之首，士习不饬，则风俗无由振兴。然未有趋向不端而习俗可期丕变者。”[②]又云：“为士必先立品，为学要能读书。不立品，则习俗易移；不读书，则鄙陋贻诮。”[③]因此，学官另一项重要的职责便是如何相士得士育士用士。

张岳崧给座师陈寿祺的信札中说：“夫学臣之职，得士綦难。”[④]因为如果能得士纳贤，各司其职，就可各尽其才，从而得民心，顺民意，谋略成事，经济昌国。倘若所得不贤，所任非人，或者贤士调离迁转，便会事倍功半，甚至功亏一篑。如他在《与颜鲁舆观察书》说：“如请项贮库，随时储备，本属良策，但此即以得人为要。稍任非人，或转瞬迁擢，骤有移易，恐至决裂。目下属吏，牧令不惟须辨持守之污洁，且当察其舆论之从违，稍复勉强，亦生事端。”[⑤]因此得士极为重要，尤其对于一官之长而言。张岳崧给直隶总督蒋攸铦启奏曰：

窃惟邦畿作督，允庆得人。顾尝以为天下督任之难，莫斯为甚。有爱民之实而惠政难施，有励精之勤而干济难用，固不但与京兆牵制，与秋曹纠葛，与河运两事相表里，与岩廊众口相副近也。愚意谓宜少韬锋锐，细审几宜，无赫赫之功，无皎皎之迹，无广推毂以启冒滥之嫌，无过径直以防属垣之耳。伏

① 张岳崧《与朱咏斋侍郎师书》，《筠心堂文集》卷八，第281页。
② 《筠心堂外集·训士录》，第371页。
③ 同上，第370页。
④ 张岳崧《上陈恭甫师书》，《筠心堂文集》卷八，第273页。
⑤ 《筠心堂文集》卷八，第274—275页。

惟阁下道德深邃，识度闳通，诸所设施，未窥涯涘，聊抒梼昧，窃比刍荛耳。[①]

督抚一方，最重要的便是得士。如若不然，雄韬大略与惠政良策难以付诸实施，只能徒呼奈何。一个真正称职能干的封疆大吏，无疑要善于识人纳贤，不仅能治理辖内，而且还要与相邻地区尤其是京畿之地、与漕运等其他并行部门声气相通，同心协力。张岳崧不仅对上级大僚如此进言，而且自己也是如此行事。

据其子张钟彦所载，嘉庆二十二年(1817)，张岳崧为会试同考官，“闱中悉心校阅，得士浦曰楷、蔡学川等十四人，皆宿学名士。荐卷如贾克慎、曹宗瀚、翁心存、岳镇南、俞焜皆相继登第”[②]。据笔者所考，诸人行实大概如下：浦曰楷，生卒年不详，浙江嘉善(今属上海)人。二甲进士。入翰林院，散馆，授庶吉士。道光三年(1823)十月，任莱阳知县。慈惠爱人，关心民生疾苦，著《莱阳竹枝词》百首(山东省博物馆藏清钞一卷本)，邑内村民无不列词，政声颇著。蔡学川，生卒年不详，字百泉，号海城，江西瑞州府新昌县(今江西宜丰)人。父子四人，三进士一举人。二甲进士。入翰林院，散馆，授编修。道光三年(1823)为山东道监察御史，改湖南岳常澧道，七年(1827)升湖北按察使，转两淮盐运使，后任刑部主事。学川改革旧制，兴利除弊，终因得罪官商豪强，反被诬罢官。贾克慎，生卒年不详，字亮才，别号阆柴，山西太原府阳曲县人。嘉庆二十五年(1820)进士。散馆，授编修。道光十二年(1832)，放湖北乡试正考官，后擢贵州学政。十六年(1836)，改右赞善。十九年(1839)，转左赞善。二十年(1840)，迁日讲起居注官，升侍读。后任鸿胪寺卿。能诗文，工书法，楷书学唐欧阳询。曹宗瀚(1789—?)，字于源，号岚樵，河南开封府兰仪县人。嘉庆十八年

---

① 张岳崧《上直督蒋砺堂宫保启》，《筠心堂文集》卷八，第276页。

② 张钟彦《澥山公行述》，载《张岳崧诗文集》，第694页。

(1813)举人[1]。历任刑部四川、浙江司郎中，道光七年(1827)升浙江道监察御史，后为兵科掌印给事中。曾上奏河工积弊，有吏名。工诗能画，尤擅水墨螃蟹，为后人所推崇。著有《镫味斋诗存》五卷，今存。《晚晴簃诗汇》卷一二五选其诗二首。翁心存声名赫赫，更不待言。翁心存（1791—1862)，字二铭，号邃庵，江苏常熟人。道光二年(1822)进士，改庶吉士，授编修，历任广东、江西、贵州等地学政，改内阁学士，调工部、户部侍郎，升兵部尚书，兼翰林院掌院学士，充上书房总师傅，为同治帝师，官至体仁阁大学士。卒赠太保，谥文端。能诗工书，有《知止斋诗集》。三子翁同龢乃光绪帝师，勋名卓著。岳镇南(1785—1844)，字衡山，号文峰，山东利津人。道光二年(1822)进士，改庶吉士，授编修，十一年(1831)迁江西道监察御史，充湖南乡试副考官，擢湖南学政，十五年(1835)任江西九江知府，升浙江盐运使，二十年(1840)改甘肃、直隶按察使，官至云南布政使。相传为岳飞后裔，为官清正，办事干练。博览群书，以文章负名，著有《制艺诗赋》等。俞焜(？—1860)，字昆上，号云史，浙江钱塘人。嘉庆二十五年(1820)进士，改庶吉士，授编修。道光十三年(1833)升江西道监察御史，历掌山西、河南道监察御史，十七年(1837)改河南彰德知府，二十七年(1847)升直隶永定河道、湖南衡永郴桂道，二十九年(1849)擢湖南按察使。咸丰九年(1859)，督办团练，操防勤奋，复道衔。十年(1860)粤贼乱炽，焜守独松关，李秀成犯杭，殁于阵。次日张玉良援师入城，将军瑞昌会击，贼却而焜已死。论者谓满城之存，焜有力焉。赐谥文节，建专祠。

道光二年(1822)，张岳崧典试蜀中。“是科，命为四川乡试正考官。府君(张岳崧)入闱既发题，自为程文复论理法数百言。于后，与副考官沈舜卿先生巍皆悉心校阅诸艺，合核两三场以定去取，各房遗卷皆苦心搜阅，兢兢然，惟恐有遗珠之憾。揭晓，得士左

---

① 笔者按，查《清朝进士题名录》，未见载录，不知何故。阙漏乎？抑改名耶？

廷宾等六十二人。出闱，蒋砺堂先生相见，喜曰：'吾所至物色人才，今知名士如某某者皆获举，吾固知君之能得士也。'"①

张岳崧认为若想得士取士，先须会相士。其《上陈恭甫师书》有曰：

> 夫学臣之职，得士綦难。以言取，则华辩进而朴讷黜矣；以貌取，则冠玉进而戚施黜矣。选举既废，科目斯兴，经义对策、韵语八比，历代相沿，厥言斯重。窃计士当求立言之本，此即以言相士之方。是故，肃穆而敦悫，则笃于行之文也；精核而密察，则邃于理之文也；渊深而典茂，则深于经之文也；恢奇横肆而不拘，则涉及诸子之文也；跌宕雄厚而不滥，则熟于《左》、《国》、《史》、《汉》之文也。之数者，质有敏钝，学有浅深，功有生熟，其能比附经旨，驰骤不失，上也。间有英奇挺特，鸿文无范，能近数者，皆称隽物，九方相马，奚必牡牝骊黄哉？不然，为浅陋，为俚俗，为陈腐，为腔板模窃，或徒逞议论而一往空疏，或墨守巢臼而奄无生气，以斯立言，未见其可。要而论之，则学与不学，厥涂异焉。有学之文，奇正均美，即不工亦有佳致，不学者反是。②

学臣之职，难在得士。得士之难，难于相士。如果徒观言辞，以能言善辩为准，那么朴素木讷之人便易遭黜；如果仅取外貌，以玉树临风为高，那么驼背残疾之人便易落选。识士犹如相马，不可以貌相而论。不论是敏钝、浅深、生熟，只要不离经旨，皆可称为上士。假如其中尚有英奇挺特之人，亦属俊才。

张岳崧还认为世上并不乏俊彦硕士，关键在善于用人，尤其是善用不可用之人。其《与颜鲁舆观察书》有云：

---

① 张钟彦《澥山公行述》，载《张岳崧诗文集》，第694页。

② 《筠心堂文集》卷八，第273页。

监司以上要务，不在才猷而在表率，与用人实相表里。示之以好恶，推之以至诚，使知向方，而人可得而用矣。且夫用人难，用人于今日则尤难。何也？教化不先，学术不明，士子讲求无非利禄富贵之说，而欲责之以义理之学、居官治民之道，固知有所不能。然某窃谓不患无可用之人，而要在能用不可用之人，其道使中材勉而为善而已。所谓不可用之人，其聪明才力、心思智虑未必逊于君子，独惜其以之数者，施之营求奔竞、效谀贡媚以为迎合计耳。是故，上之所好在利欲，彼将以利欲为迎合；上之所好在承顺，彼将以承顺迎合。然则上之所好在廉谨，彼将以廉谨为迎合；上之所好在民事，彼将以民事为迎合。夫廉谨与民事岂若辈所喜，而不能不勉以遂迎合之意，不敢不勉以免夫不迎合之愆。以彼之私，成我之公，苟非贪残性成、悍然不顾者，皆将有所转移以收其微效。是故，盛世何尝无佥壬，叔季何至乏人才？要勿令君子不得已而为俗吏之为，而能令俗吏有所勉以为君子之事耳。①

为官一方，任人唯贤，顺势自然之事。而那些不可用之人能够节制并得以活用，使得中材之人也能思贤向善，庸俗之吏也能有所作为，此可谓会用人之人。而要做到这一点，尤其是在教化不先、学术不明之际，不但在于长官会识人举贤，更在于借助表率的榜样作用，“示之以好恶，推之以至诚”，为官廉谨，黾勉民事。正如张岳崧在嘉庆十四年(1809)进士及第时所作制策云：“用人之道，先德行而后才能，因及累代选举之法，而要以端士习，此诚风厉之大权也。”②

3. 从入官之本到居家之训

张岳崧是一个具有儒家传统思想的读书人，前文对此多有申述。在他的思想中，学优则仕，上报国家，次光宗祖，下用所学。即

---

① 《筠心堂文集》卷八，第286—287页。

② 张岳崧《殿试对制策文》，《筠心堂外集·补遗》，第466页。

其所谓的“励循良以报国恩，建勋名而光族党”[①]。上述二则，多论其入仕为官之道。张岳崧认为：“读圣贤书，任国家事，一命亦堪济物，大官岂以庇身？既教养之恩受诸朝典，况忠爱之义得自性生。”[②]从这里，我们还可了解到张岳崧不仅重视“达者兼济天下”的经世思想，还非常强调个体修己之学乃至家族教育的教化观念。嘉庆十八年(1813)至二十年(1815)，张岳崧丁父忧期间受族人之邀编纂族谱，谱成，又补撰《家训十则》，“略举十事，原本五常，既用自箴，亦以共勉”[③]。“十事”指官箴、民则、劝孝、劝慈、劝友、劝恭、夫道、妇职、择友、集益。“原本五常”，即源于儒家关于伦理道德的五种观念，即仁、义、礼、智、信，是用以调整、规范君臣、父子、兄弟、夫妇、朋友等人伦关系的行为准则。唐孔颖达疏云：“五常即五典，谓父义、母慈、兄友、弟恭、子孝。”“五常”是“三纲”(君为臣纲，父为子纲，夫为妻纲)的具体化。对于儒家传统士子而言，它在维护社会秩序、规范人际关系方面有着重要的示范指导作用。譬如强调个体的社会责任与历史使命，注重修行，崇尚气节，推尊慎独。

作为张氏家族中地位显赫、功名卓著者，张岳崧关于家庭教育又有什么训诫规劝呢？归纳起来，《家训十则》大体如下：

第一，《官箴》有曰：“八柄以驭荣辱，一皆君恩；六计尚廉操守，先乎臣节。……清、慎、勤，入官之本；才、智、勇，应务之资。勿徇私而误公，勿见利而忘害，勿偏执一己之见，勿轻信僚友之言，勿听僮仆而骄纵为奸，勿信役胥而骚扰为害。事上惟敬，勿谄谀以取荣；接下思恭，勿凌傲以肆志。勿视其位如旅舍，虽一日亦我官常；勿谓其职有尊卑，虽一民皆我赤子。”[④]大意盖教育族人后代要秉承“君为臣纲”的大义，当官务必清正、谨慎、勤勉，不徇私枉利，不偏听妄信，要洞明练达，恭敬谦让，体恤民情，如此等等，无一不是

---

① 张岳崧《家训十则·官箴》，《筠心堂文集》卷十，第357页。

② 同上，第356页。

③ 张岳崧《家训十则·集益》，《筠心堂文集》卷十，第361页。

④ 《筠心堂文集》卷十，第357页。

儒家传统士大夫教育的那一套。

第二,《民则》讲的是“家修克谨,即循礼奉法之民”①。规劝族人要做一个顺良之民,恪守国法王章,遵守礼制风俗。

第三,《劝孝》、《劝慈》、《劝友》、《劝恭》,多关乎家庭教育的精髓。督导家人务必要有“伦常之本孝为先”的观念,“家室和者父母顺”。张岳崧出身并不显要,故须恪守耕读的传统:“男课耕读,女课丝麻”,“训诲必延良师,毋惜脩脯之费。婚娶须求佳偶,岂图财帛之丰?”②要长幼有序,兄弟友恭,朋友有信,乡党和睦。这些都关乎士的品行人伦。

第四,《夫道》、《妇职》,主要讲的是为夫之道与为妇之职。夫妻之间,“相爱不如相敬,则家范宜严,用情切莫过情”,要晓之以理,动之以情,还要防微杜渐,未雨绸缪。“以正为义者,夫之纲;以顺事人者,妇之职。”③为妇之道,在于妇德贞正贤淑,妇容安和整洁,妇功勤勉笃实,要敬舅爱姑,相夫教子,这些无不体现着儒家“贤妻良母”的最高典范。

第五,《择友》、《集益》二则,多讲个人的集体活动准则。首先要慎交朋友,遵奉儒家“益者三友”的原则,戒浮华侈汰之徒,远利欲市侩之人。其次要集思广益,“善劝过规其大者在伦纪纲常之要。观摩砥砺,其深者即身心学问之资”④,戒骄躁,少傲慢,务谦逊,多资友。

概言之,张岳崧《家训十则》展现在世人面前的,更多的是儒家传统的家庭教育观念。以今日观之,虽略有迂阔之嫌,但其谆谆教诲、循循善诱让人想到家教观念的绵远,也让人体会到张岳崧重视家庭教育的良苦用心。

---

① 《筠心堂文集》卷十,第357页。

② 同上,第357页、358页、359页。

③ 同上,第360页。

④ 同上,第361页。

（三）张岳崧教育实践述评

1. 张岳崧的教育生涯

在探讨张岳崧教育活动之前，我们先来考察其教育经历。

乾隆五十四年(1789)，年仅十七岁的张岳崧生母病逝。次年，因家境贫寒，身为生员的张岳崧开始设帐授徒，从游的人四方辐凑。张钟彦《澥山公行述》载曰："家故寒，府君入庠后，即以授徒致养，甘旨无缺。远近负笈从游者麇至。府君因材施教，多所造就。"[①]这是张岳崧教育生涯的开端，是以私塾形式进行的。

嘉庆十年(1805)春，三十三岁的举人张岳崧进京赴考，惜会试落第，但念及离家万里，加上父亲的鼓励劝导，便留寓都门，坐馆聂氏家以自给。张岳崧《敕封文林郎翰林院编修庠生显考厚斋府君行述》有云："乙丑、戊辰再试春官，皆报罢。念场屋屡踬，亲老家寒，惶惧谋归。府君志益坚。邮书止行。府君尝以形家言，谓吾家宜有发甲者。"张钟彦《澥山公行述》亦载曰："明年礼闱报罢，府君念京师去乡万里，而先大父年逾七旬，亟图归养。先大父邮书谆属云：'余神明矍铄，有汝兄侍养，若宜勉图进取，以竟吾志。'府君乃留寓都门，虽窘甚，不妄受人一介。馆于聂氏，节脩脯所入，以岁时寄供菽水资。聂故多藏书，府君课学之余，益肆力于古，而《十三经注疏》尤覃精细绎，功力最深。"[②]这一次教育履历以坐馆进行的。与首次同属于私塾范围之内，受教对象的数量较为有限，可归之为第一阶段。

嘉庆十八年(1813)春，四十一岁的张岳崧丁父忧，在琼服丧。据其子张钟彦载述，张岳崧"既而主讲郡之琼台书院，复受当事聘主讲肇庆之端溪书院"[③]。据笔者所考，张岳崧分主琼山、肇庆两

---

① 《张岳崧诗文集》，第692页。

② 同上，第693页。

③ 张钟彦《澥山公行述》，载《张岳崧诗文集》，第694页。

书院当在守丧期内，即嘉庆十九年(1814)至二十年(1815)之间。许荣颂《张岳崧年谱简略》(见《张岳崧诗文集》附录)将两书院主讲之事载于嘉庆十九年(1814)，实误。检清人傅维森《端溪书院志》卷六所载，嘉庆二十年(1815)院长为张岳崧，上一年院长为聂镜敏，二十一年(1816)为赵敬襄①。梁廷枏《粤秀书院志》卷一六《张岳崧传》亦曰："一主端溪书院。服阕，充国史馆协修官。"②由此可推定，岳崧居琼丁忧，此间应聘琼台书院③，后又出岛任端溪书院讲席数月，直到服阕复官，入朝供职国史馆。

因参撰《明鉴》按语失当，部议去官离京。嘉庆二十五年(1820)秋后，四十八岁的张岳崧至广州，受两广总督阮元邀请，主讲于粤秀书院，待新帝登基，特召起复原官。张钟彦《澥山公行述》

① 傅维森《端溪书院志》卷六，载赵所生、薛正兴主编《中国历代书院志》第3册，第388页。

② 梁廷枏《粤秀书院志》卷一六，载赵所生、薛正兴主编《中国历代书院志》第3册，第241页。

③ 汉霞《明清两朝的海南书院》称："(张岳崧)在羊城之越秀书院、肇庆之端溪书院和雁峰书院等讲学，传播知识。告老还乡时，不顾年老体衰，欣然出任琼台掌教，授徒不倦。"暨南大学2005年硕士论文，第24页。又称张岳崧于道光年间掌教琼台书院三年，"教育生徒'以专经义，治古文为读书要领'"(第49页)。笔者按，称张岳崧道光年间主掌琼台书院三年事，实大误。道光十九年(1839)张岳崧丁母忧，期间虽受邀主持编纂《琼州府志》，但未见其主掌琼台事，即便此事属实，也无三年之期。道光十八年(1838)十一月，继母逝世，次年正月张岳崧抵达广州，二十一年(1841)八月后身体多有不适，十一月已举步维艰，病情加剧。姑且称前后跨三年则可矣，何况主讲一事未见史籍载录？再者，主持编纂《琼州府志》一事，本就繁重冗杂，卷帙浩博，已属不易之事，加之张岳崧已近古稀。另外，囿于见闻，只见《筠心堂文集》卷十有《示雁峰诸生》一文，而张岳崧主讲海南琼山雁峰书院之年月，未见史籍载录，俟考。乾隆三十六年(1771)，雁峰书院由官绅捐建，位于琼山城西南。此论文只记载张岳崧晚年为琼台书院掌院，张岳崧中年时期主讲琼台书院事则未予以载录，当补。

载曰:“比至羊城,制军阮云台先生延主讲粤秀书院。”[①]梁廷枏《粤秀书院志》卷一六《张岳崧传》亦云:“仪征阮相国方开府两粤,遂延归主讲席。”[②]按,许荣颂《张岳崧年谱简略》将此事载于嘉庆二十四年(1819),实误。若将张岳崧主讲粤秀书院事系于此年,则与以下数事相牴牾,如张岳崧嘉庆二十五年(庚辰,1820)于邗江别吴鼒、陈希祖,张岳崧《唐张司直书〈吴季子碑〉摹本跋》曰:“嘉庆庚辰年,余客邗江,得摹本,重仿焉。”[③]及张岳崧《和黄霁青太守见怀原韵四首》其三首句“南屏山馆倒屠苏”自注云:“嘉庆庚辰年,君守信州,余南旋酌别于此山馆,署中别业也。”[④]今一一辨之,简述如下。盖张岳崧因《明鉴》按语失当罢官,嘉庆二十四年(1819)四月离京,后至扬州,至次年秋始南下,过江西上饶,后至广州,恰遇阮元兴校办学,遂应其聘,主讲粤秀书院,直至道光元年(1821)新帝登基,召复原官。张岳崧依次主讲广东琼山、肇庆、粤秀三大官立书院,传经授道,生徒颇众,影响较大,此可归之为第二阶段。

道光二年(1822),五十岁的张岳崧任翰林院编修,充武英殿纂修官,教习庶吉士。张钟彦《澥山公行述》有云:“壬午,充武英殿纂修官,教习庶吉士。”[⑤]梁廷枏《粤秀书院志》卷一六《张岳崧传》曰:“壬午,充武英殿纂修,教习庶吉士。”[⑥]教习庶吉士,又称领教习事,亦为一教职。按清代科举制度,每科殿试之后,除了状元授翰林院修撰,榜眼、探花授翰林院编修,另外设立教习庶常馆。二甲、三甲进士中选取优秀者点选成为庶吉士入馆学习,俗称“馆选”,进入翰林院庶常馆分别学习满文、汉文。三年后考试,称为“散馆”。

---

① 《张岳崧诗文集》,第 694 页。

②⑥ 梁廷枏《粤秀书院志》卷一六,载赵所生、薛正兴主编《中国历代书院志》第 3 册,第 241 页。

③ 《筠心堂文集》卷十,第 348 页。

④ 《筠心堂文集》卷四,第 78 页。

⑤ 《张岳崧诗文集》,第 694 页。

每届馆选之后，吏部按例疏简用大臣二人，为教习庶吉士即领教习事，至散馆时解任。清初由内阁学士充任，时有侍读学士等官员出任，后规定翰林院掌院学士兼任。原则上教习庶吉士须同为翰林出身，但有例外以非翰林出身之干练大员充任。小教习由掌院学士选派。教习期间，大小教习之下还有侍读学士、侍讲学士负责训导课业，另派编修、检讨二人负责膳食[①]。张岳崧身为嘉庆十四年(1809)皇帝钦点探花，有“何地无才”之谕，旋授翰林院编修。加之张岳崧学术湛深，笔法纯正，定为优异之士，以此职教习庶吉士乃属自然之事。另外，从五月外放主考四川乡试，八月擢升陕甘学政来看，张岳崧都是以翰林院编修出任，所谓的“充武英殿纂修官，教习庶吉士”盖为兼任之职，主要官职仍是翰林院编修。道光二年(1822)八月，张岳崧赴任陕甘，视学督导陕西、甘肃两省，直至五年(1825)八月由翰林院另一编修冯赞勋接任，为期三年。此间，张岳崧的教育生涯达到顶峰，官阶最高，以选拔、督导为主，而亲躬讲席较少，更多的是注重教育制度的制订、学校设施的维护，可视为张岳崧教育履历的第三阶段。

2. 张岳崧的教育实践

若论及张岳崧的教育实践，当以第二、三阶段为主要讨论对象，其他则附论之，如抚理湖鄂时亦对教育一事多加重视，捐修助学，等等。在这里，我们所关注的是张岳崧在书院掌席期间、在学政督导任职上做了哪些事情，是如何进行教育的？教育的内容是什么？试分论之。

(1) 整肃风纪

张岳崧认为“欲端士习，必自讲学始”，“至于师儒之职，尤以端士习、正人心为本”，前文对此已有详论。可见，教育活动的首先任务便是端正士习，整肃风纪。据张钟彦《澥山公行述》所载述，道光

---

① 参见《清史稿》卷一一五《职官志》二。另可详参邸永君《清代翰林院制度》第五章《对翰林官之培养、考课与任用》，社会科学文献出版社 2007 年版，第 102—118 页。

二年(1822)张岳崧简放陕甘，担任学政一职，“陕甘两省地舆辽阔，而甘肃边郡地杂羌回，国家文治覃敷，声教所施；如镇西、敦煌等处，乃在长城以外，幅员既长，文风不一，士习多歧。府君以兴学校、振士风为己任。授任之日，具折谢恩，有云：‘臣勉竭愚诚，力矢清慎，教士子以读书立品，严关防以杜弊抡才。’奉朱笔旁批：‘此二语实学臣之要务，但不可徒托空言而无实绩也，勉之。’”[①]现在就来探讨一下张岳崧在陕甘学政任上，尤其是针对关乎国运的士习，到底做出了哪些实绩。

道光三年(1823)十月前后，张岳崧撰成《训士录》一卷，刊印发诸秦、陇各书院[②]。是书前附自序曰：“道光二年，视学三秦，每以‘学行为多士，勖蕲相进益’告。语既繁，虑难循览，爰付刊，俾广传观，庶有省焉。陕甘督学使者琼州张岳崧书于三原试院。”[③]书撰成后，陕西武功县知县段嘉谟为之作注并跋，其曰：

> 督学张翰山先生《训士录》，言近而上达有基，指远而下学可循。按时立言，切中俗学深痼之病。所以兴起斯道，开悟后学，可谓至矣。谟不揣固陋，僭附半解，既幸此邦人士得所师承，又愿与世之同志共涤积习，以蕲于道德之归也。[④]

张岳崧自己对《训士录》也是颇为重视的，因为他编撰此训，目的就在于：

> 为刊印示文振兴士习事。使者通籍词垣，清华列秩，经学

---

① 《张岳崧诗文集》，第 695 页。

② 按，《训士录》末有武功知县段嘉谟跋文，作于道光三年(1823)十月。《训士录》前载有张岳崧作于三原试院的自序，称道光二年(1822)视学三秦而作此训。推知，《训士录》撰成的时间在道光三年(1823)十月左右。详见年谱该条考辨。

③ 张岳崧《训士录序》，《筠心堂外集·训士录》卷首，第 369 页。

④ 段嘉谟《训士录跋》，《筠心堂外集·训士录》卷末，第 383 页。

> 词章是其本业，然尤以廉隅励品，公正持躬，无负国恩，无忝科名为念。兹者恭承简命，视学陕甘，重任叨膺，冰兢益切。所期拔尤选俊，弊绝风清，以正人心，以厚习俗，庶仰副圣主整饬士风，敦实学之至意。[①]

“共涤积习”，归于道德；“正人心，厚风俗”是《训士录》的直接目的，最终是为了推行清廷整饬士风，敦崇实学的政策。身为两省督学，张岳崧重任在肩，要做到“拔尤(优)选俊”，首先要使“弊绝风清”，试院风纪的公正廉明是保证士子考试、选录的前提。故而，张岳崧极其重视考风考纪，严加整肃。“使者恭膺简命，视学斯邦，夙夜冰兢，务以端士习、正人心为刻不容已之责。”[②]张岳崧在给甘肃布政使朱桂桢的信中说到：

> 至所呈《训士录》，管蠡知识，聊与多士交相勉励，稍求切实体验之功。其实于道懵然，徒劳词费。方冀加以提撕，俾知警省，乃不之教而又多之，敛版汗颜，惶惭无地，此非区区就正之心所望于大君子者也。某梼昧之见，窃尝以为国家承平日久，弦诵日兴，科目人文，颇为称盛。然士习日卑，吏或不职，此奚以故？无乃义利之辨不明，而所学或非其道欤！士自受书，父兄之所训率，师友之所讲求，即以富贵显荣树之的，而详辨其得失，预决其利钝，坚定其志向，殚心竭力，惟斯是图。而一切修己治人之方，屏绝勿道，是以学为利而昧于义也。……欲端士习，兴吏治，必自讲学始。而讲学之方，则必知学者所以学为人之理而毋驰逐乎苟且之为，庶几所学近义而不藉学以图利耳。若夫无素讲之学，而不能阙居官治民之人，则惟有明示赏罚，劝廉惩贪，使不以巧捷为工，而以笃实为贤，不以媚上为能，而以恤民为事，不以迁转为务，而以称职为心。节用

① 《筠心堂外集·训士录》，第369—370页。

② 同上，第382页。

谨身，讲求教养。虽事或出于勉强，然必不敢相背而驰耳。……某来岁抵甘，再图推广耳。[①]

士习疲卑，在于父兄、师友训导有误，一切以“富贵显荣”为目的，而修己治人之方却摒却如草芥。此种陋习，实与国家倡导经世实学的思想背道而驰。故而张岳崧推衍训饬，务必“明示赏罚，劝廉惩贪”，倡行“笃实为贤”、“恤民为事”、“称职为心”的理念，杜绝“藉学以图利”的现象，这与《训士录序》中“无忝科名为念”是相一致的。进而言之，张岳崧“为《训士录》，刻以教多士”[②]，不但十分重视《训士录》，希望行于三秦，“再图推广”于陇甘，而且身体力行，“与多士交相勉励”。事实上，《训士录》的效果还是比较明显的。张钟彦《澥山公行述》曰：“将届试期，必豫为示文训迪士子，如训立志、饬学业、正文体、革弊窦诸示，剀切详尽，读者感夺。既虑不能家喻户晓，乃裒辑示文，为《训士录》一卷刊行，流传遍关中。是由士风大振。”

“训立志、饬学业、正文体”，将在下面的两小节论及，这里主要谈谈“革弊窦”，即整肃考试风纪。张岳崧《附录训士示稿》有云：“士子读书，先以守分安命、谨身畏法为要。本院日与诸生推诚训迪，苦口劝惩，冀士风从此丕变。”[③]《示凤翔属生童》亦曰：“本院督学陕甘，莅任伊始，即遍张告示，按临所及，复谆切晓谕，原期两省士习改旧更新，咸归模范。……再详谕诸生：读书以敦品笃行为先，怀刑畏法为要。矧考试为国家大典，本院朝夕防闲，严绝弊窦。倘有行险徼幸，断无不败露之理。”[④]

在整肃考试风纪方面，张岳崧兢兢业业，煞费苦心，谆谆教诲，三令五申。按照他自己的话来说：“本院视学以来，矢慎矢公，冰渊

---

① 张岳崧《与朱干臣方伯书》，《筠心堂文集》卷八，第291—293页。

② 梁廷枏《粤秀书院志》卷一六，载赵所生、薛正兴主编《中国历代书院志》第3册，第241页。

③ 《筠心堂外集》，第394页。

④ 同上，第384—385页。

自惕，流光如驶，三阅岁华，弗克与诸生振兴正学，整饬颓风，良深惭悚。至若考试关防，本院钜细躬亲，内外严密，诸生耳闻目睹，想已周知。"①"一切试事，无不细心酌量，毫无偏倚，务得公平。"②张岳崧身为督学，对科场弊习早已熟知："使者早岁入庠为诸生，当廪保亦既有年，科场利弊，纤悉周知。"③

那么，陕甘两省考风如何呢？"下车伊始，闻斯弊窦，实所痛心。"④"照得陕、甘两省，士习民风，向称淳朴，科场弊窦，较他省稍为稀少。但使者下车伊始，即访得迩来考试诸弊，亦复不免，甚至有奸诡之徒，假借星相卜筮、贸易贷物为名，随棚杂沓，妄指院署中幕友家人、巡捕书差等，某人与有素识，某人是其亲属，可以暗通关节、传递文字等弊。"⑤具体说来，张岳崧大概对以下考试诸弊进行了申饬：

其一，从自己及身边的人做起，要求考官、幕友、僮仆及家人等恪守章程，杜绝串通关节，监守自盗。张岳崧说："现在署中幕友数位，皆文章道义之友；僮仆数人，均诚朴小心之辈，以至书差人等，均三令五申，时时访察，断不敢通同滋弊，作奸犯科。"⑥又称："本院恭膺简命，督学陕甘，一切校阅关防事宜，必躬必亲，矢公矢慎。署中幕友及家人书差等均严绝弊窦，恪守章程。历试廿棚，内外肃清，毫无浮议。"⑦

尤其是为防止考生贿赂监考人员，暗中帮忙传递。张岳崧自言："试思学政虽不自爱，亦万无令官亲幕友家人等住宿在外，显通情弊之理。何况本院廉隅自饬，衡校必亲，诸生岂无闻见？"⑧又云："闻陕、甘向来考试，竟有不肖士子贿雇巡役人等，藉名稽查，暗

①⑧ 张岳崧《附录训士示稿》，《筠心堂外集》，第 396 页。

② 同上，第 394 页。

③ 张岳崧《禁科场弊窦示》，《筠心堂外集》，第 380—381 页。

④ 同上，第 381 页。

⑤ 张岳崧《禁招摇撞骗示》，《筠心堂外集》，第 381—382 页。

⑥ 同上，第 382 页。

⑦ 张岳崧《附录训士示稿》，《筠心堂外集》，第 397 页。

为传递……积弊未能剔厘，真才何由抡拔？”[①]

其二，严禁考外杂色人等招摇撞骗，欺弄应试考生。招摇撞骗，“即如场外有招摇撞骗之弊，此皆无赖匪徒逞其鬼蜮，至冒充官亲、幕友、家人等，诳说关节，蛊惑愚顽”[②]。招摇撞骗形式多样，不仅影响应试士子的情绪，干扰考试的正常进行，还因为其涉及面较广，牵连的人较多，严重地危害到社会风气，受骗生童轻则被诓抢财物，重则被牵连丢掉功名，甚至祸及身家性命。张岳崧《筠心堂外集》中对此多有载述，三番五次饬令严加查禁。

《查禁招摇撞骗示》详曰：

> 照得本院恭膺简命，视学陕甘，莅任伊始，访闻该处每有不肖棍徒，随棚招摇撞骗。兹届按临，诚恐生童罔知禁令，自蹈法网，因不惮谆切申诫。查例载：生童考试，如有积惯棍徒，捏称给与记认诓骗财物者，不论有无成交及口许虚赃，俱照撞骗已成例，枷号三个月，发烟瘴地面充军；被骗之生童杖一百，徒三年。煌煌令甲，已极森严，而不肖棍徒，随棚杂沓，有借星相杂艺、商旅贸易为名，鼠黠狐妖，藏头露尾，妄称署中有关节，传递线索，往来生童寓所，设局诓骗。于是有议定价值，私同生童包封，因而以伪物抵换者，有暮夜设计抢夺脱逃者，甚至有棍徒竟将财物倒搭者。诡计百端，不可殚述。生童等愚昧无知，听其蛊惑，功名只属画饼，而轻则赀财受其撞骗，重则刑罚被其株连，一朝失足，祸且延及身家性命。本院童年应试，耳闻目见，比比皆然，久深痛恨。除前已出示晓谕并严饬提调密访查拿重究外，合再申明告谕为此示，仰文武生童等知悉。[③]

---

① 张岳崧《严禁怀挟传递示》，《筠心堂外集》，第 385 页。

② 张岳崧《附录训士示稿》，《筠心堂外集》，第 396 页。

③ 《筠心堂外集》，第 383—384 页。

《禁招摇撞骗示》亦云：

奸诡之徒，假借星相卜筮、贸易贷物为名，随棚杂沓，妄指院署中幕友家人、巡捕书差等，某人与有素识，某人是其亲属，可以暗通关节、传递文字等弊。各生童无素定之守，启徼幸之心，潜与往来，听其煽惑，庸愚者陷于诡道，即才智者亦或坠其术中。不知幸而无事，则掠影捕风，毫无效验，一或破案，则身败名裂，坐受灾殃。①

招摇撞骗的危害极大，倘若不加严厉打击，祸害无穷。张岳崧对此一方面下令堵绝法办，不给违法分子以可乘之机，另一方面劝诫生童应以功名、祖德、性命为重，切勿以身试法。"兹届科试后奉旨考选拔贡大典，尤宜严行申禁。凡外间或有探听内信，诡造谣言，煽惑试生希图撞骗者，仰提调官率同地方文武一体选派兵役，严密查拿，获案究办。窝藏之家，照例治罪，均毋漏网。至应试诸生等，于本院考试慎密情形，昔所耳闻，今已目睹，倘有昏瞶庸愚，不知无隙可乘，犹复听信邪僻，与若辈朋比为奸，一经查知，祸不旋踵。士子立身行己，所贵明理守义，寡过谨身。况功名尺寸，上由祖父积德，下系自己修能，断无图谋可胜理数。"②

其三，严禁应试诸生童代考、夹带、传抄。冒名顶替，枪手代考，是弊中之重，因为它严重危害到人心、士习，故须严加法办。"查陕、甘科场，向称安靖，汝等益宜加勉，怀挟、倩代、抄袭等弊，务期净绝根株，以副国家拔取真才之至意。将来揭晓后，本院必将录遗诸卷，悉心校勘，如有不符及抄袭诸弊，照例严办。"③《示凤翔属生童》曰："兹当按临凤郡，竟有陇州童生李某某觅枪代考，廪保景

① 《筠心堂外集》，第381—382页。

② 张岳崧《附录训士示稿》，《筠心堂外集》，第397页。

③ 同上，第395页。

某某知情扶同，鬼蜮朋比，其为害于人心士习不浅。”[①]为了杜绝、严防此类陋习，张岳崧一方面对应试者“点名时细核年貌，招覆时面试诗文”，一方面严惩场外违法人员：

查考试定例，如有积惯随棚之枪手，察出审实，照例枷号三个月，发烟瘴地方充军。其雇替之人与枪手同罪。知情保结之廪生及窝顿留容之家均照例治罪，从重科断，有赃计赃，以枉法论，法至严也。兹闻陕、甘向来考试，竟有贿雇顶替入场，及场中枪代传递等弊，虽经前院实力查拿按律定罪，此风尚未尽绝。今本院奉命督学，按临所至，务令弊绝风清，俾真才不患淹滞。倘有随棚积惯枪棍及知情窝留歇店包揽说合诸奸徒，鬼蜮聚窟，狼狈为奸，法所难容，情无可悯。……此等枪冒顶替，本院点名时细核年貌，招覆时面试诗文，稍有不符，立行重究。想诡谲伎俩，断无不败之理。……本院愤恨已深，查察必办，一经破案，唯有据实奏办，断难姑息隐徇。[②]

他如点名时冒籍顶替者：“照得童试向例由府、州、县考过，其试童有无冒考等弊，早经确查明晰，方许录送。乃本院于本日招覆岁童，竟有安西州东日十号临点不到，据该学并廪保面禀，有附生谢某某、童生王某某等指为冒籍，纠众逞凶，将该童殴打撕扭不许赴辕等语。”[③]另外，为防止代考，考前发号详对笔迹：“本院临棚，即将各属试过原卷预行送院，以防抽换。其取进发号之后，细对连三，卷文理笔迹倘有不符，除扣除外，仍严行究治，慎勿相沿习俗，漫不经心，自取咎戾也。”[④]考后细查草稿：“场屋例禁别纸起稿，原以防代倩传递之弊，且风檐寸晷，重录为难。本院阅卷留意草稿，

① 张岳崧《示凤翔属生童》，《筠心堂外集》，第 384—385 页。
② 张岳崧《严拿枪代责成廪保示》，《筠心堂外集》，第 386—387 页。
③ 张岳崧《附录训士示稿》，《筠心堂外集》，第 393 页。
④ 张岳崧《申明府县考试定例示》，《筠心堂外集》，第 392 页。

每于涂鸦之字细校原文改笔，颇可窥作者用心。凡稿不加点者，非尽倚马之才，半属提刀之笔。况晷短笔冻，诸生童卷如有稿完而真稍缺者，文理果优，从宽录取，有真无稿者反是。”①即便平时考察作文，也严禁代倩此类欺伪之习。“向例学政临棚诣学讲书，原以觇诸生素所诵习。本院事无钜细，一矢恪恭，乃前按各属，每掣签讲解，诸生视等具文，率多代倩，虽似无关弊窦，然即此便是欺伪之一端。夫以欺伪之为施之明伦堂严肃之地，本院及众人指视之区，此何待充类之尽而后知其不可乎？即云见解原有浅深，口舌亦分工拙，然本院每于诸生所解，往复辨析，冀相发明，何所嫌疑而不自讲，且何所裨益而必求代倩耶？”②

冒名顶替之外，场屋之大弊即夹带传抄。此种弊端，亦属严惩之例。“考试诸弊，枪冒顶替而外，所当实力查禁者，莫如夹带传递。查怀挟字纸当场搜出者，枷号满杖；其越舍与人换写文字，并用财雇倩夹带传递者，俱问拟充军；计赃重于本罪者，从重科断，法至严也。闻陕、甘向来考试，竟有不肖士子贿雇巡役人等，藉名稽查，暗为传递，而怀挟诗文经书者，复不一而足。……本院考试力革诸弊，不同寻常。凡试日，提调派役搜检之后，本院或另派亲信人役再行搜查，或归号后暗中着人窥望。倘复得有怀挟实据，除生童按律问拟外，仍将搜过之役，从重追究。汝等衣服笔砚外，万难藏匿，勿再作此妄想，自比穿窬。至传递之弊，本院纤悉同知，极力防范，场中场外，无弊不除。汝生童等入场应试，原以求荣，断勿侥幸于不可必得之虚名，而冒昧于无不败露之实祸。荣所未获，辱且立至，功令綦严，安静为要。”③当然，张岳崧不是迂腐古板之人，也会具体情况分析，既不冤枉也不诬陷，而是秉公办理，以希图端士习，化民风。如称：“本日考试生员，即有府学孙某某、李某某二人怀挟滋弊，本应斥革示惩，但李某某所带乃系闲剩字纸，不自检点，误置场具之中，与怀挟诗文者有别，应从宽免其置议。至孙某某所

①② 张岳崧《附录训士示稿》，《筠心堂外集》，第 393 页。

③ 张岳崧《严禁怀挟传递示》，《筠心堂外集》，第 385—386 页。

带细字文章，检阅不满十题，科罪亦宜末减。”①

此外，为了防微杜渐，张岳崧还敦促应试生童投考，勿迟延误事，错过大典佳期。如称：“查陕、甘录遗，向系随投文先后收考，然诸生多观望不前，必俟届乡闱截投之期始行纷纷投考。因此造册急促，既易错误，且种种弊混皆由乎此。本院早有风闻。虽云陕、甘窎远，长途阻滞，难免迟误，然查得近省府分诸生亦多自带文结，安卧寓所，意图取巧，故为延阁者。如此玩忽试典，岂读书循理所宜？为此特示考遗诸生，急早投文听考，本院于先考之卷从优录取，其迟来投文者，即令不严后至之罚，然号舍已满，势不得不稍从割爱。诸生养翮三年，奋飞此日，各务随至投考，慎毋迟延遗悔可也。”②

总而言之，张岳崧极其重视士习的督导，也极为关注场屋风纪的整肃，因为这关系到国家的兴衰、士子的前程、世风的衍续。如他所言：

> 照得陕、甘两省，土厚水深，地气所钟，士风素称淳实。顾迩来古处不敦，习染浮薄，科场诸弊，往往不免。其所以然者，何也？由于得失之心胜，荣辱之分乖，而是非之辩不明，理数之说不守故也。且夫汉唐以还，渐重科目，士子束发受书，便以功名为念，科场之事，孰不以得为荣以失为辱者？顾所以得之，亦有道矣。果能读书立品，潜心绩学，实之所至，名自归焉。故出而抒经济之才，处亦不负师儒之望，以此得之，斯足荣耳。若乃学问之事，漫不经心，名场之间，务求侥幸，于是有属托廪保，贿买枪手，或场外传递，或场中代倩，或怀挟诗文，妄希抄录。此等丧心腼面，昏暮乞怜，以儒雅之林为穿窬之事，种种丑态，岂堪自问！③

① 张岳崧《附录训士示稿》，《筠心堂外集》，第 394 页。

② 同上，第 394—395 页。

③ 张岳崧《禁科场弊窦示》，《筠心堂外集》，第 379—380 页。

但总有一些心存侥幸、妄取功名的人违法犯禁，不得不以重令惩处之，督学自身须做到："本院考试，务以谢绝私情，剔除弊窦，廉勤公正，自守冰渊，院署内外肃清，关防严密，断无一线可乘之隙。"①

(2) 捐俸助学

如果说张岳崧在陕甘学政任上多专注于士习、考风的整饬，是身为清廷命官理所当然的职责，彰显其严正一面的话，那么他捐俸禄，修书院，兴文庙，助学子，则能更丰富地展现出其仁厚的一面。

秦陇大地，除士习亟需端肃之外，因地处边郡，经济欠佳，士子向学殊为困难。张岳崧给久掌书院讲席的座师陈寿祺写信，说："秦陇地广，处中原三之一，关中险塞而陇首沙漠，率古荒裔，迩益凋尬。俗苦嗜利，构怨兴讼，案牍滋多，学者鲜师友之益，谫陋少文，而习俗所移，时复不免。边陲僻郡，固不足怪，然观此足见士风之不振矣。……地既硗瘠，寒士向学殊难。边郡书院，经费不敷，或岁久就圮，有司视为具文。"②但身肩学臣师儒之职，为了兴校治国的长久大计，为了使更多的英才俊彦有"弦诵之地"，有"薪水之资"，有"良师益友熏陶之助"，张岳崧身体力行，带头捐俸，修缮置备日渐废驰的书院。他在《按试陕甘各属劝捐书院公费由》中称：

> 本院按试该属，山川雄厚，人士彬彬，多英年可造之资。惜地稍僻远，囿于见闻，兼府治书院久废，无弦诵之地，无薪水之资，无良师益友熏陶之助，致使英敏腾达之质，半习染于浮佻，沈潜肫笃之资或相循于固陋。品行无由砥砺，学业奚以研精？徒伤风气之衰，不悟转移之道。本院专司文教，太息久之，兹特捐廉出白金若干两，为创修书院之倡。夫本院与诸生素无系属，徒以按试接见，为日甚暂，即行与诸生别去，尚恋恋

① 张岳崧《查禁招摇撞骗示》，《筠心堂外集》，第384页。
② 张岳崧《上陈恭甫师书》，《筠心堂文集》卷八，第272页。

振兴不能释怀，何况汝等桑梓之邦？谁非父兄？谁无子弟？岂可吝小赀，昧大义，不为文风士习计乎？除仰提调官通饬所属一体劝捐外，为此特示：汝等绅士商民人等，务须量力从厚，共襄美举。……呈本院酌定，通详立案，庶为永久之计。现在应试人士云集郡城，商办尤便。……将使公费既充，肄业者众，庶多士亲师处友，熏德而善良，敬业乐群，束身于名教，士风益征（按，疑“臻”之误）醇美，科第日见光昌，本院有厚望焉。①

张岳崧按试宁夏，见文庙残败破落，积极组织并自己带头捐金，倡导募捐修复。《劝捐兴修宁夏府文庙示》有云：

本院日昨恭谒文庙，瞻拜之余，所见垣宇倾颓，丹青剥落，宫殿门庑，弗式于制，忾叹久之。盖自按试各属，从未有敝坏至斯者。……且人不知尊圣即不知重道，不知为人，不知向学。士气不振，科名弗昌，职此之由。本院诣学讲书，业为多士详复开示，佥称唯唯。顾见义必为，务期勇往，毋徒因循。本院职在师儒，专司文教，谨捐廉出白金若干两，即交提调官收存，为兴修倡。……振兴文教，人材科目，蒸蒸日盛，本院有厚望焉。②

文庙乃儒家鼻祖孔圣人供奉之地，尊圣重道，论道讲学，丕振士风，昌荣科名，莫不藉于此。在考察秦州考场时，张岳崧体恤士子苦衷，兴修添增号舍，为的是让应试生童寒暑之日不受皮肉之苦，希图场院宏敞，气象辉煌，文风鼎盛：

本院按试秦属，文风士气彬雅可观，应试生童人数亦众，每场不下千余人。而考院号舍仅足千数，且庳狭阴晦，每号止

---

① 《筠心堂外集》，第388—389页。

② 张岳崧《劝捐兴修宁夏府文庙示》，《筠心堂外集》，第390页。

尺寸之地。时当炎暑，摩肩叠背，流汗相属。士子三载攻苦，指望一朝，而心身交瘁一至于此，甚堪悯恻。本院临棚，即已相度形势，可将号舍扩充，特捐廉出白金二百两为捐修倡。……将来不但免矮屋湫隘之苦，且规模宏敞，气象辉煌，科第文风，益当兴起，本院有厚望焉。①

诚如梁廷枏《粤秀书院志》卷一六《张岳崧传》所言："书院有废者，捐廉修复之，西宁、汉中复捐金备乡会试资斧，士益德焉。"②至于张岳崧在陕甘学政任上，兴建或修复了哪些书院，其子张钟彦《澥山公行述》对此有详细的载述："府君念边陲瘠苦，乡校浸废，书院之颓坏者，率捐廉修治扩充。如汉中之湟中、巩昌之南安、绥德之雕山等书院，均经重建，规模宏敞，并增膏火修脯，延名师主之。而西宁、汉中，复捐创乡会试资斧以资寒俊，士人至今赖焉。诸书院均为记勒之丰碑，训辞剀切，士民响拓无虚日。每按部，轻骑减从，舆马供给尤严绝浮滥，裁革考棚规费及岁贡杂规各六千余金。"细检《筠心堂集》，尚存有张岳崧为山西永济蒲坂书院、甘肃巩昌南安书院、陕西绥德雕山书院、青海西宁湟中书院撰写的碑记③。

捐俸是为了兴学，张岳崧对此毫无怨言，而且心地光明磊落。他在给老师陈寿祺的信中说："某捐奉助倡，颇有应者。学臣职庳而奉（俸）厚，苟知撙节，必能自赡。孙文定疏陈之举，或时地殊耳。语曰：'身教者从，言教者讼。'某之斯举，亦欲砥砺廉隅，振兴鄙薄。食贫已素不复却顾，所耿耿者，师友情谊，然斯心可亮已。"④想当年，座师陈寿祺以经济相期许，张岳崧在保证自己正常生活的同

① 张岳崧《劝捐改修秦州考棚添增号舍示》，《筠心堂外集》，第391页。

② 梁廷枏《粤秀书院志》卷一六，载赵所生、薛正兴主编《中国历代书院志》第3册，第241页。

③ 按，关于这些书院的兴建、重修情况，可详参高丽萍《清代甘肃书院研究》（西北师范大学2007年硕士论文）、刘晓喆《清代陕西书院研究》（西北大学2008年博士论文）等。

④ 张岳崧《上陈恭甫师书》，《筠心堂文集》卷八，第272页。

时，身教为先，笃力践行，捐资兴学，抡才举贤，是无愧于师的。这一点，他在给梁蓼圃写信时也提到，其云：

> 试事安静，弊窦颇清，顽躯粗适，风沙莽苍中颇耐劳顿。键关校阅，则铅椠千牍，冰雪一灯，似无倦色。按部所至，所有旧规，悉为裁汰。廉俸有赢余，即分给书院，为推广脩膏之倡，颇有应者。虽知小惠似非政体，不得已以明淡泊初心耳。丝毫不染，故窘如穷秀才时。然浩落本怀，似无粘滞，可为知己告也。①

张岳崧认为如此行事虽似小惠，但可明心见志。此种清心磊落之怀，却有怡然自乐之得，可与知己共同分享。为什么会如此自得呢？按清朝常制，学政由侍郎、翰林、詹事等派充，各带原品衔，三年一任。张岳崧即以翰林院编修擢任陕甘，而依惯例，翰林院编修品秩为正七品。道光八年(1828)升任翰林院侍讲，秩为从五品②。若按此推算，张岳崧虽贵为两省之督学，但岁俸并不丰裕。尽管如此，张岳崧仍然经常倡导捐资兴学，着实可谓高风亮节，而且在捐修过程中，从不染指修缮工程中的赀账收管、采购料物之事，有文为证：

> 至将来经管事宜，不许经手官吏，着汝等众议公正绅士轮司其事，而月季销册送官核查。③

---

① 张岳崧《与梁蓼圃学博书》，《筠心堂文集》卷八，第283—284页。

② 按，张正义、李纾《张岳崧传》称张岳崧记名御史与翰林院侍讲品秩同为从五品。又称张岳崧后擢江苏常镇通海兵备道，是从从五品提拔到正四品，连升三级。南方出版社2011年版，第158、160页。据《清史稿·职官志》载，翰林院侍讲初制正六品，雍正三年升从五品，宣统元年升从四品。定员是满洲各三人，汉各四人。康熙九年(1670)定为正六品，三十四年(1695)升为从五品，详见邸永君《清代翰林院制度》第五章《对翰林官之培养、考课与任用》，社会科学文献出版社2007年版，第59—60页。有学者称此为从四品，详见任双燕编制《清代中央国家机关文武官员品级一览表》，张德泽《清代国家机关考略》附录一，学苑出版社2001年版，第317页。至于嘉庆年间此官到底为几品，难以查考。此外，侍讲是京官，道台乃地方官。

③ 张岳崧《按试陕甘各属劝捐书院公费由》，《筠心堂外集》，第388页。

其兴修制度，动支账目，申报地方官裁夺。至于收管赀账及采购料物、监督工程等，均责成首事乡绅，无庸经手官吏。务于十日之内即将首事姓名、捐簿账目申送本院查核。①

限十日之内先将大概捐数公呈查阅，并公举公正殷实绅士经管数目，一切鸠工庀材诸事，亦着汝绅士熟谙者妥议分司，不必经手官吏。至制度尺寸、支销账目，须经地方官核查，以符体制，以归核实。②

所有先后捐赀数目，祈诸君子分别注明。至于将来收支事宜，由众议妥人经理。③

为了提倡捐资办学这一长久兴国大计，也为了鼓励更多的官吏、乡绅、商民等参与到这项恩惠士子、振兴文教的大事业之中，张岳崧依仗其卓尔有名的书法，亲自撰书题款勒碑纪事，以成美事，共襄盛举。如他在《按试陕甘各属劝捐书院公费由》中称："其中出力最优者，奏请议叙，次亦给匾嘉奖，勒碑列名，本院亲自撰书，冀垂不朽。"④《劝捐改修秦州考棚添增号舍示》亦云："竣工之日，并呈本院查核，勒碑纪事。"⑤

细绎张岳崧行实，我们还可考知《筠心堂集》中载有道光四年(1824)为海南崖州学宫重修而作的《重建崖州学宫碑记》⑥。张岳崧倡导并践行捐资办学、振兴文教的事迹并不仅限于他在陕甘学政任(道光二年〔1822〕至五年〔1825〕)上。之前的道光元年(1821)，张岳崧掌教广东粤秀书院时，便参加了粤秀书院史上规模宏大的重修。据《粤秀书院志》卷五所载，康熙四十九年(1710)，粤秀书院由总督赵宏灿、巡抚范时崇、满丕及诸官捐建，此后有过几

① 张岳崧《劝捐兴修宁夏府文庙示》，《筠心堂外集》，第390页。
②⑤ 张岳崧《劝捐改修秦州考棚添增号舍示》，《筠心堂外集》，第391页。
③ 张岳崧《劝续捐本邑宾兴费启》，《筠心堂外集》，第446页。
④ 张岳崧《按试陕甘各属劝捐书院公费由》，《筠心堂外集》，第388页。
⑥ 按，此碑记的写作系年之考辨，详见年谱"道光四年"条。

次重要的修葺，雍正八年(1730)知府吴骞的补葺，乾隆五十七年(1792)、嘉庆十四年(1809)的修缮。到了嘉庆二十五年(1820)，广州知府罗含章[①]倡建重修。据梁廷枏详考，可知此次大修时在“二十五年三月二十四日，广州府程月川中丞捐修书院拆建讲堂、先贤堂福德祠(即土地祠)及斋舍四十二间，修补四十三间，增厨三十三间，滤井二，砌沟五十有七丈，共用过银三千六百余两，委监院监修”[②]。所附时任粤秀书院掌院陈昌齐所撰碑记，对书院此次大修有详细的载述：

> 嘉庆庚辰秋八月，广州太守云南罗公修建粤秀书院，工竣，院诸生谒予言曰：“吾粤自康熙初年创建兹院，备馆谷、简师资，为朝廷储士。士之登巍科、掇朊仕者甚众。随敝随修，载之《通志》。比者，海飓屡发，复渐剥损。居者举头当室之白，不必在其缺隅也。风雨之所漂摇，非户牖之桑土能周御也。公至，请于大府，愿捐资修建，以监院学博嘉应吴君兰修董其事。墙之欹者，植之；木之蠹与瓦之裂者，易之；太甚者，拆而新之。前此未经筹及而为所必需者，则增之。计拆建讲

---

① 按，碑记中所称的程月川中丞即知府罗含章。程含章(1762—1832)，字象坤，号月川，云南普洱景东县人，祖辈籍在江南泗州(今江苏盱眙)，因“左官吏捕杀土寇，惧祸，改姓罗”。乾隆五十七年(1792)举人，嘉庆六年(1801)“大挑”获选，派往广东封川署理知县。道光八年(1828)升任广东巡抚入觐时，“面奏请复姓，许之”。此后，历任山东、江西巡抚。道光七年(1827)，因疏劾浙抚刘彬士失职不实，降为刑部员外郎，次年改任福建布政使，后“以病乞归”。著有《月川未是稿》十余卷。在捐修粤秀书院之前的嘉庆二十四年(1819)，程含章命长子将他多年积蓄的俸银3790两捐回景东修葺文庙。《清稗类钞》载有其行迹，百姓称之为“罗青天”。事迹见《国朝耆献类征初编》卷一九六、《清史稿》卷三八七本传、《清史列传》卷三五、《国朝诗人征略二编》卷四七等。又可参李辉《清代诗人程含章及其诗歌》，《云南师范大学学报(对外汉语教学与研究版)》1996年第4期。

② 梁廷枏《粤秀书院志》卷五，载赵所生、薛正兴主编《中国历代书院志》第3册，第66—67页。

堂、先贤堂、福德祠各一所，斋舍四十二间，修补斋舍四十三间，又增盖厨房三十三所，开井二口，砌沟渠五十七丈，以三月二十四日兴事，九月初七日报蒇，通费白金三千六百余两，其惠诸生也良厚，盍记之以示来许?”予告之曰:“生知公之惠诸生也厚，生知公之责诸生也尤厚乎! ……公仕粤也久，若南雄，若惠州，皆修书院，增膏火，以阐明圣道、端士习为先务，诚得乎教化之源。今于通省首善之区，尤恳恳焉，不顾时诎而举赢，诸生仰体此间，得毋有惕然于中者乎? 昔汉文翁为蜀郡守，减省少府用度，选郡生，亲自饬励，遣诸京师受业，蜀郡大化，而其时蜀之人才，若司马相如、扬雄、王褒诸人，仅以词章名世，不可谓之闻道，后之论者歉焉。诸生幸勉为之，以毋隘公振兴人才之意。是予所深望也夫。”是为记。诰授中宪大夫升山东兖沂曹济兵备道、广州府知府、前知惠州府、南雄州、景东罗含章捐修，赐进士出身中宪大夫、原任浙江温处兵备道、前刑科给事中、监察御史、翰林院编修、充三通四库国史等馆纂修官、粤秀书院掌院、海康陈昌齐撰，赐进士及第、前翰林院编修、文颖国史等馆纂修官、粤秀书院掌院、定安张岳崧书，嘉庆恩科举人候选教谕、粤秀书院监院嘉应吴兰修篆额，道光元年岁次辛巳春正月下浣勒石。①

据此可知，粤秀书院此次大修耗费巨大，全为程含章一人所捐赠，由监院吴兰修董理其事。张岳崧因书法出众，手书此记，吴兰修篆额，于道光元年(1821)正月下旬勒石，以记程含章捐资助学的壮举。至于张岳崧是否捐赠俸银，参与此项盛举，因史料未载，无法断明。张正义、李纾所撰《张岳崧传》称其节衣缩食捐出部分薪俸，是对广东文化教育事业的一大贡献②，却不知何据。据梁廷枬

① 梁廷枬《粤秀书院志》卷五，载赵所生、薛正兴主编《中国历代书院志》第3册，第67—69页。

② 张正义、李纾《张岳崧传》，第104页。

所考，当时粤秀书院“院长束修银五百两，春夏秋各以仲月，冬以十二月，各致送银一百二十五两”[1]，另尚有蔬薪银十二两，端阳、中秋、年节仪银各十两。张岳崧任职期短，加之上年贬黜离京，游历吴越，经济上是否宽裕尚未可知。张岳崧在粤秀书院的贡献重在对学员的教育督导而非书院的基础建设上，这一点，将在下节予以讨论，于兹不赘。不管此次张岳崧捐俸与否，都足以证明张岳崧对教育事业积极参与的热情。除了督学陕甘之外，在此后道光十四年(1834)至十八年(1838)擢任湖北布政使及抚鄂期间，张岳崧对教育事业也是十分关注。《筠心堂外集》中载有《劝捐修城垣贡院号舍示》，其曰：

设险守国，为政典之大经；吁俊辟门，亦兴贤之要务。盖疆圉永固，墉垣必壮其观瞻；髦士是烝，棘院宜宽其栖止。……崇墉云亘峙黄鹄者，俨虎踞而龙蟠；矮屋星稠萃青衿者，亦蝉联而鱼贯。惟是承平日久，堞楼无警备之修；文运天开，俊乂增勃兴之势。修筑阅三十余年之后，守固宜筹；列舍仅七千五百有奇，向隅犹众。……本司道叨寅恭于厥职，保障为心；忆辛苦于当年，育才有志。拟葺都城百雉，俾式廓夫岩疆；更增广厦千间，用倍伸夫士气。特程工孔钜，经营难望。子来国帑有常，节省频闻申令。用是禀商大府，各醵俸钱，转饬同僚，共勷修费。闻风而起，特为董劝之先；见义必为，冀成乐输之美。[2]

细绎此文，张岳崧身为从二品的地方大员，对关系着国计民生的教育活动依然颇为有心，捐俸以劝学兴学。张岳崧另有《重修武昌府学宫碑记(代)》，其云：“道光乙未，学官杨君温、曾君学达以舞

---

① 梁廷枏《粤秀书院志》卷四，载赵所生、薛正兴主编《中国历代书院志》第3册，第57页。

② 张岳崧《劝捐修城垣贡院号舍示》，《筠心堂外集》，第441页。

佾失次，为考儒童肄容节乐乃如制，而怵黉宫之替也。谋于崇郡守，议捐修。郡守韪之，与余皆出俸钱，先乘韦，既而大府，及司、道、江夏令尹暨郡中牧宰绅士，各醵金计四千有奇，以为修资。……阅百三十日有余而竣。”[①]进而言之，张岳崧不仅在官时关注教育，献身教育，而且居琼闲居时也是如此。《筠心堂集》中载有《劝续捐本邑宾兴费启》，此文作于道光十九年(1839)[②]，是时张岳崧已服丧闲居在家，年届六十七岁。已近古稀之年的张岳崧，仍然不忘教育，体恤贫寒士子，劝捐兴学，其云：

> 琼环以海，定处其中。山川郁以钟奇，人文森而蔚起。巍科甲第，比肩于前；硕彦英髦，接踵其后。但以士半单寒，居邻僻远。重洋海角，秋风愁攀桂之期；万里都门，夏课怅忙槐之句。往往罄中人之产，不足观上国之光；穷白头之经，弗克奋青云之志。良可伤已，不亦惜哉！查定邑宾兴之赀，始于梁学师所创，第以税租轻薄，本实惠之无多。况今人士奋兴，尤瓜分而见少。爰有某等议续斯举，冀助寒儒。……某以为于事无济，即前日之徒劳，为善不终，岂半途辄止？用竭绵力而不辞，冀集同心而共济。已捐者更层累于九仞，勉策成功；未捐者岂观望于十年，不图善后？所冀德心克广，毋废前功，善举观成，永培士气。凡兹乡会优拔，有其资者，共乐争先。谁无子弟亲朋？获其利者，即同自为。庶凤麟瑞世，人文生梓里之光；兰芷升庭，善气汇茅茹之吉。[③]

由此可知，捐资助学是张岳崧一直秉行的良行善举，诚如后人倡议张岳崧入乡贤供祀的奏议中所称“济寒儒则屡分清俸，创善

---

① 张岳崧《重修武昌府学宫碑记》，卷七，第249—251页。

② 按，此启作于是年，考证详见年谱“道光二十年”条。

③ 张岳崧《劝续捐本邑宾兴费启》，《筠心堂外集》，第445—446页。

举则力赞捐输”,“创捐宾兴,寒士籍以试费”[①],这也是他治校兴国教育理念的切实体现。为什么张岳崧至老还如此重视助学兴教呢？这恰如他前面所说的“忆辛苦于当年,育才有志”。观其行履,可知张岳崧年轻时期,大概从乾隆五十五年(1790)十八岁至嘉庆六年(1801)二十九岁间,常因缺资少财而无力应考府试,遑论渡海举乡试及进京赴朝考之事,此种体己之感、切肤之苦,加之偏居海隅,甚至无良师可从的无奈。张岳崧作诗有云:“忆余童试初,丱角垂鬖髿。秋风数北渡,千里乘枯槎。”[②]这一点,其子张钟彦《澥山公行述》中多有载述:“家故寒,府君入庠后,即以授徒致养,甘旨无缺。……府君幼无专师……既以家贫亲老,勉就省试。琼郡阻海,去羊城水陆凡二千里。中途霖潦,舆夫或逃亡,步泥淖中,且仆且行,比暮至逆旅,则衣裾浸淋被体。同行者不能堪。嘉庆辛酉科举优贡,督学万文恪以品学重府君,而府君竟以贫未能赴朝考。”

(3) 训导读书

前文已申述张岳崧是一位既重视儒家传统思想,又关切社会现实情怀的人,推衍之,在教育活动上,他自然也常以此培育劝导世人。诚如他在给屡掌书院讲席的老师陈寿祺的信中述及其督学陕甘时的“履职”时所称:

> 秦陇地广,处中原三之一,关中险塞而陇首沙漠,率古荒裔,迩益凋敝。俗苦嗜利,构怨兴讼,案牍滋多,学者鲜师友之益,谫陋少文,而习俗所移,时复不免。边陲僻郡,固不足怪,然观此足见士风之不振矣。既忝师儒,良用愧恧,每按一属,斋宿谒圣,屏息默祷,冀牖之圭璋,翼诸道义。诣学构论,则先就诸生讲说,与之剖判,然后申明诚伪之分,义利之辨,次及经书文艺,舌敝耳充,未必获益,自殚厥心耳。[③]

① 《翰山公崇祀乡贤实录》,载《张岳崧诗文集》,第708页。

② 《筠心堂诗集》卷三《肃州试院作》,第66页。

③ 张岳崧《上陈恭甫师书》,《筠心堂文集》卷八,第272页。

丕振士风，教化一方，当务之重在于敬圣贤，明道义，分诚伪，辨义利，论经艺。简而言之，张岳崧认为“入德之门”与“科举之学”并行不悖[①]，传统儒学与经世实学兼而有顾。张岳崧是如何训导士子读书致用的呢？为学者应该注重哪些修习呢？兹就此试作详论。

其一，首重经义，务实致用。张岳崧在《训士录》中曾云：“国家损益前代，首重经义取士。”[②]经义乃人立身之本原，济世拯民之根基。为了强调儒家经义的价值所在，张岳崧特意宣谕陕甘学子，科试开场之日，须先默经一场。作《谕陕甘各属士子默经示》曰：

> 本院视学陕、甘，已试过西、同、商三属，文风士习均有可观，但文理终觉空疏平浅，鲜书卷气，试诗也多失调。良由平日怠惰废学，于经书每束之高阁。即间有伏案用功者，率多狃于习俗，从事肤滥时文，以致取法愈下，成就愈卑。虽有隽才，终难上达，良可浩叹。除业经示谕诸生奋志穷经外，兹当按示该处，合先示知。本院按临开场之日，先试默经一场。各生童不拘少壮，均由学报名默写五经及《周礼》、《仪礼》、《尔雅》等书。十三经能全默，并于各经中能疏言文义者为超等，五六经者为特等，三四经者为一等。其默写不错并能疏解之卷，至正场时另编字号，文虽中平，从优取录。汝生童悉当留志温习，将来科试时一体默写，倘复荒怠如故，试时文虽通顺，取录从刻。诸生幸勿自误也。[③]

据此可知，张岳崧对儒家经义的重视，相比之下，时文帖括之文虽有可观，但仍在经义之后。盖如十三经、四书五经等儒家经典与文风士习息息相关，影响甚巨，绝不可等闲视之，更不可荒怠废

① 《筠心堂外集·训士录》，第376页。

② 同上，第377页。

③ 《筠心堂外集》，第389页。

弃掉。诚如张岳崧在《殿试对制策文》开头所言“经学所以致用，礼制所以宜民”[①]。张岳崧一方面十分关注儒家经义对士子修己内省之功，另一方面还特别强调儒家经义济世致用之学。他在诗中谆谆劝诫陕甘两省应试诸生：

> 读书不务实，樵牧讥缨簪。爱敬性所钟，罔极思恩深。……廉隅重砥砺，名节古所钦。以此重芳修，无愧儒雅林。经学探要旨，义理涤凡襟。文章固淹雅，行谊抒悃忱。(《试竣示同州诸生》)[②]
>
> 愿言媚学子，佩实兼衔华。敦行务植基，学术勤梳爬。智珠扩古籍，心镜毋尘遮。诚伪辨出入，义路严回邪。行远始跬步，绝境无幽遐。睎骥骥之徒，大水岂无涯。(《肃州试院作》)[③]

读书当有务实致用之趣，学术上要探索要旨，辨析真伪，行止上要持成稳重，规正避邪，为文务求典雅醇厚，心境毋使蒙尘染垢。张岳崧的进士同年也是理学重臣的唐鉴有《读父书图》，张岳崧为之题诗云：“读书不闻道，鞶帨空藻饰。读书不济用，铃肆徒占毕。圣贤所诏告，体用皆笃实。……揽图增感慕，与君各努力。勉哉绍前修，相期崇令德。”[④]在给金培生所辑的《迪吉编》作序时亦曰：“(金培生)间尝出示所辑《迪吉编》，备载诸儒语录。余受而读之。搜讨甚博，采择甚精，略仿《大学》之条目，分为身、心、家、国四类。名言粹语，浅近切实，诚有裨于省察克治之功、修己治人之学，其用

---

① 《筠心堂外集·补遗》，第463页。

② 《筠心堂诗集》卷三，第63页。

③ 同上，第66—67页。

④ 张岳崧《题唐敬楷同年鉴读父书图》，《筠心堂外集》卷三，第59—60页。

心可谓勤矣。”[①]是诗、是序所讲也是这个道理，读书要闻道济世，体用兼修，要“有裨于省察克治之功、修已治人之学”。虽然读书之道，高明的人靠悟性，沉潜的人藉学力；聪敏的人博采众家，鲁钝的人专精一书，但“为学之道，总求有益于身心，有裨于实用为本。是故，博而不失之芜杂，约而不病于庸陋，则所读之书，须先与讲明切究，使习业既正，流弊不生”[②]。在张岳崧看来，“凡不重伦常，不存忠厚，习染浮伪，干预非为，皆下流之归也。凡不究经史，不诵名文，沉溺庸腐，剽窃滥劣，皆俗学之弊也。知随波逐流之害，而后士行可兴；知沿伪踵谬之非，而后学术可正。诚能深耻无品之行，则圭璧之检束必严；深戒无用之书，则金玉之光阴可惜”[③]。那么要如何去研经治史、摒弃伪俗之学呢？

在《训士录·训饬学业示》中，张岳崧论述得极为详细得体，其云：“士子自童蒙就傅，先授以四子书，次诸经，次序自属不紊。然各书非可以约略尽也。有宋程朱诸子，于圣贤之义，身体力行，口讲指画，实能发经书之蕴以诏来兹。承学之士，必先求之宋儒传注，使大义显明，然后知圣贤之指归，皆切于日用践履之实，而非徒托空言。”具体说到儒家经义，当注意兼采汉唐两宋之经学。在乾嘉朴学重汉轻宋的流风之下，提出并践行兼顾不废宋学的观点，还是值得称扬的。张岳崧认为宋学并非空言义理，亦极重视格物力行之道。汉唐两宋之经学同行不悖，并“非宋儒之不精考据，而汉唐之学之不晓大义”，应融而合之。而当今那些“略窥高头讲章，便肆力于浮滥庸劣之时文”的学者，“或专崇汉唐，讥诋宋代，剽窃古义，自诩新奇”的立异者，“二者空虚而邻于固陋，驳杂而徒兢艰深。守约者，等诸执管窥天；务博者，归于玩物丧志。齐楚俱失，厥弊维钧，岂所语夫有益身心、有裨实用者乎？”宋儒之书，大半解经之说，“皆阐发性命之旨，吃紧为人之要。学者虽不能遍观尽识，然就中

① 《筠心堂文集》卷六，第229页。

② 《筠心堂外集·训士录》，第374—375页。

③ 同上，第370页。

得其一二书，切实体验，穷究指趣，庶义理浃洽，涵泳从容，立身行己之间，真可立懦廉顽，奋然兴起”①。自明成祖朱棣钦定四书五经为官方统治思想和抡才教科书以来，程朱理学的正统地位从来不容置疑。清承明钵，悉随旧制。恰如张岳崧所言：

> 至御纂《四经》、钦定《三礼》，折衷诸儒，至精至当，尤宜服膺研究以定所宗。如此，则经书即得其要，然后考之史鉴，以究历代得失之理，旁及子集古文大家，以极前人议论之归。要之以精勤，加之以虚心，毋囿于习俗，毋骛于诡奇，毋急遽而杂陈，毋作辍以中废。立定课程，积之岁月，随其资质之敏钝，而得尺得寸，皆有所成。以此养其德行，有陶淑变化之资；发为文章，多深厚尔雅之作。出而有为有守，不愧通儒；处亦可法可传，无惭名教。庶几本末具举，体用兼该，所谓有益于身心，有裨于实用者如此。②

张岳崧重视关乎内在的性命之学，融汉唐铸两宋，还强调关乎现实的经世有用之学，务实业，倡正学。即便是发之为文，也务求“深厚尔雅”，不离尊圣经典之大义。如《重建崖州学宫碑记》所云：“作为文章，亦必发挥典谟，羽翼经传，而不徒藻绘雕饰之为。夫如是，则风俗谆茂，贤才接踵，学问勋业，辉映今昔。盖尊圣之心，其效如此，而不啻圣人之福庇而护佑之也。”③早在督学陕甘之前，掌院广州粤秀书院时，张岳崧就以此为求学之要义。张钟彦《澥山公行述》载曰：“比至羊城，制军阮云台先生延主讲粤秀书院。……府君励诸生以躬行实践，毋徒以文辞声气相高，重根柢之学，教人以服经义、治古文为读书要领。每校文艺，改削评骘，尤极精核。”④

---

① 《筠心堂外集·训士录》，第 375—376 页。

② 同上，第 376 页。

③ 张岳崧《重建崖州学宫碑记》，《筠心堂文集》卷七，第 249 页。

④ 《张岳崧诗文集》，第 694 页。

梁廷枏《粤秀书院志》卷一六《张岳崧传》亦称："仪征阮相国方开府两粤，遂延归主讲席，教人以专经义、治古文为读书要领。"①

其二，兼擅时文，又习帖诗。正如前述，张岳崧讲求修己济世，首重经史，兼及子集之学。修身治国固是儒家士子之大志，但要做到这一点，还得通过科试的难关。因为帖括、试策、书法等等都是晋身之阶，不可不明也不可忽视。反之，博取功名之后应以经世致用为上，而非仅停留在功名利禄这一浅在层面。张岳崧论道：

> 倘终日读书，漫无提醒警省之志，虽手披万卷，下笔千言，无论其背圣非经，不知别择，即四书五经正大之言，徒以科场题目，冀取功名，必当温习。嗟乎！以千古圣贤谆谆告诫开导来学之苦衷，而特为科场题目而读之，其视圣贤所言与我奚涉？无惑乎占毕习之，身必违之，口诵诗书，躬履污秽，求一言之体验而不可得。今之学者要皆以四书五经为科场题目之故而后读，不然，不难高阁束之矣。②

固然，习经研史是士子们首要之务，科场时文也是以此为准的，但同时也不可偏废帖括之学。时文帖括的科举之学与修身治国的入德之门，实际上是并行不悖的。这犹如体用之分、本末之辨。张岳崧还说到：

> 使者学力疏略，于道未深，然三十载游历南北所闻师友之绪论而参酌其中，窃谓入德之门与科举之学虽如相妨，实无相背者，庶几在此。多士以有用之居诸，富强之年力，往往以正学为迂涂，奉时文为活计，究之穷通有命，特立在人，必至于皓

① 梁廷枏《粤秀书院志》卷一六，载赵所生、薛正兴主编《中国历代书院志》第3册，第241页。

② 《筠心堂外集·训士录》，第373页。

首庸流，终身汩没，而后悔辨之不早，不已晚乎？[①]

在探花及第时，张岳崧认为“经学词章是其本业”[②]。后来掌教广州粤秀书院时，则多以专经义、治古文为教书要领。那么词章之学与通行的时文之学又有何区别呢？这是我们需要明辨的一个问题。在张岳崧所撰的《训士录》中，他特意作了一章《厘正文体示》，开篇说的就是古文与时文之辨：

> 文章之道，椎轮于诸经，滥觞于《左》、《国》，年代绵邈，体制攸判，乃有古文时文之分。古文自经传史、汉魏晋以逮唐宋，体凡数变。时文自有明化、治、嘉、隆、天、崇以逮国朝，体亦数变。顾其变者，体以代殊，其不变者，理无二致也。故古文与时文异流而同源。今之时文与有明及国初之时文，更循途而合辙。故不治古文，则时文不能精，不治有明及国初之时文，则时文尤不能精。所谓取法乎上，仅得其中，在能自得师，毋囿习俗而已。[③]

据此看来，古文与时文“理无二致”，“异流同源”，相辅相成。为何张岳崧一开始就论及古文与时文之辨？这也是有历史背景的，可追溯到乾隆朝后期。陈康祺《郎潜纪闻四笔》卷一载曰：“乾隆四十四年上谕：大学士于敏中之孙于德裕，中式举人，时文认题不真，遣词不当，并是科元魁卷，均未能体会正解，因申严文体不正之禁。”[④]连堂堂大学士之孙都审题不细，措词不当，可见当时时文风气之敝。作为两省督学，不得不辨，以示生童。其云：

---

① 《筠心堂外集·训士录》，第376—377页。

② 同上，第369页。

③ 同上，第377页。

④ 陈康祺《郎潜纪闻四笔》卷一“文体不正之禁”条，第13页。

伏读世宗宪皇帝晓谕考官拔取之文，务令清真雅正，此千古文章之枢纽也。尝敬绎之，盖文以义理为要，不清则蒙翳，不真则庞杂，理义何由而明？文以体裁为宗，不雅则俚俗，不正则险怪，体裁何由而立？故必洗伐榛芜，除去烦滥，使意度之间，水净沙明，乃可言清。深究理旨，体会题神，使诠发之际，切实谛当，乃可言真。熔铸经传，酝酿深醇，自无浅陋粗鄙之说，则雅之谓也。宗法先民，趋步绳尺，自无跅跎诡谲之患，则正之谓也。今学者于此四者，童而闻之，率皆不求甚解，至所为文，则一切相反，何也？平时诵习腐陈滥恶之文，不拘何题，辄捃摭词句，蒙头盖面，满纸障翳，毫无性灵，则何足以言清？捕风掠影，似是实非。……不按实际，不求的当，影响含糊，隔壁听话，何足以言真？至于不知雅俗之别，不但词意俚浅，言论庸俗，即沿用陋套。……不知诡正之殊，则横驱别骛，截题强串，串题强截，分题强合，合题强分，另立宗旨，横生枝节，武断翻案，全无发明。或又沿袭王、尤，优孟章、李，以及剽窃奇书诡说，挦扯古文异字，施之经义，均属疵类。以此求佳文，犹断港绝潢欲望至海，乌可得乎？①

在这里，张岳崧恭请出世宗雍正帝之圣谕，“清真雅正”是行文之准则，并举出实例，具体指导生童应避免的误区。那么作为入门之梯的时文与应试诗该如何研习呢？张岳崧继续说到：

今必先去诸弊，然后加之以理法词气。文以说理，故理须明，理得而法生焉，故法以辅理。词不备不可为文，则宗经据传，佩实含华矣。阐理行法，运词必资乎气，则气不可不讲矣。其所诵习，则《钦定四书文》去取谨严，批抉精当，可为圭臬。余则《王已②四八集》、《程墨所见》及何义门、汪武曹诸家评

① 《筠心堂外集·训士录》，第377—378页。

② 笔者按，“已”当为“己”之形误。

选，慎择百十篇，不可不精熟，不可太贪多，以便肆力于经史古文，俾增长见识，涵濡理义，推拓议论，波澜一切。恶劣时文，严行屏绝。或参阅时墨，必以先正佳文为的，立定主见，以为弃取，断不可随波逐流。如此用功，于清真雅正之义，庶有合乎。①

若想去除不清不真不雅不正之弊，必须济以理法词气。具体方法便是诵习、揣摩乃至精熟《钦定四书文》及其相关的时文选本。《钦定四书文》乃乾隆元年（1736）由内阁学士、古文大家方苞奉敕编撰，遴选明成化迄清初名家的程试佳作，其中明化治、正嘉、隆万、启祯厘为四集，清初别成一集，共四十一卷，每篇皆抉其精要，评骘于后。是编所录，依尊圣裁，大抵词达理醇，可以考风格之得失，定走向之旨归，以为士林应试之标准。《钦定四书文》作为官方御定的科试范本，无疑具有最高的指示功能，士子自是奉为圭臬。

时文选本由选家撷取某些经典范作，加以评点，授人以渔，可谓是科场的致胜法宝、蟾宫折桂的终南捷径。文中所提及，即清初顺康雍年间著名的操觚选政大家王步青、何焯、汪份。王步青（1672—1751），字汉阶，又书曰罕皆，学者称己山先生，江苏金坛人。雍正元年（1723）进士，后假归不复出，里居授徒。覃心正学，服膺朱子，尤用力于《四书章句集注》。操持选政，黜浮崇雅，学子视为楷模。《晚晴簃诗汇》称："晓楼、己山皆工四书文，当时事科举之学者几于家弦户诵。"②文中所说的《王己四八集》、《程墨所见》，即指王步青所编撰的《四书朱子本义汇参》、《王己山塾课分编八集论》及《历科程墨所见集》。另外，他还选评《塾课文钞》二卷。何焯（1661—1722），字润千，因早年丧母，改字屺瞻，晚号茶仙，江苏苏州人，寄籍崇明，为官后迁居长洲（今江苏苏州）。先世曾以"义门"旌，学者称义门先生。康熙四十一年（1702）以太学生直南书房，次

① 《筠心堂外集·训士录》，第378—379页。

② 徐世昌编，闻石点校《晚晴簃诗汇》卷六五"王步青"条，第2670页。

年赐进士。初师状元韩菼，后师理学名臣李光地。博览群籍，长于考订，擅于评点，而校勘最为精绝。自《十三经注疏》、《二十一史》、诸子、《离骚》、《昭明文选》，无不一一订伪钩贯。宫内书籍大多由焯所校。曾受命为康熙帝写《四书集注》，刻成木版藏于宫内。汪份(1655—1721)，字武曹，江苏长洲(今苏州)人。康熙四十三年(1704)进士。为人气和而性伉直，与方苞交最笃。与陶元淳、何焯俱以文学知名，同游徐乾学、翁叔元之门。少嗜学，工属文，词气雄迈。未举进士时，与同里何焯评选明以来制义文为《明文必自集》。尝订《四书大全》及唐宋八家古文，刊行于世，名重一时。桐城戴名世《汪武曹稿序》曰：

吾友汪子武曹刻其所为举业之文，而以书贻我于秦淮，曰："愿有言也。"夫举业之文号曰时文，其体不列于古文之中，而要其所发明者圣人之道，则亦不可不以古文之法为之者。然天下人人为之，而人人举莫能知之，背义伤道，剿说协同，相习而莫悟其非，盖举业之名存而实亡也久矣。武曹以先儒之旨、前辈之法，为之正告天下，天下之从事于举业者，乃恍然悔悟其向者之非，而思改其所为，非汪氏之书不读也，风气于是为之大变。……武曹之言曰："时文兴而先王之法亡。世之从事于举业者，冥冥茫茫，不以通经学古为务，其于古今之因革损益，与夫历代治乱废兴之故，无所用心于其间，则虽其文辞烂然，而识不足以知天下之变，才不足以应天下之用，是举业之有累于先王之法也。"……武曹熟谙前代典故，其利弊变更，言之洋洋缅缅，无不洞悉其原委。……顾武曹抑郁不得志，第以举业教授生徒。念时文之是非关人心之邪正，俗学纷起，讲解讹谬，于是正其阙失，明其旨趣，而圣人之道以大著。①

汪份选评时文，目的是传承儒家思想，匡正俗学流弊，指出向

① 王树民编校《戴名世集》卷四，中华书局1986年版，第100页。

上一路，引导士子关注历朝治乱兴废、古今因革演变。这些儒家经典及其名家选评为张岳崧所推崇确实事出有因，也与其一贯所论颇为契合。

张岳崧对试帖诗也作了详细的指导："至试帖诗，则导源唐律，而参观国朝馆阁之作，总以平正工雅、格律浑成为宗。若佻纤填砌，晦滞杂沓，即非雅音。律赋则材取《文选》，格本唐贤，馆阁之篇亦须别择，与试诗同。此皆应试之艺。至于研究古文，旁及骈俪并诗古词章，皆有门径。多士未遑遍学，故不及详。"[①]试帖诗，也称"赋得体"，由"帖经"、"试帖"影响而产生，为科举考试所采用。始于唐代，至宋王安石变法被取消，元明两代迄未恢复。清代自乾隆二十二年(1757)开始，恢复试帖诗这一考试项目。但在形式上有了一定的限制，其中最重要的是将它八股化了。在清代科举乡试、会试中，加试五言八韵诗。格式限制比前代更严，出题用经、史、子、集语，或用前人诗句或成语；韵脚在平声各韵中出一字，故应试者须能背诵平声各韵之字；诗内不许重字；语气必须庄重；题目之字，须在首次两联点出，又多用歌颂皇帝功德之语。此外，张岳崧对应试答卷书法也有论述，于兹不赘，可参前面关于书法的一节。

另外，张岳崧还劝导士子珍惜时光，勤奋向学。所作《示雁峰书院诸生》有云："构艺之方，迟速攸异。祢衡草奏于当食，阮瑀制书于据鞍，速之工者也。平子研京以十年，太冲练都于一纪，缓之善者也。然才思虽有敏钝，时日岂可怠荒？……大抵人心静则专，专则挚，故径路绝而风云通。人心动则贰，贰则驰，故意象起而鸿鹄至。若夫义在咫尺而思隔山河，岂苦虑之有益？况乎学不敏求而思废寝食，诚冥索之徒劳！既悟前非，将观后效，何俟钟鸣烛尽，悔不十年读书？"[②]写作之迟速，因人而异，不可轩轾。劝诫诸生应珍惜时间，勤奋读书，方有鸿文佳构。张岳崧还作诗《试竣示同州诸生》劝曰："时光东逝波，好爱分寸阴。天与我精力，圣贤固所任。

---

① 《筠心堂外集·训士录》，第379页。

② 《筠心堂文集》卷十，第366—367页。

青春枉弃掷，白首徒悲吟。勉哉共无斁，振作方自今。”①学问非一曝十寒而可以一蹴即就，须抓紧时光，修身向学，以免徒生奈何之叹。《肃州试院作》亦云：“行远始跬步，绝境无幽遐。睎骥骥之徒，大水岂无涯。生材不择地，边塞谁疵瑕。勉哉爱春光，期许常情赊。”②此外尚有一首题图诗亦言及年轻学子应爱惜光阴，及早成材：“志士惜短晷，古贤重分阴。及兹芳菲节，悠然观物心。”③

3. 小结：张岳崧教育活动的成效与评价

纵观张岳崧一生的教育活动，成效显著，影响深远，所获评价也较高。现就此试作评述。

首先来看张岳崧主讲书院时的情况，兹以掌席肇庆端溪书院、广州粤秀书院为例。张钟彦《澥山公行述》载云：“既而主讲郡之琼台书院，复受当事聘主讲肇庆之端溪书院，人才称盛焉。……比至羊城，制军阮云台先生延主讲粤秀书院。往府君之去端溪也，士林思之，至是负笈恐后。府君励诸生以躬行实践，毋徒以文辞声气相高，重根柢之学，教人以服经义、治古文为读书要领。每校文艺，改削评骘，尤极精核。士论翕然，以为鱼山先生之后继者，惟府君耳。”④梁廷枏作《张岳崧传》亦曰：“仪征阮相国方开府两粤，遂延归主讲席，教人以专经义、治古文为读书要领。士之悦服先生者，一如冯院长。”⑤鱼山先生即张岳崧座师、“岭南三子”之一的冯敏昌。嘉庆六年(1801)二十九岁的张岳崧求学广州粤秀书院，掌院即冯敏昌。立秋节张岳崧作《九日登镇海楼诗》，冯敏昌大为惊叹，称许有加。详见年谱，不赘。冯敏昌出于翁方纲门下，诗书俱佳，尤热心文教，先后任教河阳书院两年、端溪书院两年、粤秀书院三

---

① 《筠心堂诗集》卷三，第 63 页。

② 同上，第 67 页。

③ 《筠心堂诗集》卷四《花间补读图为朱久香司成兰题》，第99—100 页。

④ 《张岳崧诗文集》，第 694 页。

⑤ 梁廷枏《粤秀书院志》卷一六，载赵所生、薛正兴主编《中国历代书院志》第 3 册，第 241 页。

年、越华书院一年，桃李满天下。门人谢兰生《鱼山先生传》称其“掌端溪、粤秀、越华三书院，为学约十六条，皆切中文士膏肓”[①]。主讲端溪，“诸生数百人朝夕砥砺无虚日，立学规十六条，宽严并用，学者乐而循之，问自修院后，旁日读书之所”，“谭艺之余，作七经解说、《四书》讲义，并刻端溪课艺呈吉制军评定者，以及古今文赋诗选十余种，日夜与诸生口讲手书”；掌教粤秀书院，“因自奋与诸生切磋，专经致用，以期实学。每鸡鸣起盥，危坐读书”，除弊兴学，门生“中式倍于常年”[②]。冯敏昌对两粤教育事业的贡献极大，所得到的赞誉也较高[③]。张岳崧承其衣钵，亦颇受士子敬仰，可谓后继有人。

其次来观照张岳崧督学陕甘三年的宦绩。这一点也值得大书特书。理学名臣、同年好友唐鉴论曰：“（张岳崧）简放陕甘学政。学术真伪，人材盛衰，士习纯疵，风教邪正，于学政乎系之。学政之简，词臣之极选也。夫惟品足以范古而模今，学足以希贤而入圣，教足以风世而励俗，取舍足以革薄而从忠，赏罚足以兴仁而讲让，则庶乎不负斯职矣。君之《训士录》，其梗概亦大可见。”[④]其子张钟彦所撰《澥山公行述》亦详加赞叹：一、整饬士习，作《训士录》以训迪士子，“是由士风大振”。二、不遗余力大兴文教，捐俸建校，资助寒俊，延请名师，裁革冗费，“士人至今赖焉，诸书院均为记勒之丰碑，训辞剀切，士民响拓无虚日”。三、抡才举贤，“乙酉（道光五年〔1825〕）值选拔之期，取士必以学行兼优者乃以充选。前后取科第者数十人。府君在任数年，力矢勤慎，栽培士类，陶淑人才，期

① 《国朝耆献类征初编》卷一四七，又见《碑传集三编》卷三七，载《清代传记丛刊》，明文书局1985年影印本，第152册，第68页。

② 冯敏昌《小罗浮草堂文集》卷首年谱，清光绪二十年（1894）钦州佩弦斋藏板本。

③ 可详参杨年丰《小罗浮草堂诗钞校注》，广西大学2006年硕士学位论文，第8—9页。

④ 唐鉴《通奉大夫湖北布政使司布政使张君墓志铭》，载《唐确慎公集》卷四，《四部备要》本，中华书局1989年版，第75—76页。

副国家，作人之雅化。每言‘欲国有纯臣，治有循吏，心先里有良士’。其教士也周详，其爱士也肫挚，故多士咸争濯磨，至今尸祝不忘也”①。此外，张岳崧按试期间，“轻骑减从，舆马供给尤严绝浮滥”，极其体恤民众。《瀣山公行述》还详细地记载了张岳崧按试之际数次为民祈雨的事迹：

> 按巩昌日，值大旱，民不给于饮。府君下车，斋戒虔祷，雨忽骤至。试未竣，仍苦旱，将复申祷。佥以为非使者责。府君曰：“救灾恤患，尽吾心焉耳。”即试院竭诚再祷，已而大雨阅旬，士民忭慰。去之日，老稚攀辕进杯酌者相属于道，为从来学臣所未有。②

为民祈雨，并非学臣之责。张岳崧秉性纯良，出于儒家恤民拯溺之感，为国分忧，为民除难，数次越职祷雨，可谓忠臣贤士。今《筠心堂文集》中载有《按试巩昌祈雨祝文》，可见《行述》所言非虚。其实，《筠心堂文集》还载有张岳崧在武昌任上所作《八分山龙神庙祷雨祝文》、《祷雨文》等文，亦可作一有力之旁证。

最后，张岳崧年老返乡居琼时，仍不忘捐资襄助贫寒士子应试。后人为之请愿入乡贤崇祀，也是情理之中，实至名归。兹以《翰山公崇祀乡贤实录》作结：

> 定安县儒学夏宋为恳请会详从祀乡贤事：本年闰五二十日，据合郡绅士、吏部郎中云茂琦……等联名公呈。……本郡有定安县已故前任湖北布政使张岳崧，学允儒宗，行为士表，谊笃伦常，孝友夙敦，至性功深，诚正操修，克绍先民。敦诗书而崇践履，砥行立名；蓄道德而能文章，经仁纬义。……衡才而尽获奇英，造士则振兴学校，散赈而民安鸿泽，防河则浪息

① 张钟彦《瀣山公行述》，载《张岳崧诗文集》，第695—696页。

② 《张岳崧诗文集》，第696页。

蟏宫……嘉言懿行，资坊表之乡邦；茂德清操，树仪型于名教。陶淑士林，以躬行为矩矱；卜通纪载，本性道以折衷。济寒儒则屡分清俸，创善举则力赞捐输。崇仁让之规，闻风者肃仰；化浇漓之俗，薰德者善良。文章而兼经济之长，循吏而备儒林之望。……创捐宾兴，寒士籍以试费。生有益于郡乡，殁可传于后世。事实历历而可稽，堪膺乡贤以从祀。①

① 《张岳崧诗文集》，第707—708页。

下篇

年谱长编

凡 例

一、本编以张岳崧《筠心堂集》为本，参考其他相关碑志史传、诗文杂著，力求详载张岳崧生平事迹，凡能稽考的有关著述、交游、酬唱等内容，均不惮巨细，悉分载各条以系之。

一、本编不专设时事一栏，但重要的时事与张岳崧生平及当时文学相关者则一一系录。若遇史事不明、记载歧异者，以张岳崧自述为准，或存疑待考。

一、本编中以干支纪年，所记年月日，据陈垣《二十史朔闰表》为准。按年月日的次序，年月以数序，日以干支，时书春夏秋冬，时间不甚分明者，则概括地叙述在年终或月末。时事以《清实录》、《清史稿》等正史诸书为准。

一、本编于有年月日可考之事，悉按年月日胪列。倘具体时间不明者，依年或季或月或日次序概括列述之。年份不详之事，诗文创作时间不明者，则一般不予胪列。

一、本编详载张岳崧一生行迹，遵循知人论世、言必有征的原则，先引录原始文献，按重要程度先后排列。若有不明之处、考证之需，则以按语标出。

一、本编所记张岳崧亲友的生卒，凡习见者一般都不再注明出处；其为一般工具书所未收，或有异说的，则皆注明出处，间附考辨。凡与谱主没有交往的人物，将其卒年分别记于各年时事中以外，其余人物的生卒概不录入。

一、主要交游人物，凡为学者熟知者，或史传有载，或有行状、碑铭可考者，皆列相关资料之索引，以备考察，相关文献资料不作详录。除身世无考者外，一般非著名人物，皆详录其相关资料，必要时点明其学术特色、文学成就等。

一、本编所引张岳崧诗文以郭祥文点校的《筠心堂集》（海南出版社 2006 年版）为主，间采张正义、韩林元校点的《张岳崧诗文集》（南海出版公司 1998 年版），必要时参考初刻本道光二十四年（1844）刊本、民国间海南书局铅印本。若有讹误或疑义者，则以按语标明。

张岳崧世系简图

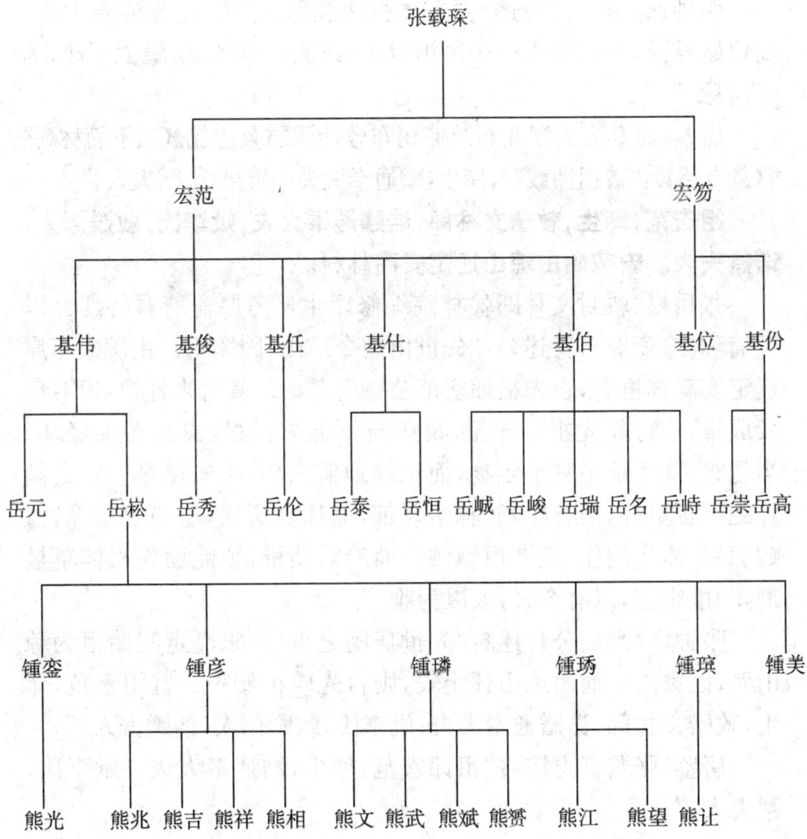
张载琛
宏范 宏笏
基伟 基俊 基任 基仕 基伯 基位 基份
岳元 岳崧 岳秀 岳伦 岳泰 岳恒 岳峸 岳峻 岳瑞 岳名 岳峙 岳崇 岳高
锺銮 锺彦 锺璘 锺琇 锺瑱 锺美
熊光 熊兆 熊吉 熊祥 熊相 熊文 熊武 熊斌 熊赟 熊江 熊望 熊让

张岳崧年谱长编

曾祖载琛，庠生，赠通奉大夫。以儒素世家，隐德不仕，为时所称。妣吴氏，赠孺人。

张钟彦《澥山公行述》："先高祖讳载琛，庠生，貤赠通奉大夫，高祖妣吴氏，貤赠孺人……高祖以来，以儒素世其家，隐德不仕，为时所称。"

唐鉴《通奉大夫湖北布政使司布政使张君墓志铭》(以下简称《张君墓专铭》)："曾祖讳载琛，庠生，赠通奉大夫。妣吴氏，赠夫人。"

祖宏范，庠生，敕赠文林郎，诰赠通奉大夫，妣李氏，敕赠孺人，诰赠夫人。宏范始由琼山迁定安高林村。

张岳崧《敕封文林郎翰林院编修庠生显考厚斋府君行述》(以下简称《厚斋府君行述》)："先世由闽令琼山，因家焉。由琼之东岸迁定安高林里者，自先祖讳宏范公暨府君始。其时来迁也，府君甫及成童，步行随先祖。比至，足踉跄不能立，益以岚瘴苦疟经年。当是时，国家承平数十年矣，而琼属地僻人稀，土未尽垦。定之高林距郡百里许，山谷崚嶒，林峦蓊郁，熊猱之所居，豺貘之所嗥，盗贼啸聚，瘴疠间作，至者恒懔懔。而府君幼稚，独能助先祖辟草披荆，相度宁宇，以有今日，人以为难。"

张钟彦《澥山公行述》："先世居闽之莆田，宋嘉定间始祖为琼山尹，因家焉。而由琼山迁定安，则自先曾祖始……曾祖宏范，庠生，敕赠文林郎，诰赠通奉大夫；妣李氏，敕赠孺人，诰赠夫人。"

唐鉴《张君墓志铭》："祖讳宏范，庠生，赠通奉大夫。妣李氏，赠夫人。"

父基伟(1732—1813),庠生,敕赠文林郎,诰赠通奉大夫,妣周氏,敕赠孺人,诰赠夫人,继梁氏。子二,长岳元,庠生,配岑氏;次即谱主岳崧;女三,长适梁,次适李,俱周氏出;三适黄,梁氏出。

张岳崧《厚斋府君行述》:"府君生雍正十年十一月廿四日子时,终嘉庆十八年正月二十九日丑时,寿八十有二岁,配先妣周孺人先府君卒。继母梁氏。子二,不孝岳元,邑庠生,娶琼山岑氏;次不孝岳崧,翰林院编修,娶琼山梁氏;女三,长适梁,次适李,俱先妣周孺人出,三适黄,继母梁氏出。"

张钟彦《澥山公行述》:"先大父基伟,庠生,敕赠文林郎,诰赠通奉大夫。先大母周氏,敕赠孺人,诰赠夫人。继大母梁氏。"

唐鉴《张君墓志铭》:"父讳基伟,庠生,赠通奉大夫。妣周氏,赠夫人。继妣梁氏。"

乾隆三十八年癸巳(1773)　一岁

二月二十八日卯时,生,时有吉征。岳崧(1773—1842),字子骏,一字翰(一作韩)山,又字澥山,号觉庵,又号海山道人,琼州府定安县高林里(今海南省定安县永丰乡高林村)人。

张钟彦《澥山公行述》:"府君姓张氏,讳岳崧,字子骏,一字翰山,又字澥山,号觉庵,琼州府定安县人也……府君生有吉征……府君生于乾隆癸巳年二月二十八日卯时,终于道光壬寅年正月十八日未时,享寿七十。"

唐鉴《张君墓志铭》:"君讳岳崧,字子骏。澥山,其号也。"

梁廷枏《粤秀书院志》卷一六《张岳崧传》:"张翰山先生岳崧,字子骏,一字澥山。罢官归,自号觉庵,定安人。先世自闽官琼山,遂家于琼。至其祖始迁今籍。"

李放《皇清书史》卷一五:"张岳崧,字子骏,号翰(一作"韩")山……别号海山道人,晚年修道有得,又号觉盦。"

按,陈文新主编,鲁小俊、苗磊分册主编《中国文学编年史·清前中期卷》引朱彭寿《清代人物大事纪年》载曰:"二月二十八日，张岳崧(1773—1842)生。岳崧字翰山、子骏，号指山，安定人。嘉庆十四年(1809)进士。官至湖南布政使。著有《筠心草堂集》。”湖南人民出版社2006年版，第588页。其中籍贯、官职有误，陈文新主编，王同舟分册主编《中国文学编年史·晚清卷》“公元1842年”条则无此误。

三月，冯敏昌不第，夏月南还。

闰三月，刘统勋等为《四库全书》总裁。

十一月，再次秘密建储，以皇十五子永琰为储君。

本年正月初十日，吴荣光生。

按，张维屏《艺谈录》称吴荣光为粤东百余年“书法四家”之一，余三家即冯敏昌、黎简、张岳崧。

乾隆三十九年甲午(1774)　二岁

岳崧幼聪慧，好读书。

张钟彦《澥山公行述》：“幼岐嶷，资禀绝人。先大父口授经书，记诵如成人。”

唐鉴《张君墓志铭》：“君幼岐嶷，好读书。”

梁廷枏《粤秀书院志》卷一六《张岳崧传》：“幼歧嶷，读书如遇夙搆。”

春，冯敏昌在省垣与张锦芳、张锦麟、李文藻唱和酬答。

五月初五，李文藻于羊城舍馆招集冯敏昌、张锦芳。

七月，以于敏中未奏太监高云从嘱托公事，下部严议，高云从被斩。

八月，山东王伦以反对官府“额外加征”为口号，率众起义。

乾隆四十年乙未(1775)　三岁

三月，冯敏昌又不第，锐意留京，以待来年闱试。

七月初六日，梁章钜生。

按，梁章钜(1775—1849)，字闳中，一字茝林、芷邻，晚号退庵，福建长乐人。嘉庆七年(1802)进士，官至江苏巡抚，署理两江总督。二十年(1815)与吴嵩梁、李兰卿等人学诗于翁方纲，被其视为最后一位有成就的入室弟子。论诗笃守儒家"温柔敦厚"之旨。曾燠称其诗"五七古取材奥衍，用笔生健，其选韵虽险而控制自如，则尤非深于苏、韩者不能。近体亦质实不佻，具征功力之纯"。著述繁富，有《藤花吟馆诗钞》、《退庵诗存》、《浪迹丛谈》、《退庵随笔》、《论语旁证》、《南浦诗话》等。生平事迹见自著《退庵自订年谱》、《清史列传》卷三八、《国朝耆献类征初编》卷二〇九、《国朝书画家笔录》卷三、《瓯钵罗室书画过目考》卷四、《皇清书史》卷一七、林则徐《梁公墓志铭》等。

张岳崧《筠心堂集》中有《送梁芷林中丞抚粤西次程春海侍郎韵三首》、《汉延熹华山碑牛拓本，次朱竹君先生韵，为梁芷邻中丞题》、《梁芷邻中丞过鄂，同人集黄鹤楼，中丞用壁间杨雪椒廉访音韵诗，次韵奉和二首》。复按，"程春海侍郎"即程恩泽(1785—1837)，字云芬，号春海，安徽歙县人。师从凌廷堪，于金石书画、医算，无不涉及。嘉庆十六年(1811)进士，授翰林院编修，历官贵州学政、侍读学士、内阁学士，官至户部侍郎。熟通六艺，善考据，工诗，是近代宋诗运动之提倡者，与阮元并为嘉庆、道光年间儒林之首。著有《国策地名考》、《程侍郎遗集》。

是年，《天禄琳琅》编成。帝令四库馆臣对所收书籍"务须详慎抉择，使群言悉归雅正"。

乾隆四十一年丙申(1776)　四岁

二月，金川土司索诺木势穷请降，两金川之役结束，帝命绘平定金川前后五十功臣像，悬于紫光阁。

三月，帝再奉皇太后巡山东，奠孔子，谒孔林。回銮行至涿州，

有僧携童子迎驾，自称皇四子永珹子。诘之，童子称僧教为妄语，斩僧，童子发伊犁。命户部侍郎和珅军机处行走。

四月，帝于瀛台亲审大小金川战俘，并于紫光阁宴凯旋将士。

五月十二日，冯敏昌考取国子监学正，得以引见候用。

十一月，帝命《四库全书》馆详核违禁各书，分别销毁。

十二月，帝命于国史中立《贰臣传》。

本年，张惠言始治举业，间从钱伯坰学诗书。

按，张惠言(1761—1802)，原名一鸣，字皋文，著名词人、散文家，武进(今江苏常州)人。少受《易》，即通大义。嘉庆四年(1799)进士，改庶吉士，充实录馆纂修官。六年(1801)，散馆，奉旨以部属用，朱珪奏改翰林院编修。张岳崧《筠心堂集》中有《题家皋文先生〈秋雨赋〉后二首》。

乾隆四十二年丁酉(1777)　五岁

四月，帝亲送孝圣皇后梓宫往泰东陵。

是年，帝令广东禁洋船运棉进口。

本年，张惠言补县学附生，冯敏昌在京与戴震、周永年、李文藻、黄景仁 、李鼎元等交游，吴鼒游焦山作《听潮歌》，王文治奇其才并与交。

乾隆四十三年戊戌(1778)　六岁

正月，追复多尔衮、多铎、代善、济尔哈朗、豪格、岳托原爵，配享太庙。以世宗晚年有谕为由，复允禩、允禟原名，收入《玉牒》，并配享太庙。

五月初七日，唐鉴生。

按，唐鉴(1778—1861)，字镜海，号翕泽，湖南善化人。自幼就勤奋上进，学习如饥似渴。嘉庆十二年(1805)举人，十四年(1807)进士，改翰林院庶吉士，授检讨，后历任御史、府、道、臬、藩等官。道光二十年(1840),内召为太常寺卿。唐鉴服膺程朱之学,是当时义理学派的巨擘之一,蜚声京门。唐鉴潜心研究人性理学,继承了北宋理学大师程颢、程颐兄弟开创的洛学学派和南宋理学大师朱熹创立的闽学派,和清代大学士倭仁同以理学相号召,有"理学大师"之美誉。当时许多知名学者如倭仁、吴廷栋、何桂珍等从鉴问学,尤其对曾国藩一生行事、修身、做学问都有深刻的影响。卒,谥确慎。著有《朱子年谱考异》、《学案小识》、《畿辅水利备览》、《唐确慎公集》等。生平事迹见曾国藩《唐确慎公墓志铭》、《清史列传》卷四八六、《清史稿》卷六七本传、《国朝先正事略》卷三一等。另详见李健美《唐鉴年谱简编》(《湖南工程学院学报》2009 年第 2 期)。张岳崧有诗《题唐敬楷同年鉴读父书图》,张氏卒后,唐鉴为之撰墓志铭。

九月,东巡回銮路途中锦县生员金从善以疏言建储、立后、纳谏、施德被处斩。申谕立储流弊及宣布归政日期。

十月,徐述夔《一柱楼诗集》案发。

十一月三十日,陶澍生。

本年吴慈鹤生。

按,吴慈鹤(1778—1826),字韵皋,号巢松,江苏吴县(今苏州)人。少随父吴俊宦游粤东、济南,所为诗规仿徐、庾、孟、韩,为时流所重。嘉庆十四年(1809)进士,改翰林院庶吉士,散馆授编修,充云南乡试副考官,道光二年(1822)督学河南,五年(1825)督学山东。性好游览,使车所至,山水为缘,而发之于诗。官至翰林院侍读学士。慈鹤工诗,善骈体文,与彭兆荪交最契,兆荪推崇备至,称:"近日诗歌有五弊三惑,能扫弊祛惑者,厥惟慈鹤。"又云:"慈鹤诗莹澈灵府,发辉高致,经万辟千灌而成纯钩,由声闻缘觉而入悲智。"著有《兰鲸录》、《凤巢山樵》、《求是录》及《岑华居士外集》。生平事迹见《清史列传》卷七二、《国朝诗人征略初编》卷五八、《清画家诗史》(壬下)、《皇清书史》卷六等。张岳崧与之为进士同年,《筠心堂集》中有《与吴巢松同年书》。

乾隆四十四年己亥(1779) 七岁

岳崧书不释手,旁涉史传,能述古人事,父奇之。

张钟彦《澥山公行述》:"七八岁时,或偕童稚钓游,每挟书与俱。先大父或他出,扃置一室,府君于所业外,辄旁及史传诸书。暇日,从先大父游宴,述古人事娓娓动听。先大父惊问得故,由是奇之。"

唐鉴《张君墓志铭》:"虽游钓,挟书不释手。"

乾隆四十五年庚子(1780) 八岁

正月,乾隆帝第五次南巡江浙。

五月,云贵总督李侍尧以收受属员银两众多,处斩监候。

七月,班禅额尔德尼自后藏入觐,于万树园赐宴。

八月,七旬万寿节,御避暑山庄澹泊敬诚殿受群臣庆贺。

九月二十九日,张维屏生。

按,张维屏(1780—1859),字子树,号南山;因癖爱松,又号松心子;晚年自署珠海老渔、唱霞渔者,广东番禺人。嘉庆九年(1804)中举,道光二年(1822)成进士。历任湖北长阳、黄梅,江西泰和等县知县;湖北襄阳,江西袁州、南康知府。为官清廉,被上司称赞为"尽心民事,深洽舆情"。终因不耐官场的腐败,于道光十六年(1836)辞官归里,优游于名山胜地,诗酒自娱。以诗著称,翁方纲惊赏其诗,誉为"诗坛大敌",与黄培芳、谭敬昭号称"粤东三子"。著有《松心诗略》十集(亦称《松心十录》)、《松心文钞》十卷、《松心骈体文钞》,编有《听松庐诗话》、《艺谈录》、《国朝诗人征略》等有关谈诗及文献掌故著作。生平事迹见陈澧《张南山墓志铭》(《续碑传集》卷七九)、金菁茅《张南山先生年谱撮略》等。张岳崧集中有诗《题张南山郡丞维屏黄梅拯溺图二首》。另,《送邓雪帆同年应罴致仕归里五首》自注“谓尚有何介峰、张南山(维屏)二同年”。

本年冯敏昌散馆,授编修,与洪亮吉、黄景仁、张锦芳等结诗社。

乾隆四十六年辛丑(1781)　九岁

七月,钦命查办甘肃赈灾贪污案,原总督勒尔谨赐死,前任布政使王亶望处斩,现任布政使王廷赞处绞。

本年,曾燠得中进士。

按,曾燠(1760—1831),字庶蕃,一字宾谷,晚号西溪渔隐,江西南城人。乾隆四十五年(1780),举顺天府乡试,次年中进士,改庶吉士,派往翰林院研习国书。四十九年(1784)任户部主事。五十三年(1788),补湖广司,入值军机处,升贵州司员外郎,都察院右副都御史。五十七年(1792),政绩考核为一等,被任命为钦差大臣,出使江南一带。后升两淮盐运使。嘉庆十二年(1807),升湖南按察使。十三年(1808),调湖北。十五年(1810),迁升广东市政使。二十年(1815),再升贵州巡抚。后还乡奉侍年高母亲。道光二年(1822),以巡抚衔巡视两淮盐政。六年(1826),召回北京,候补五品京堂。十一年(1831),病卒于北京寓所。燠乃著名诗人、骈文名家、书画家和典籍选刻家。著有《赏雨茅屋诗集》、《续金山志》等,辑有《江右八家诗》、《朋旧遗诗》、《江西诗征》、《清代骈体正宗》等。生平事迹见包世臣《曾抚部别传》、《清史列传》卷三三本传、《续碑传集》卷二一、《瓯钵罗室书画过目考》卷三、《国朝书画家笔录》卷二、《皇清书史》卷一九等。曾燠与岳崧诗酒高会,《赏雨茅屋诗集》有《顾南雅、吴霁峰、戚蓉台、张翰山、朱椒堂、吴兰雪、陈子鹤诸君邀今早起赴丰台观芍药盖预约卖花人留下者,晚归复分送数枝,赋此为谢并呈同席列公》。张岳崧集中有诗《曾宾谷前辈招同人李氏园看花即席赋此》、《呈曾宾谷前辈四首》。

乾隆四十七年壬寅(1782)　十岁

岳崧从学于琼山蔡南昭玉田,年纪最幼。初学作文,迥异众人。

张岳崧《侯选教谕蔡玉田先生传》:"先生讳南昭,字德明,号玉田,琼山人。……先生家故窭,以课徒为业,某与伯兄艺圃、从兄望东、玉峰皆得先生教,有所成就。先生尝馆某家,或某昆弟负笈就先生它氏馆。某初从先生游,仅十龄,于学徒中龄最稚。时功令习专经,某初占《尚书》,然旁及《易》、《诗》、《礼》诸经,皆先生督之。"

张钟彦《澥山公行述》:"十龄,负笈游琼山蔡南昭先生门,在弟子中齿最稚,而功课特繁。先生恒夸异于人,决其他日必能远到。已而复还家塾,初学为文,议论辞采,辄以意杼柚,迥不犹人,见者称异焉。"

唐鉴《张君墓志铭》:"年十龄,学为文,以意杼柚不犹人。"

正月,第一部《四库全书》缮写完成,建盛京文溯阁。

二月,御临文渊阁,赐宴《四库全书》总裁等官。

四月,和珅、刘墉同御史钱澧查办山东贪污案。

九月,建杭州文澜阁。

乾隆四十八年癸卯(1783)　十一岁

四月二十五日,黄景仁卒于沈业富山西运城官署,年仅三十五岁。

十一月,翁方纲为黄景仁选《悔存诗钞》八卷。

乾隆四十九年甲辰(1784)　十二岁

岳崧为文超异,应童子试。因年尚幼,被父召归而未竣试。

张岳崧《侯选教谕蔡玉田先生传》:“某年十二，初学为文，先生每色喜，或夸示同学。”

张钟彦《澥山公行述》:“年十二应童子试，佥决其必售。先大父以府君年稚，欲其邃于学，未竣试而召归。”

正月，乾隆帝第六次南巡江浙。

是年，曾燠散馆，授户部主事。阮元岁试入江苏仪征县学第四名。

乾隆五十年乙巳(1785)　十三岁

正月，以登位五十年大庆，举行千叟宴，宴亲王以下之六十岁以上士绅三千人于乾清宫。

二月，冯敏昌改主事。

七月二十六日，林则徐生。

按，林则徐(1785—1850)，字少穆，又字石麟，号石闭，晚号竢村老人、竢村退叟、七十二峰退叟，福建侯官人。幼承父学，嘉庆九年(1804)举乡试。十六年(1811)进士，选庶吉士，授编修。历仕两江、湖广、两广总督。道光二十一年(1841)受诬革职，遣戍伊犁。后出为陕甘、云贵总督。二十九年(1849)因病返里。卒谥文忠。著有《云左山房文钞》、《云左山房诗钞》、《云左山房词》。生平事迹见金安清《林文忠公传》、李元度《林文忠公别传》、曾寅光《林文忠公逸事》(《续碑传集》卷二四)、《清史列传》卷三八、《清史稿》卷三六九本传及魏应麒《林文忠公年谱》、来新夏《林则徐年谱》等。张岳崧与之交善，集中有数通书信，积极支持则徐禁烟，且其子张钟彦从林则徐学，后得中进士。

九月初五日，郭尚先生。

按，郭尚先(1785—1832)，字元升，号兰石，又号伯抑父，福建莆田人。嘉庆十二年(1807)解元，十四年(1809)登进士第，改庶吉士，奏习满文，散馆，授翰林编修。十八年(1813)，充贵州乡试正考官。二十年(1815),升国史馆纂修、文颖阁总纂,参与修撰《治河方略》、《大清一统志》等。后屡任云南乡试正考官、广东乡试副考官。回京后,充《明鉴》纂修,文渊阁校理,兼教习庶吉士。嘉庆二十五年(1820)丁父忧,归里。道光元年(1821),莆田二麦不登,民大饥荒,尚先倡议平粜,饥荒缓解。服阕回京,补原官。八年(1828),外放任四川学政。纠正多年积弊,士风为之一变。道光十年(1830)回京后接连升迁,终大理寺卿任上。林则徐与之交善,为撰墓志铭。尚先工书法,擅丹青,精鉴别。书似欧阳询,以骨力胜,间作小楷,颇深别趣。临摹诸家,悉可乱真。为嘉庆帝所赏识,高丽、日本争相购置。生平应酬书,时有不经意处,惟署跋金石,勾稽真赝,手题掌录,恒矜庄研究,不肯率意下笔,独得晋唐无诤三昧。或以泥金尽书每册余纸,凝厚婀娜,并露毫端。与林则徐、梁章钜同为闽人,而书绝相似。博学善属文,与林则徐交莫逆,翰林供职时相与研究舆地、象纬及经世致用之学,尤熟郑樵《通志》。有《芳坚馆印存》二卷行世。所著有《进奉文》一卷、《经筵讲义》八卷、《增默庵文集》八卷、《增默庵诗集》二卷、《芳坚馆书帖题跋》三卷、《使蜀日记》二卷,并辑有《宋元明诗三百首》等。生平事迹见《清史列传》卷七三、《碑传集三编》卷三七、《瓯钵罗室书画过目考》卷四、《清画家诗史》(己下)、《清代画史增编》卷三五、《清代画史补录》卷四、《皇清书史》卷三一、《国朝书人辑略》卷八、郭嗣藩编《兰石公年谱》(《北京图书馆藏珍本年谱丛刊》第 138 册)等。张岳崧与之交善,常相与之论书衡艺,集中有《题郭兰石所藏溪山无尽图》等。

十一月,以乾隆六十年乙卯正旦推算日食,宣谕定次年归政。

十一月,冯敏昌出京,纵游豫、陕、燕、楚间。

乾隆五十一年丙午(1786)　十四岁

三月,帝西巡五台山。

七月，御史曹锡宝弹劾和珅家人刘全，反以不实将其革职留任。

十二月，因清兵在台湾搜捕天地会众，并以焚烧村庄相威胁，彰化林爽文率众起义。

本年，曾燠丁忧回籍。

乾隆五十二年丁未(1787)　十五岁

岳崧与兄弟同入泮。应县试，邑令杨公奇之，召其面试，数题皆援笔立就。

张岳崧《厚斋府君行述》："岁丁未，不孝兄弟于关提学岁案同入泮，府君益加策励。"

张钟彦《澥山公行述》："年十五应县试，邑令杨公奇其文，召至厅，自面试，更数题，皆援笔就。叹曰：'此廊庙器也！'"

本年，张惠言与恽敬在京师订交。

乾隆五十三年戊申(1788)　十六岁

岳崧补弟子员(县生员)，名噪一方，定安县训导韩日进荐之为优行生。

张钟彦《澥山公行述》："十六补弟子员，名噪庠序间。方君之历试郡县，诸生或以疑义相咨询，府君为覼缕详析，多所折衷，人咸叹服焉。"

唐鉴《张君墓志铭》："十六补弟子员，举优贡。"

梁廷枏《粤秀书院志》卷一六《张岳崧传》："十五补博士弟子。"

按，弟子员即汉对太学生，明、清对县学生员的称谓。明、清指经各级考试录取进入府、州、县学的人，通名生员，习称秀才、相公，亦称诸生。生员常受本地教官(即教授、学正、教谕、训导等)及学政(明为学道)监督考核。生员的名目分廪膳生、增广生、附生。初入学为附学生员，廪、增有定额，据岁考、科试成绩递补。廪生给廪米，故名。增广生亦名增生，因于廪生外增额，故名。生员并没有俸禄，经济上并不富裕，若未能通过之后的乡试中举，亦不足以为官。很多生员在功名上未能更进一步，只能回乡以教书等方式为生。张岳崧即如此，乾隆五十五年(1790)因家贫而自己设帐授徒以维持生计，直至五十九年(1794)才考上廪生，稍有些微的岁俸。

又按，梁《传》盖误记耳。据唐鉴《墓志铭》所言，“举优贡”并非在此年，而在嘉庆辛酉六年(1801)。张岳崧学行兼优，定安县训导韩日进推举其为优行生，即品学兼优的生员。据清史澄《(光绪)广州府志》(光绪五年〔1879〕刊本)卷一三〇《韩日进传》：“韩日进，字善科。少颖悟，读书至再，辄能默诵，为文顷刻千言。乾隆丁酉(四十二年〔1777〕)举人，大挑二等，以教职用补琼州府定安县训导。定安僻陋，惰于习文，日进至勤，月课亲为指画，与诸生相处如家人。探花张岳崧，其所举优行生也。在任十六年，遇贫士注册等规一毫不取。年七十，卒于官。定安人称其留心造士，乐易可亲。见之者，如饮醇醪。于其卒，深惜之。据《定安县志》、《番禺志》修。”

二月，晋和珅三等伯爵。林爽文与另一起义领袖庄大田均被俘，起义失败。陈寿祺撰上福康安百韵诗并序，沉博绝丽，传诵一时。

六月，安南阮氏打败黎氏，国王黎维祁出走。清廷以黎氏守藩奉贡甚谨，欲恢复黎朝统治，遂派两广总督孙士毅统兵征讨，安南之役开始。

乾隆五十四年己酉(1789)　十七岁

母疾笃，岳崧服侍甚勤，数月见背，哀恸不已，染肺病，久始愈。

张钟彦《澥山公行述》：“年十七，先大母寝疾苦臂痛。府君侍医药，躬自按摩，昼夜无间，手尽胝。凡数月，竟不起。府君恸不欲生，后以哀毁致瘵，服药百裹始愈。”

唐鉴《张君墓志铭》:“十七遭母夫人之丧,哀毁成瘵,久药乃起。”

张岳崧《阅先君制后追念伤怀怆然有述四首》其二“已从失恃苦衔悲,廿载伤心念母慈”句下自注云:“某年十七,先慈见背。”

梁廷枏《粤秀书院志》卷一六《张岳崧传》:“丁内艰,哀毁致瘵不辍也。”

六月,清廷鉴于阮氏遣使求和,大赦其罪,允其纳贡,改封阮光平为安南国王。

十二月,以明年八旬万寿,命镌刻“八征耄念之宝”。

乾隆五十五年庚戌(1790)　十八岁

家贫,岳崧始设帐授徒,从游者麇集而至。

张钟彦《澥山公行述》:“家故寒,府君入庠后,即以授徒致养,甘旨无缺。远近负笈从游者麇至。府君因材施教,多所造就。”

三月,乾隆帝巡山东登泰山,谒孔庙、孔林。

八月,以八旬万寿御太和殿受群臣及使节朝贺,礼毕,至宁寿宫、乾清宫赐宴。

十一月,内阁学士尹壮图奏陈吏治腐败,遭乾隆帝斥责,尹被迫往外省山西调查库亏,受到多方掣肘,未能查出亏空,反被治以挟诈妄议罪。

是年,四大徽班进京。

乾隆五十六年辛亥(1791)　十九岁

八月,皇孙绵宁(即后来的道光帝)随围,引弓获鹿,乾隆帝大喜,赐其黄马褂、花翎。廓尔喀索岁币不得,进攻后藏,清廷派兵反击。

乾隆五十七年壬子(1792)　二十岁

闰四月,张锦芳卒。

按,张锦芳(1747—1792),字粲夫,又字花田,号药房,广东顺德人。乾隆三十三年(1768)被选为优贡,就读于京师国子监,得到当朝名流纪晓岚、钱大昕、翁方纲的赏识。四十五年(1780),中广东乡试解元,五十四年(1789)成进士,选庶吉士,授翰林院编修。在京三年,因病辞官回乡疗养。张锦芳出身书香门第,自幼聪明敏悟、博学多才,青年时代即以诗书画俱佳闻名。与同县吴亦常、钦州冯敏昌合称诗界"岭南三子",后与同县黎简、黄丹书与番禺吕坚并称"岭南四家"。张锦芳诗成就很大,深受名流器重,凌扬藻《国朝岭海诗钞》中说:"京中人罔不知有药房(张锦芳)者。钦其品,重其学,不第以诗也。"翁方纲称其"才力富健,气韵深醇"。擅画山水花卉兰竹,尤以梅花最有名。书法亦负时誉,喜爱金石碑帖,洞悉书学源流。楷、草学钟繇、王羲之,小字近王宠,隶宗《礼器碑》、《史晨碑》、《乙瑛碑》,苍劲严谨,行学赵孟𫖯。著有《逃虚阁诗钞》六卷、《南雪轩文钞》二卷、《南雪轩诗余》一卷等。生平事迹见邵晋涵《翰林院编修张君行状》、《清史稿》卷四八五、《清史列传》卷七二、《国朝先正事略》卷四四、《国朝书画家笔录》卷二、《国朝书人辑略》卷六等。张岳崧集中有诗《题家药房前辈画册》。

十月,击退廓尔喀入侵,颁布《钦定西藏章程》。乾隆帝撰《十全武功记》。

乾隆五十八年癸丑(1793)　二十一岁

四月,宣谕设金奔巴瓶于前藏大昭寺及京师雍和宫,公同掣报出灵童,以除王公子弟私作灵童陋习。

七月，曾燠在扬州九峰园作秋禊之会，岳崧好友吴嵩梁等人参预其中，诗酒唱和，作图纪盛，较之西昆酬倡有过之而不及。

乾隆五十九年甲寅(1794)　二十二岁

岳崧试为廪生。

张钟彦《澥山公行述》："年二十二，试高等，食廪饩。"

按，据商衍鎏《清代科举考试述录及有关著作》所载，清代廪生有定额，以府、州、县大小为多寡之差，大约府四十名，直隶州三十名，县二十名，亦有多至六十名少至一二名者。岁发廪饩银四两，在本府、州、县儒学署领，故曰廪保，亦曰廪膳生。

岳崧习经研史，博闻强记，触类旁通，有山居读书之志。以家贫亲老，就广州省试，不畏海阻路远之苦。赴郡应试前，五兄玉峰多加勉励。

张钟彦《澥山公行述》："府君幼无专师，然颖悟过人，时人未尝见其勤于诵习，而博闻强识，触类旁通。先大父钟爱府君，以素羸善病弗忍督也。至是，府君益发愤，偕玉峰从伯下帷攻苦，栉沐欲废，夜恒漏数下不辍。……时功令习专经，府君兼通诸经，自《左》、《国》而下，历《史》、《汉》百家，贯串靡遗。尝有山居读书三十年之志，既以家贫亲老，勉就省试。琼郡阻海，去羊城水陆凡二千里。中途霖潦，舆夫或逃亡，步泥淖中，且仆且行，比暮至逆旅，则衣裾浸淋被体。同行者不能堪，而府君意气自若，不少挫也。"

张岳崧《玉峰五兄寿序》："先是乾隆甲寅，某年廿有二矣，赴试在郡。兄召某语曰：'吾与若归读书，若资质好，文及字皆可学，毋自弃。'"

八月，以御宇周甲，普免各省漕粮。

乾隆六十年乙卯(1795)　二十三岁

父基伟为先祖妣李孺人、先妣周孺人、先叔妣林孺人及二叔、

八叔卜地营葬。

张岳崧《厚斋府君行述》:“乙卯葬先祖妣李孺人,而祔以先妣周孺人、先叔妣林孺人。又二叔、八叔皆早世,俱府君躬为卜地。”

张岳崧《阅先君制后追念伤怀怆然有述四首》其三“劳心每为眠牛兆”句下注云:“先君自卜地葬先大母及先母、先叔,数十年间劳瘁过甚。”

正月,贵州苗民石柳邓等起义。

九月,御勤政殿,召皇子、皇孙、王大臣等,宣示立皇十五子颙琰为太子,明年为嗣皇帝元年。

十月,颁嘉庆元年时宪书,普免明年地丁钱粮。

十一月,命皇太子颙琰居毓庆宫。

十二月,谕:“朕于明年归政后,凡有缮奏事件,俱书太上皇。”以传位皇太子祭告天、地、太庙、社稷。

嘉庆元年丙辰(1796)　二十四岁

正月,行授受大典。嗣皇帝颙琰侍太上皇行礼于堂子、奉先殿、寿皇殿。太上皇御太和殿,授玺,颙琰即皇帝位,太上皇训政。于宁寿宫举行千叟宴。湖北爆发白莲教起义。

六月,冯敏昌丁忧回籍,明年五月始抵家,自是不复出。

本年,吴嵩梁主讲兴鲁书院。

嘉庆二年丁巳(1797)　二十五岁

正月,贵州苗民再次起义。

七月初三日,毕沅卒,年六十八。

八月,张惠言、张琦兄弟选定《词选》二卷。

十一月十七日,袁枚卒,年八十二。

本年,张维屏入县学第一名。

嘉庆三年戊午(1798)　二十六岁

二月，帝释奠文庙，临雍讲学。

四月，吴鼒编成《国朝八家四六文钞》八卷并作序，八家是袁枚、吴锡麒、洪亮吉、孔广森、邵齐焘、曾燠、孙星衍、刘星炜。

嘉庆四年己未(1799)　二十七岁

正月，太上皇薨。嘉庆帝亲政。大学士和珅及尚书福长安皆获罪下狱。和珅赐死于狱，福长安论斩。追赠纠劾和珅家臣刘全之御史曹锡宝。晋仪郡王永璇为仪亲王，贝勒永璘为庆郡王，绵亿为履郡王，奕纶、奕绅在尚书房读书。谕“中外陈奏直达朕前，不许副封关会军机处”。召乾隆晚年因抨击、揭露腐败而获罪的尹壮图来京候旨擢用。

二月，以“六卿分职各有专司，原无总理之名，勿启专权之渐”为由，罢皇八兄仪亲王永璇管吏部事。此月，冯敏昌主讲广东肇庆端溪书院。

三月，籍没和珅花园府邸，花园赐皇十一兄永瑆，府邸赐皇十七弟永璘。

四月，上大行太上皇谥号为“纯”，庙号高宗。遵秘密建储家法，亲书皇太子绵宁名藏之秘匣。

八月，翰林院编修洪亮吉上疏极言吏治腐败，得罪，远戍伊犁，钦命途中不得作诗。二十七日起程离京，张惠言等送行，次年二月初十日抵伊犁戍所，闰四月赦免。

九月，葬高宗纯皇帝乾隆于东陵之裕陵。以永瑆工于书法，命其书裕陵圣德神功碑。

十月，成亲王永瑆免值军机处。

十一月初七日，黎简卒。

嘉庆五年庚申(1800)　二十八岁

本年,张维屏撰《松心日录》,梁章钜辑《东南峤外书画录》。

嘉庆六年辛酉(1801)　二十九岁

正月,冯敏昌由肇庆端溪书院赴广州粤秀书院任讲席。

五月前,岳崧举优贡,万文恪学政重其品学,因家贫而未赴京朝考。

张钟彦《澥山公行述》载:“嘉庆辛酉科举优贡,督学万文恪以品学重府君,而府君竟以贫未能赴朝考。”

唐鉴《张君墓志铭》所言:“十六补弟子员,举优贡。”

按,优贡即贡生的一种。贡生相当于举人副榜。据商衍鎏《清代科举考试述录及有关著作》所载,清廷挑选府、州、县生员(秀才)中成绩或资格优异者,升入京师的国子监读书,称为贡生。五贡有岁贡、恩贡、拔贡、优贡和副贡。优贡、拔贡皆为本省学政所选取以贡成均者,即科举制度中由地方贡入国子监的生员之一种。依清制,每三年由各省学政从儒学生员中考选一次,每省不过数名,亦无录用条例。优贡考取后可向本省学政领文,五月前至京师礼部报名,参加六月礼部在保和殿的朝考。

又按,万文恪即万承风(1752—1813),字和圃、卜东,江西义宁(今江西修水)人。乾隆四十六年(1781)三甲第一名进士,选庶吉士,散馆,授检讨。直尚书房,侍读后来的嘉庆帝,尝因旷课,部议革职,得旨改为留任。六十年(1795),典试云南。时嘉庆帝在潜邸,赐诗宠行。累迁翰林院侍读。嘉庆三年(1798),大考四等,上以其文理尚属清顺,只系誊写题目次序违式,从宽降为检讨。四年(1799),督广东学政。累迁侍讲学士,任满还京,直上书房,提拔为詹事。后督山东学政,荐举提拔为礼部侍郎，上命还京。十二年(1807)，督学江苏，任内因清江浦、荷花塘工程取势太直，屡筑屡圮，奏请恢复原状，并得到许可。之后调兵部任职。十三年(1808)五月，主持刊刻《黄律卮言》，并为其作序。十四年(1809)，嘉庆帝五旬万寿，万承风请求解任还京祝寿，遭降诏严斥，左迁内阁学士。调任安徽学政，期间调解定远士子与凤阳胥役争议。擢兵部侍郎，还京，仍直尚书房，充经筵讲官。十七年(1812)，引病归乡，不久卒，入祀乡贤祠。学识渊博，藏书丰富，度藏近六千册，书斋名为"古瓦山房"。著有《赓飏集》、《思不辱斋诗文集》等。诗歌推崇黄庭坚，曾为《山谷刀笔》作序。为道光帝师达二十余年，道光即位后，怀念旧师，追赠其礼部尚书衔，谥文恪。道光十二年(1832)，晋赠太傅，并加恩任用其子万楙。生平事迹见《国朝耆献类征初编》卷一〇四、《清史列传》卷二八、《清史稿》卷三五四、《国史列传》卷七六等。万承风仕途坎坷，然能整饬士习，扶持善类。张岳崧有文《万文恪师藏诸公手札跋》。

岳崧求学广州粤秀书院，师从冯敏昌。六月廿九立秋日，师生集登广州镇海楼，赋诗《立秋日登镇海楼》，冯敏昌惊而称之。

张岳崧《冯鱼山师小罗浮草堂诗序》："岁辛酉，岳崧从鱼山师读书粤秀书院中……一日，岳崧偶赋《登镇海楼诗》。师可之，其获闻绪论自兹始。"

张钟彦《澥山公行述》载："肄业粤秀书院时，冯鱼山先生敏昌负重名为书院主讲。先生于人才少所许可，府君始至，未之奇也。会以九日登镇海楼，令诸生赋诗，览府君作，惊曰：'海外自苏文忠游后，未闻有诗人嗣响，于此其有望乎？'与谭论竟日，遂大称许。"

梁廷枏《粤秀书院志》卷一六《张岳崧传》："嘉庆七年辛酉举优贡，送院肄业。院长冯鱼山先生始犹众遇之，及见《九日登镇海楼诗》而后，惊异，加礼爱。"

按，梁《传》盖误记辛酉为七年。《筠心堂集》此诗题为《立秋日登镇海楼》，而非重阳节九月初九日。盖《行述》、《院志》误载。冯敏昌(1747—1806)，字伯求，一字伯子，号鱼山，人称鱼山先生，广东钦州（今广西钦州）人。乾隆四十三年（1778）进士，改翰林院庶吉士，散馆，授编修，大考改官主事，补刑部河南司主事。生平遍游五岳，足迹半天下。工诗，由昌黎、山谷上宗李、杜，力追正始，所师尊者朱筠、钱载，所交善者戴震、洪亮吉、谢启昆等。与翁方纲兼为师友，大受其称许，赞之为“南海明珠”，俨然为岭南诗坛一大宗。与张锦芳、吴亦常齐名，称“岭南三子”。擅书法，专宗二王，尤得力于大令（王献之）。画亦高品。嗜金石，与孙星衍、邢澍订正《寰宇访碑录》。著有《小罗浮草堂诗集》四十卷、《河阳金石录》、《师友渊源集》等。自乾隆五十三年（1788）始，先后主讲河阳（两年）、端溪（两年）、粤秀（三年）、越华（一年）诸书院达八年之久，尝作《学规十六条》。嘉庆六年（1801）主粤秀书院，力除积弊，“是科中式倍于常年”。编有《孟县志》、《韩诗选》，著有《小罗浮草堂诗集》。生平事迹见其子冯士镳《冯鱼山年谱》（《小罗浮草堂文集》本附）、翁方纲《皇清诰授奉政大夫刑部主事鱼山冯君墓表》、谢兰生《冯敏昌传》、吴兰修《户部主事冯公敏昌传》、张维屏《国朝诗人征略初编》卷四五、《清史列传》卷七二、《清史稿》卷四八五、《国朝先正事略》卷四四、《国朝诗人征略初编》卷四五、《湖海诗人小传》卷三六、《昭代名人尺牍小传》卷二四、《清儒学案小传》卷九、《瓯钵罗室书画过目考》卷三、《清画家诗史》（甲下）、《清代画史增编》卷一、《岭南画征录》卷二、《国朝书画家笔录》卷二、《国朝书人辑略》卷六等。梁廷枏《粤秀书院志》卷一五《冯敏昌传》：“所为诗，开阖动荡，讨源昌黎，穿穴李杜、山谷，卓然成家。性喜金石文字。通籍后，请假遍游五岳。兴既勃发，足力尤济胜。所至皆能跻其颠顶，既而探禹穴入匡庐，登王屋，西至龙门、砥柱、壶口、雷首、中条阳，北出塞垣，足迹几遍天下。每过名胜，辄濡毫留题其上，读古碑，摩挲竟日，必刻姓氏于碑阴，论者惊为明徐霞客后一人。”赵所生、薛正兴主编《中国历代书院志》第 3 册，江苏教育出版社 1995 年版，第 223 页。今有杨年丰《小罗浮草堂诗钞校注》（广西大学2006年硕士学位论文)，其前言，可详参之。岳崧在诗文、书画、教育、为政诸方面受冯敏昌影响颇深。

岳崧与郑乃宪相识于广州粤秀书院，订为莫逆之交。

张岳崧《王惺斋传》曰："嘉庆辛酉，余识郑柏山乃宪于羊城，订莫逆交。"

按，郑乃宪，生卒年不详，字柏山，琼州文昌(今海南文昌)人。道光二年(1822)科举人。为岳崧在粤秀书院时的同窗挚友。郑乃宪屡踬礼闱，晚年曾协助岳崧纂修《琼州府志》，主讲琼台书院五年。有《柏山集》四卷存世(道光二十七年〔1847〕刻本)。生平事迹见《广东通志未成稿》本传。

嘉庆七年壬戌(1802)　三十岁

正月，冯敏昌以母逝辞去广州粤秀书院讲席。

六月初三日，张惠言卒。

十二月，川、楚白莲教起义大部分已被镇压。

嘉庆八年癸亥(1803)　三十一岁

闰二月，帝由圆明园还宫，入贞顺门，陈德行刺不成，被俘。与其二子伏诛。严申宫门之禁。

嘉庆九年甲子(1804)　三十二岁

四月，冯敏昌应广东越华书院之邀任讲席。

五月，清廷彻底镇压白莲教起义余部，此战事迁延九年，耗军费白银二亿两。

六月，蔡牵于海上起义。

秋，岳崧得中广东乡试举人，座主陈嵩庆、陈寿祺，士林咸称得人。随后公车北上，父劝励之，冯敏昌师亦设祖饯行，督勉不已。

同年中举者尚有张维屏。

唐鉴《张君墓志铭》:“嘉庆甲子科,中式举人。”

张钟彦《澥山公行述》:“甲子科,中式本省举人。座主浙江陈荔峰先生、福州陈恭甫先生。揭晓,士林称得人。”

梁廷枏《粤秀书院志》卷一六《张岳崧传》:“甲子举乡书。”

张岳崧《厚斋府君行述》:“不孝岳崧以甲子举于乡,时府君年七十有三矣。当计偕北上,谕之曰:‘吾年虽暮而精力尚健,汝勉之绩学励志,毋予耄是念。’岳崧泣受命。”

张岳崧《冯鱼山师小罗浮草堂诗序》:“甲子秋,岳崧幸乡荐公车北上。师殷勤祖饯。酒数行,则悲歌慷慨语岳崧曰:‘行矣,勉之。’”

陈寿祺《绛跗草堂诗集》卷五《甲子五月奉命主试广东,和陈荔峰学士韵二首嵩庆》其一:“玉室丹台冠上仙,声华意气动人天。弟兄江左联群□[1],词赋黄初压仲宣。旌节喜陪同馆列,雨风长忆对床缘。南游记取韩苏笔,烟月收归七百年。”其二:“岭南曾访五羊仙,又泛星查八月天。万里罗浮离合幻,重来陆贾简书宣。儒生报国存微分,海峤看花感宿缘。莫笔虚名误惊座,江山相识已三年。”《续修四库全书》集部第1496册,第544页。

按,陈嵩庆(?—1836),初名复亨,字荔峰,又字声谷、复庵,浙江钱塘(今浙江杭州)人。陈兆仑族子,文述族兄。嘉庆六年(1801)进士,改庶吉士,散馆,授编修。八年(1803)除翰林院侍讲学士,次年五月十三日,授广东乡试正考官。十一年(1806)正月,任顺天学政,次年改广东学政,十三年(1808)十一月,授福建乡试正考官,十八年(1813)八月,转山西学政,二十年(1815)迁内阁学士。道光三年(1823)为殿试读卷官,十一年(1831)迁礼部右侍郎,十五年(1835)转户部右侍郎、吏部左侍郎。能诗,法式善《梧门诗话》称其诗“有幽冷之趣”,“极清峭”。与翁方纲、林则徐交善,诗酬往来。著有《困学纪闻集

---

① 笔者按,原稿此字漶漫难识。

证》，堪为王氏功臣。与阮元同为《钦定全唐文》总阅官。工书法，擅八法，尤工小行书，名噪海内。为张岳崧撰联“花锦文章开四面，人才科第占三头”，横批“海南第一家”。生平事迹见《清国史馆传稿》本传（台北“故宫博物院”藏）、《词林辑略》卷五、《瓯钵罗室书画过目考》卷四、《皇清书史》卷八、《杭郡诗三辑》等。

又按，陈寿祺（1771—1834），字恭甫，一字苇仁，号左海，又号苇行、介祥、梅修等，雅慕武夷山水、紫阳精舍，作《隐屏山人传》，且以自号，福州闽县（今福建闽侯）人。家住黄巷，与梁章钜家毗邻。陈家世代业农，从祖父陈起龙起，弃农读书。父陈鹤书，岁贡生，以经学教授生徒。寿祺五岁发蒙，“不饮，不弈，樗蒲不入座，惟手不释卷”。六岁从名师周立岩，年十五补县学生员，师从大儒孟超然。孟以国士待之，并预言：“十年后，福建有通儒起，陈生是也。”年十八，上福康安百韵诗并序，沉博绝丽，时称才子。乾隆五十四年（1789）得中举人。嘉庆四年（1799），进京应进士试，最初试卷被分房考官所遏，幸座师阮元向主考大学士朱珪极力推荐，才被录取。进士及第后，选翰林院庶吉士，散馆，授编修。在京时，与武进张惠言、高邮王引之以治经学齐名。不久，告假回闽省亲，途经杭州，座师阮元正任浙江巡抚，留他主讲杭州敷文书院，兼教诂经精舍生徒。阮元组织人编纂群经古义为《经郛》数万卷，其义例皆请寿祺拟定。寿祺还自撰《五经异义疏证》，为当时经学名著。嘉庆八年（1803），还京销假。翌年五月十三日，任广东乡试副考官。十二年（1807）为河南乡试副考官，曾亲阅二、三场所有落卷。十四年（1809）任会试同考官，京察一等，记名御史。十五年（1810）父亲病逝，归乡守孝并奉养老母，从此决定不再出仕，此时仅四十岁。十七年（1812），福建巡抚张师诚入朝，皇帝命将御制《全史诗》带回交学者编定，张师诚请陈寿祺主持，寿祺如期完成，编定中颇有独到见解。守孝期满，陈寿祺到泉州主讲清源书院，历十年，以经学教授诸生。当时，清源书院常成为过境官员的旅舍,影响学子学业,陈寿祺致函督、抚请禁,此风遂绝。道光二年(1822),归乡守母孝。期满,主讲福州鳌峰书院达十年。期间首重考核学生品行,其次才是考核课文。并订立规章,整肃课程,厉行儒家的传统思想教育,并作《义利辨》、《知耻说》、《科举论》三文传示诸生。十年中造就不少人才,其中著名者有诗人张际亮、史学家王捷南、理学家梁文等。陈寿祺关心修志工作,主持编纂《广东通志》、《福建通志》。《福建通志》自乾隆三十三年(1768)修成续志以后六十多年未曾修纂,地方文献散失甚多,而康熙志和乾隆正、续两志又存在一些错误。陈寿祺建议地方当局把修缮贡院的余款二万余缗作为修纂新志的费用,为当局接纳并聘其任总纂。道光九年(1829),通志馆开局,陈寿祺创立义例,并自撰《形势》、《山川》二门和《儒林》、《文苑》后传。编撰新志三年中,陈寿祺患病日渐沉重,仍抱病修订稿本。十四年(1834),《福建通志》即将完成之时,陈寿祺已耗尽心力,于是年二月二十日病逝于福州黄巷家中。陈寿祺去世后,该志稿因纠纷,推迟至同治年间才出版,且卷数有所减少,但仍多有超轶前志之处,甚为后世所推许。陈寿祺以经学名。福建经学自清初的李光地、官献瑶以来,多崇尚宋明理学,空谈心性。陈寿祺初从孟超然学习,颇受宋儒影响,后来师事阮元,又结交钱大昕、段玉裁、王念孙、程瑶田等朴学大师,便专学汉儒治经,改以汉学解释经义,开闽中朴学之端。生平精于今文经,而于义理、名物又能融会贯通,成为有清一代经学名家。主要经学著作有《五经异议疏证》三卷、《尚书大传定本》三卷、《左海经辨》二卷、《洪范五行传辑本》三卷、《欧阳夏侯经说考》一卷、《三家诗遗说考》三卷、《礼记郑读考》六卷、《说文经字考》一卷,多收录于《皇清经解》。寿祺诗文亦有声名。年十八时,作《海外纪事诗》八首,述林爽文之役,见者叹为"(杜甫)《诸将》嗣音"。林昌彝《射鹰楼诗话》称其"《绛跗草堂诗》驰骋才华,驱役典籍,音调迫近盛唐而不必依傍摹拟,独能拔出林派之外。《咏史》

诸篇源出记室，则又吐纳六朝。才人能事，盖无所不有者也”。陈衍《石遗室诗话》云：“先生为阮仪征高弟子，文藻博丽，有六朝、三唐风格，与同年张惠言、吴鼒、鲍桂星、王引之齐名。……左海学人之诗。”有《左海文集》十卷、《左海骈体文》二卷、《绛跗草堂诗集》六卷，汇编为《左海全集》行世。子陈乔枞，亦以经学名家。生平事迹见《清史稿》卷四八二《儒林传三》、《清史列传》卷六九《儒林传下二》、高澍然《奉政大夫翰林院编修记名御史陈先生寿祺行状》、阮元《隐屏山人陈编修传》、蔡冠洛《清代七百名人传》、《清诗纪事·嘉庆朝卷》、吴守礼《陈恭甫先生年谱附著述考》等。陈寿祺乃张岳崧之座师，平生行迹对岳崧影响甚大。张岳崧有《陈恭甫师六十寿序》及往来书札多封。

又按，清人陈康祺《郎潜纪闻三笔》卷四“陈左海之学行”条载有陈寿祺对张岳崧学行之教导，其云：“国朝闽大儒，其通经泽古，躬行粹然，必以嘉庆间左海陈先生寿祺为巨擘矣。先生幼而能文，博奥惊其长者。年十七，遗书同县萨君玉衡，自咎不能高行邃学，担荷世宙，如宋广平、范希文；雄节伟略，建树奇勋，如终孺子、班仲升；焠掌苦学，目不窥门，如董广川、何邵公。然自守澹静，力绝征逐，非同志一人弗妄交，而其胸中时有浩浩落落、慷慨郁勃不可告人之意。盖其年少自状如此。既官编修，方直渊雅，重于朝列，以不得迎养二亲，常愀然不乐。父丧奔归，终身以为大戚，服阕，遂乞养母，教授生徒，以供朝夕。谓其门人张岳崧曰：‘吾惟不屑不洁，不以不廉之财奉甘旨，不以不义之行欺晨昏，差告无罪尔。’母没不复出。呜呼！志行若先生，即无训诂文笔之长，何尝非人伦坊表耶？”

本年，曾燠所著《赏雨茅屋诗集》、所辑《江西诗征》刊行于扬州。

嘉庆十年乙丑(1805) 三十三岁

正月,冯敏昌复受聘于广州粤秀书院。

春,岳崧在京师,会试落第,留寓都门,坐馆聂氏,肆力于《十三经注疏》。

张岳崧《厚斋府君行述》:“乙丑、戊辰再试春官,皆报罢。念场屋屡踬,亲老家寒,惶惧谋归。府君志益坚,邮书止行。府君尝以形家言,谓吾家宜有发甲者。”

张钟彦《澥山公行述》载:“明年礼闱报罢,府君念京师去乡万里,而先大父年逾七旬,亟图归养。先大父邮书谆属云:‘余神明矍铄,有汝兄侍养,若宜勉图进取,以竟吾志。’府君乃留寓都门,虽窘甚,不妄受人一介。馆于聂氏,节脩脯所入,以岁时寄供菽水资。聂故多藏书,府君课学之余,益肆力于古,而《十三经注疏》尤覃精细绎,功力最深。座主陈恭甫先生以经学文章为儒者宗,恒以经世传世相期许。”

正月,诏内务府大臣严行约束太监,稽其出入。

四月,查禁西洋人刻书传教。

五月,诏内务府大臣管理西洋堂,未能严加稽查,任令传教,下部议处,其经卷检查销毁,习教佟兰等获罪。

本年,梁章钜在礼部仪制司任上。

嘉庆十一年丙寅(1806) 三十四岁

二月十一日,冯敏昌师因病而卒,享年六十。

翁方纲《复初斋文集》卷一四《皇清诰授奉政大夫刑部主事鱼山冯君墓表》:“生于乾隆十二年八月十一日,卒于嘉庆十一年二月十一日,年六十。”

谢兰生《冯敏昌传》“忽病烦热,浃旬而逝,得年六十。”(《碑传集三编》卷三七)

六月，蒋攸铦奉诏入觐，粤地文士作诗相送。

张岳崧《送蒋砺堂制军入觐诗序》："嘉庆旃蒙赤奋若，两粤制府蒋公奉诏入觐，粤人士相率为诗以荣公行。"

按，据《清史列传》卷三四《蒋攸铦传》所载："（嘉庆）十年三月，特旨起复，发往广东差委，六月，署惠潮嘉道。"蒋攸铦编，蒋霨远注《绳枻斋年谱》："十年乙丑三月，特旨起复发往广东差遣委用。闰六月，奉命署理潮嘉道。十一年三月，服阕实授惠潮嘉道，旋奉旨擢江西按察使。六月入都陛见，蒙恩召对四次，八月抵任。"（《北京图书馆藏珍本年谱丛刊》，第130册）此前蒋氏丁母忧。此乃服阕后进京领命，剿抚广东。十一年（1806）六月方入都。"嘉庆旃蒙赤奋若"即嘉庆乙丑十年（1805），实为张序所误记。《蒋攸铦传》又载："（嘉庆十六年）九月，擢两广总督。十一月，入觐，赏戴花翎。"张岳崧此序作于嘉庆十六年（1811），详见"嘉庆十六年"条，故此序称蒋氏为"两粤制府"。蒋攸铦事迹详历参见"道光十年"条。

七月，曾燠所辑《国朝骈体正宗》十二卷付梓。

九月，直隶查出假雕印信，串通银号，虚收冒支大案。

是年，友盖健园翰林出任澄迈县令。健园，山西古沃人，进士及第，授翰林。

张岳崧《澄迈盖邑侯去思诗序》："公，晋之古沃人，家世推孝友。公赋质敦笃，以名进士官翰林，旋出宰澄迈……公丙寅莅澄。"

嘉庆十二年丁卯（1807） 三十五岁

本年岳崧作《文昌阁碑记》。

张岳崧《文昌阁碑记》："醵钱人百十，阅廿载，积子钱建阁。昌汉爽垲合度，落成嘉庆丁卯年……谨摭巅末，贞诸石以志无忘。"

嘉庆十三年戊辰(1808)　三十六岁

春,岳崧在京,会试落第。父劝其留京,来年再试,定能鼎甲。

张岳崧《厚斋府君行述》:“乙丑、戊辰再试春官,皆报罢。念场屋屡踬,亲老家寒,惶惧谋归。府君志益坚,邮书止行。府君尝以形家言,谓吾家宜有发甲者。”

张岳崧《阕先君制后追念伤怀怆然有述四首》其三“种德先期驷马门”句下自注云:“先君以形家言,预决某己巳登第,果验。”

二月,帝谒东陵,巡视天津长堤。命皇二子绵宁释奠孔子。

七月廿五日,同里国子监学正王时宇卒,岳崧为之作《国子学正王慎斋先生传》。

张岳崧《国子学正王慎斋先生传》:“先生讳时宇,字允修,别号慎斋。其先江南丹徒人。祖讳政豫,始居琼山。父讳必圣,庠生,能诗,载《琼郡志》。子三,其二夭,先生其长也。弱冠,补弟子员,食禀饩。举乾隆戊子优贡,受知于大兴翁潭溪先生。庚寅,中顺天府举人。与同里冯鱼山、陈观楼二先生为同年,友善。大挑二等,补饶平训导。旋以嫡母吴氏老乞养。比铨县令,复以生母韩氏耄辞。改授国子监学正,竟不出。……居郡城,主琼台书院讲席凡廿余年,自观察、郡守以下,无不知先生名者。……尝纂修《琼郡志》,著有《慎余堂制义》前后集、《莲花山房诗草》、《退庵小集》、《续邵子孝弟歌》,手校《白玉蟾集》、《苏长公海外集》、《稗海摘要》、《琼台诗话》诸书,详省郡艺文志。以嘉庆戊辰七月廿五日卒,寿七十有一。”

按,推之,王时宇生于乾隆三年(1738)。

九月,英国兵船进泊香山洋面,派兵据澳门炮台,以防御法国、保护贸易为借口。

六日,秦瀛集同人补作王士禛生日。

嘉庆十四年己巳(1809) 三十七岁

本年为嘉庆年寿辰，特开恩科。三月初六丙寅，授体仁阁大学士费淳、礼部尚书王懿修为会试正考官，户部右侍郎英和、内阁学士贵庆为副考官。四月二十日己酉，授文华殿大学士董诰、户部尚书协办大学士戴衢亨、吏部尚书邹炳泰、刑部尚书金光悌、工部尚书曹振镛、左都御史周兴岱、户部右侍郎刘镮之、礼部左侍郎桂芳为读卷官。二十一日庚戌，殿试。二十五日甲寅，钦点己巳科一甲洪莹、廖金城、张岳崧三人进士及第。座主费淳、王春圃、英煦斋、贵庆，房师蒋祥墀、朱士彦。殿试一甲第三名探花及第，授翰林院编修。海南士子位列一甲，惟岳崧一人。传胪唱名时，嘉庆皇帝特谕“何地无才”。

《清代职官年表·会试考官年表》“嘉庆十四年己巳恩科”条载云“录取洪莹、廖金城、张岳崧等二百四十一名”。

《清通鉴》：“(嘉庆十四年四月)甲寅二十五日，赐一甲洪莹、廖金城、张岳崧三人进士及第。”

张钟彦《澥山公行述》载：“嘉庆己巳恩科，府君成进士，座主大学士费筠圃先生、礼部尚书王春圃先生、户部侍郎英煦斋先生、内阁学士贵月山先生、房师天门蒋丹林先生、宝应朱咏斋先生。殿试以一甲第三名及第。胪唱时，仁庙色喜，有‘何地无才’之谕。授翰林院编修。琼僻海陬，而鼎甲自府君始。”

梁廷枏《粤秀书院志》卷一六《张岳崧传》：“己巳恩科进士，殿试以第三名及第。”

按，费淳(1739—1811)，字筠圃(一作“浦”)，浙江钱塘(今杭州)人。乾隆二十八年(1763)进士，三十二年(1767)授刑部主事，三十八年(1773)丁父忧，四十一年(1776)服阕补山西太原知府，旋调蒲州府，四十三年(1778)复调太原府，四十四年(1779)擢冀宁道，四十六年(1781)四月升山西按察使，四十七年(1782)升云南布政使，四十九年(1784)以母老奏请开缺归养，五十二年(1787)丁母忧，五十四年(1789)服阕补云南布政使，六十年(1795)四月升安徽巡抚，调江苏巡抚，有惠政。嘉庆八年(1803)，召授兵部尚书。明年，粮运过张秋无阻，降诏褒赉。调吏部尚书。十年(1805)四月，充殿试读卷官，六月，授协办大学士。十一年(1806)五月，充国史馆总裁官。十二年(1807)正月，拜体仁阁大学士，管理工部事务，后坐失察事降职，逾年复授工部尚书。十四年(1809)二月，因库银被窃，革职留任。三月，充己巳恩科会试正考官。复坐失察工部书吏冒领三库银，上诏切责，革削宫衔，降为侍郎，仍兼国子监事务，改充国史馆副总裁官。十五年(1810)正月，补兵部右侍郎，五月授工部尚书。卒，赐祭葬，谥文恪。生平事迹见《清史稿》卷三四九、《清史列传》卷二八、《国朝耆献类征初编》卷三三、《国史列传》卷六八等。

按，王懿修(1736—1816)，字勖嘉，号春圃，又号仲美，室名校经斋，安徽青阳人。乾隆三十一年(1766)进士，改庶吉士。三十四年(1769)散馆，授翰林院编修。三十六年(1771)正月入直上书房，六月充陕西乡试副考官。三十七年(1772)充会试同考官。三十九年(1774)京察一等，五月充广东乡试正考官，寻提督广西学政。四十四年(1779)，充顺天乡试同考官。四十五年(1780)京察一等，六月充江西乡试正考官，十一月升国子监司业。四十六年(1781)二月擢翰林院侍讲，三月转侍读，十二月迁侍讲学士。四十七年(1782)，充日讲起居注官。四十八年(1783)，充广东乡试正考官，旋提督湖北学政。四十九年(1784)转侍读学士。五十三年(1788)，迁詹事府少詹事。五十四年(1789)因病告假回籍。五十五年(1790)，丁父忧，寻丁母忧。五十七年(1792)服阕赴京候补，旋以旧病复发请假。嘉庆元年(1796)正月，举行千叟宴，懿修与焉，有御制诗刻、玉鸠杖、文绮之赐。七年(1802)二月，起授通政司副使，五月升光禄寺卿，八月擢内阁学士兼礼部侍郎。八年(1803)，擢礼部右侍郎，提督顺天学政，寻转左侍郎。十年

(1805)五月，擢左都御史，回京供职，闰六月擢礼部尚书。十二年(1807)十月，充尚书房总师傅。十三年(1808)四月，充殿试读卷官。十四年(1809)正月，万寿庆典，加太子少保，三月充会试正总裁官。十六年(1811)充殿试读卷官。懿修持躬端谨，制作雅正，甚得嘉庆眷遇。十八年(1813)，以老致仕。二十年(1815)二月，八十寿辰，嘉庆帝赐如意、文绮、笔墨等。病卒，帝派庆郡王永璘前往奠祭，谥文僖。著有《春日文集》、《吟余堂室全集》。生平事迹见《词林辑略》卷四、《国史列传(满汉大臣)》卷七〇、《清史稿》卷三五一、《国朝耆献类征初编》卷九八、《国朝先正事略》卷二〇等。

按，英和(1771—1840)，幼名石桐，字树琴，一字定圃，号煦斋，索绰络氏，满洲正白旗人，隶内务府。尚书德保子。少有俊才，和珅欲妻以女，德保不允。乾隆五十八年(1793)，成进士，选庶吉士，授编修，累迁侍读。嘉庆三年(1798)，大考二等，擢侍读学士。嘉庆嘉其拒婚之事，遂加以重用，累迁内阁学士。五年(1800)，授礼部侍郎，兼副都统。六年(1801)，充内务府大臣，调户部。七年(1802)，直南书房。扈跸木兰，射鹿以献，赐黄马褂。授翰林院掌院学士。九年(1804)，嘉庆帝幸翰林院，赐一品服，加太子少保，命在军机大臣上学习行走。十三年(1808)，命暂在军机大臣上行走，调户部、武英殿。进高宗圣训庙号有误，坐降调内阁学士。寻迁礼部侍郎。十八年(1813)，随扈热河，会林清逆党为变，命先回京署步军统领。擒林清于黄村西宋家庄，实授步军统领、工部尚书。滑县平，复太子少保。十九年(1814)，调吏部，复命暂在军机大臣上行走。二十五年(1820)，道光帝即位，命为军机大臣，调户部。道光方锐意求治，英和竭诚献替。面陈各省府、州、县养廉不敷办公，莫不取给陋规，请查明分别存革，示以限制。上采其言，下疆吏详议，而中外臣工多言其不可，诏停其议，遂罢直军机，专任部务。二年(1822)，以户部尚书协办大学士，兼翰林院掌院学士。四年(1824)，《仁宗实录》成，加太子太保。五年

(1825)，洪泽湖决，阻运道，河、漕交敝，诏筹海运，疆臣率拘牵成例，以为不可。英和奏陈海运、折漕二事为救时之计，越日复上疏，略谓："河、漕不能兼顾，惟有暂停河运以治河，雇募海船以利运。"因陈防弊处置之策甚悉。诏下各省妥议，仍多诿为未便，惟江苏巡抚陶澍力行之，拨苏、松、常、镇、太五属漕米以河船分次海运。六年(1826)八月，悉数抵天津，上大悦，诏嘉英和创议，予议叙，特赐紫缰以旌异之。七年(1827)，奏商人请于易州开采银矿，诏斥其冒昧。调理藩院，罢南书房、内务府大臣。未几，坐家人增租扰累，出为热河都统。八年(1828)，命勘南河工程。回疆平，复太子少保。授宁夏将军，以病请解职，允之。秋，解发黑龙江充当苦差，子孙并褫职。十一年(1831)，释回，复予子孙官。卒，赠三品卿衔，谥文成。英和通达政体，遇事有为，而数以罪黜。屡掌文衡，爱才好士。工诗文，善书法，幼时临《多宝塔》，少壮得赵孟頫之神，后列刘墉之门，晚年兼以欧、柳，自成一家。与成哲亲王、刘墉并名当世。兼长绘事，其妻萨克达氏亦善丹青。屡主试，尤风雅爱才。曾主持编纂《石渠宝笈》三编，著有《恩福堂诗钞》、《卜魁集》等多种。嘉庆十五年(1810)，刻《松雪斋帖》六卷、《英煦斋家刻刘文清公书》帖等传世。生平事迹见《清史稿》卷三六三、《续碑传集》卷二、《国朝耆献类征初编》卷三九、《清画家诗史》(戊上补)、《八旗画录后编》(中)、《皇清书史》卷一九、《恩福堂自订年谱》等。

按，贵庆(1774—1847)，富察氏，字云西、云白、梦萸、月山、月三，室有醉石龛、赐墨楼、知了义斋、镜心堂，满洲镶白旗人。父观成，官陕西西安副都统。嘉庆四年(1799)进士，改翰林院庶吉士。六年(1801)，散馆，授检讨，八月升侍讲。八年(1803)，大考三等，降为詹事府左赞善。九年(1804)，充日讲起居注官，京察一等，转侍读学士。十一年(1806)，转侍讲学士，命分校《高宗实录》。十二年(1807)五月升詹事，十月授内阁学士兼礼部侍郎。十三年(1808)，充文渊阁直阁事。十四年(1809)三月,充会试副考官,五月教习庶吉士,六月授正红旗汉军副都统。十五年(1810)二月,授盛京户部侍郎,九月补授大理寺卿。十六年(1811)十月,充武英殿试读卷官,十二月授盛京刑部侍郎。后曾革职发配黑龙江,二十五年(1820)九月恩召释回,赏给主事。道光二年(1822),充实录馆提调。四年(1824)六月,补通政司参议。五年(1825)五月,擢内阁学士兼礼部侍郎,九月授兵部右侍郎,十月调吏部右侍郎。六年(1826)三月,充会试知贡举。十年(1830)八月,充国史馆清文总校。十一年(1831)正月,调刑部左侍郎,九月调兵部左侍郎。后累官礼部尚书。今存《知了义斋诗钞》全一册,内含《闾山纪游诗》、《醉石龛即事诗》、《镜心堂七言律诗选》、《绮语旧作》。《镜心堂七言律诗选》较为出色,其余多平淡无奇。生平事迹见《国朝耆献类征初编》卷一一〇、《词林辑略》卷五、《皇清书史》卷五等。

按,蒋祥墀(1762—1840),字盈阶,号丹林,湖北天门人。乾隆五十五年(1790)进士,改庶吉士。五十八年(1793),散馆,授编修。嘉庆三年(1798),充浙江乡试副考官。四年(1799),丁父忧。九年(1804)二月,上幸翰林院,祥墀联句佳,赏服物,旋充日讲起居注官。十年(1805),充会试同考官。十一年(1806),升国子监司业。十三年(1808),司经局洗马。十四年(1809)二月,升右春坊右庶子,三月充会试同考官,四月转左庶子,八月升国子监祭酒。十七年(1812)七月,擢詹事府少詹事,九月迁奉天府府丞兼提督学政。十八年(1813)调顺天府府丞,寻升通政使副使。十九年(1814)七月升光禄寺卿。十月升宗人府府丞。二十年(1815)四月,擢都察院左副都御史。后失察,降级留任数年。二十四年(1819),复补光禄寺卿,旋丁母忧。道光元年(1821),服阕。四年(1824),补原官。八年(1828),迁太常寺卿。十一年(1831)七月,复授都察院左副都御史,十月失职降级调用。十三年(1833),补鸿胪寺卿。二十年(1840),卒。子立镛,官内阁学士兼礼部侍郎。祥墀工书能诗。今存其手书对联:“古帖藏犹定武本,名香得自海南人”,落款题“己亥至月,丹林弟蒋祥墀时年七十八”。今南京图书馆存有道光二十三年(1843)刻本《印心堂制义不分卷》(缺甲辰荐卷、丁未遗卷)。生平事迹见《国朝耆献类征初编》卷一〇七、《国朝书画家笔录》卷二、《散樗老人自记年谱》(一名《端临居士年谱》,有道光蒋氏家刻本、刘师培辑《历代名人年谱大成》本)。张岳崧有《梧斋琴韵图步蒋丹林师韵》、《蒋丹林师童子钓游图次韵奉题二首》及《上蒋丹林师书》等。

按,朱士彦(1771—1838),一名福恩,字修承,一字休承、郁文,号咏斋,江苏宝应人。名儒朱彬子,幼承家学。嘉庆七年(1802)探花及第,授翰林院编修,参纂《国史河渠志》。十年(1805)、十四年(1809)俱充会试同考官。九掌文衡,历任翰林院侍讲、礼部侍郎、兵部侍郎、工部尚书等,官至吏部尚书。为官四十年,辅轩所至,尤留心民政。在湖北任时,白莲教、天主教兴起,撰《辟邪教说》进奉,帝颇称道,命刊刻颁行,邪教稍息。道光十八年(1838)八月(《清史列传》称其九月)卒,谥文定,追赠太子太保。又谙习河事,道光四年(1824),因南河高堰坏,上疏治河工事,十一年(1831)七月,始督办江苏河工,因淮扬各官多系调署,于地方情形未能熟悉,请饬令江宁布政使林则徐、常镇通海道张岳崧总司江北赈务,至马棚湾一带,见灾民挑工糊口,其老弱妇女不能工作者,应请速查给赈,上允所请。生平事迹见《清史列传》卷三七本传、《续碑传集》卷一〇所载门人季芝昌《宝应文定朱公神道碑》、《清史稿》卷三七四等。张岳崧有《上朱咏斋侍郎师书》、《又题攀辕图》等。

五月初九日,选授岳崧翰林院编修。父来信,不许乞假归省。

《清代职官年表·会试考官年表》“嘉庆十四年己巳恩科”条,载:“五月初九戊辰日,选授庶吉士六十六名。”

张岳崧《阕先君制后追念伤怀怆然有述四首》其三“舐犊肯教违职守”句下自注云:“某官词馆时,先君年七十有八,犹邮书谕不许乞假。”

按，岳崧父基伟生于雍正十年(1732)，此年78岁。

张钟彦《澥山公行述》载："嘉庆己巳恩科，府君成进士……殿试以一甲第三名及第。……授翰林院编修。琼僻海陬，而鼎甲自府君始。"

按，明代英宗以后惯例：科举进士一甲者授予翰林修撰、编修。另外从二甲、三甲中，选择年轻而才华出众者入翰林院任庶吉士，称为"选馆"。清雍正以后庶吉士一般为期三年，期间由翰林内经验丰富者为教习，授以各种知识。三年后，在下次会试前进行考核，称"散馆"。成绩优异者留任翰林，授编修或检讨，正式成为翰林，称"留馆"。其他则被派往六部任主事、御史，亦有派到各地方任官。明代的翰林为政府储材之地。英宗后有惯例：非进士不入翰林，非翰林不入内阁。故此庶吉士号称"储相"，能成为庶吉士的都有机会平步青云。清朝汉人大臣中，亦多出于翰林庶吉士。

九月，蔡迁被福建水师提督王得禄围于定海渔山外洋，裂船自溺。

十二月，工部书吏冒领户部、内务府官银案发。

十二月初十日，冯敏昌师《小罗浮草堂诗钞》经岳崧等人编定并题跋刊行于世。

按，张岳崧有《冯鱼山师小罗浮草堂诗序》，其云："戊辰春，同门梁君炅携师所著《小罗浮草堂诗钞》入都，岳崧尽读之，间为校讹阙。刻既竣，爰粗陈梗概，并识前闻焉。"文末未署写作年月。今存《小罗浮草堂诗钞》嘉庆十四年(1809)刻本，据杨年丰《小罗浮草堂诗钞校注》附录一所载，此序题"嘉庆十四年腊月十日，受业安定张岳崧敬跋"(广西大学2006年硕士学位论文，第236页)，故系于此。张序前有宋湘序，称作于"嘉庆己巳岁长至后十日"。冯敏昌《小罗浮草堂诗钞》由梁炅辑集，存诗一千六百余首，嘉庆十三年(1808)春，梁炅携至京师，敬请冯敏昌之师翁方纲裁定，后由翁方纲、诗友秦瀛、同乡后学宋湘、执弟子礼的觉罗桂芳与张岳崧等人共同参编，选定近四百首诗，厘为四卷，秦瀛、桂芳作序，宋湘、张岳崧最终编订并题跋，由觉罗桂芳和周兆基出资印行。

本年，陈寿祺丁父忧归乡，自此不复出。

嘉庆十五年庚午(1810) 三十八岁

岳崧在翰林院编修任。

二月，诏以鸦片烟戕生，逼饬督抚断其来源。

六月，顾广圻谒请吴鼒主讲紫阳书院。

六月，两广总督百龄上奏，生擒积年巨寇，东海清平。嘉庆帝大为叹异，重赏百龄，加太子少保。张岳崧有《平海纪事诗上百菊溪宫保前辈》。

按，百龄于嘉庆十四年(1809)正月初七日由山东巡抚迁两广总督。此前，粤巨寇张保挟众数万，气势甚大，百姓苦之。百龄甫上任，剿抚并用，粤洋澄清。百龄(1738—1816)，本姓张，字子颐、菊溪，汉军正黄旗人。乾隆三十七年(1772)进士，选庶吉士，授编修。掌院阿桂颇为器重，称其为辅器。后督山西学政，改御史，历奉天、顺天府丞。百龄负才自守，不干进，邅回闲职十余年。嘉庆帝亲政后，始加拔擢。嘉庆五年(1800)，出为湖南按察使，调浙江，历贵州、云南布政使。八年(1803)，擢广西巡抚，加太子少保。十年(1805)，调广东。寻擢湖广总督。后授汀漳龙道。擢湖南按察使，调江苏，以病归。病痊，授鸿胪寺卿，历山东按察使，就擢巡抚。十四年(1809)，擢两广总督。十六年(1811)，再乞病，回京授刑部尚书，改左都御史，兼都统。未几，授两江总督。十八年(1813)，命协办大学士。十九年(1814)，因事坐贬。病卒于江宁，谥文敏。著有《守意龛诗集》、《橄榄轩尺牍》等。生平事迹见《清史稿》卷三四三、《清史列传》卷三二、《国朝耆献类征初编》卷三五、《国朝诗人征略初编》卷四三、《国朝先正事略》卷二一等。

七月初二甲寅日，光禄寺少卿张鹏展与翰林院编修李可琼典

试山东。

张岳崧《送李石泉前辈出守粤西序》:"同里石泉前辈李公……公之居翰林也,为史馆纂修,文渊阁校理,提调庶常馆兼办院事记名御史。庚午典试山东。"

按,据《清朝职官表》所载,嘉庆十五年七月初二甲寅日,光禄寺少卿张鹏展任山东乡试正考官,翰林院编修李可琼为副考官。

又按,李可琼(1765?—1846)字佩修,号石泉,广东南海(今佛山南海)人。嘉庆十年(1805)进士,选庶吉士。兄可端、弟可蕃,先后同中进士,入选翰林院,故有"同胞三翰"之称。散馆,授翰林院编修,历任史馆纂修、文渊阁校理,十五年(1810)任山东副考官。二十四年(1819)四月出任广西思恩府知府,该地多山瘴,土汉杂居,可琼到任后,修城垣,葺衙署,消瘴气,开典库以利商民。道光初年,升浙江宁绍台道,所辖三府,山海纵错,举凡收关税,查奸宄,造战舰,督海防等等,事务冗繁。可琼在任七年,察吏安民,恤商去蠹,百废尽举,并调台湾谷米来救济浙东灾民,存活无数。又革除当地棺不入土及溺女婴的陋俗,整顿育婴堂,全活孩幼甚多。道光八年(1828),兼署按察使,后升任山东盐运使,任内减供给,剔奸私,核课税。是年,因母死解职归丧,再不复出。生平事迹见《词林辑略》卷五等。

十二月初四日,秦瀛上疏以病乞归,得旨准予解任回籍。

张岳崧《送秦小岘司寇谢政归里序》:"嘉庆十有五年,小司寇秦公以疾乞解官。天子嘉乃夙勋,息公劳绩,优诏报可。"

按,秦瀛《小岘山人诗集》卷二〇《十二月四日请告,得旨准其回籍养疴,感恩述事敬成二律》:"频叨法从点朝班,衰病侵寻合退闲。一疏暂教归白社,九重未许乞青山。欲酬圣主终孤德,若对先人辄厚颜。端敏公勋德并著,以南大司马致仕。七十悬车嗟已老,凤城杨柳讵堪攀。鹄立宫门晓日开,微臣无地效涓埃。忽闻褒语传中禁,岂有声名重外台。上有"前在外任官声亦好”之谕。顽矿已难加拂拭，朽株尚欲予栽培。春风三月桃花水，满载君恩一舸回。”(《续修四库全书》集部第1464册，第726页)

《国朝耆献类征初编》卷一〇二《秦瀛传》：“(嘉庆)十五年正月，实授刑部右侍郎。十二月，因目疾解任回籍。”

《国朝耆献类征初编》卷一〇二陶澍《刑部侍郎秦小岘先生神道碑》：“嘉庆十五年，刑部侍郎秦公以目疾乞骸骨归，士大夫送者载道，咸望其再出。”

十二月十八日，岳崧与秦瀛、陆言、陈传经、卢文锦、秦为成等人集于尚友斋，十九日乃苏轼生辰，众人为之祭拜，并祀秦瀛先祖宋代大词人秦观。

张岳崧《坡公生日，秦小岘师招同陆给谏言、陈编修传经、秦州牧卢水部文锦，敬祀于尚友斋，步小岘师韵二首》诗自注曰：“小岘师已告休。……秦淮海(秦观)先生为小岘师祖，同日并祀。”

按，岳崧此诗当作于此年，秦瀛《小岘山人诗集》卷二〇《十二月十八日祀坡公于尚友斋，余自来京师，于是六祀坡公矣。同集者仁和陆给事言、海宁陈编修传经、安定张编修岳崧、新会卢水部文锦、涪江宗任为成》诗自注曰：“时余已在告。……是日仍并祀先淮海公。”(《续修四库全书》集部第1464册，第726页)

本年，曾燠擢任广东布政使，吴慈鹤《岑华居士兰鲸录》八卷刊行，梁章钜主南浦书院。

嘉庆十六年辛未(1811)　三十九岁

自上年十二月初四秦瀛上疏乞归回籍，京师名流士大夫屡邀游宴请，诗酒唱和。本年三月初三日，阮元集万柳堂，为秦瀛送别，翁方纲作长句，并题《城西草堂图》，秦瀛以诗酬答。十八日，秦瀛送驾后出京，都下士子作诗结集为之送行，岳崧与叶云素(继雯)、熊介兹(方受)、程春庐(同文)、唐受堂(业谦)等人集于卢东川的友

石山房为之饯行，并为其诗集作《送秦小岘司寇谢政归里序》。

按，秦瀛《小岘山人诗集》卷二〇《同人以余将归，祖饯殆无虚日，以诗留别，并寄桂舲中丞》（《续修四库全书》集部第1464册，第728页），卷二一《辛未正月三日阮芸台中丞以书约游万柳堂并录近诗见未依韵酬之》、《立春日芸台招集万柳堂得诗四首》、《同卢东川游白云观》、《三月三日芸台中丞招集万柳堂，即为余送别，时朱野云方补植杨柳，因用覃溪先生韵，得诗二首》、《三月六日江西临川李宗丞宗瀚、金溪谢编修阶树、南康谢编修学崇、湖南武陵赵给事慎畛、攸县陶编修澍、长沙贺编修长龄、善化唐仪部业谦、唐吉士鉴、宁化陶明府章沩、浙江瑞安林编修厚培、余同郡刘编修嗣绾，饯余于陶然亭，以诗留别》、《覃溪先生制长句为余题城西草堂图，即送余归里，以诗奉报，并志留别》、《三月十八日送驾后，出广渠门，赴通潞，登舟杂六咏六首》，末诗其三自注："是日，叶云素（继雯）、熊介兹（方受）、程春庐（同文）、唐受堂（业谦）、张翰山（岳崧）俱集卢东川友石山房送余，东川至泪下。"其六自注："东川约凌泊斋（鸣喈）、徐月岩送余至通潞，置酒邮亭，俟余张帆始别。"（《续修四库全书》集部第1465册，第1—4页）卢东川、徐月岩，生平不详，待考。

《送秦小岘司寇谢政归里序》："嘉庆十有五年，小司寇秦公以疾乞解官。天子嘉乃夙勋，息公劳绩，优诏报可。其明年，上方西巡有事于五台，敕公留送车驾，盖拳拳不忍公归。而公亦感激欷嘘，不能恝然去。一时礼遇之隆，忠爱之悃，上下交孚之美于斯见矣。……公之将行，都人士感为诗荣公归，谨就管见以序之云尔。"

三月，林则徐入京应试，与郭尚先、卢荫溥交，相与研究舆地象纬及经世有用之学，常朝夕长谈。

四月初十日，翰林院散馆，岳崧名列一等，告养乞假南旋。

《清代职官年表·会试考官年表》"嘉庆十四年己巳恩科"条，载："十六年四月初十丁巳日，散馆。"

张岳崧《厚斋府君行述》："辛未始克，请假南旋。"

张岳崧《阕先君制后追念伤怀怆然有述四首》其二:“已从失恃苦衔悲,廿载伤心念母慈。只喜灵椿增晚健,更欣棣鄂好扶持。八旬上寿桑榆暮,万里始归菽水迟。惭愧西邻田舍叟,牵衣常对牧牛儿。”首联末自注云:“某年十七,先慈见背,距今廿有二年。”

张钟彦《瀞山公行述》:“辛未散馆,名列一等。是岁告养南旋,时先大父年八旬矣。”

唐鉴《张君墓志铭》:“己巳中式进士,以一甲三名及第,散馆归养。严侍方八旬,得其欢心,极为荣乐。”

梁廷枏《粤秀书院志》卷一六《张岳崧传》:“己巳恩科进士,殿试以第三名及第,授编修,散馆列一等,以父年及耄告养归旋读礼。”

按,父基伟生于雍正十年(1732),此年恰八十寿辰。母乾隆五十四年(1789)卒,下推22年,即本年,与诗中“八旬”、“万里始归”亦相吻合。

四月二十一日,林则徐第三次参加会试,二十五日以二甲第四名中进士,授翰林院庶吉士。

按,《张岳崧诗文集》所附许荣颂《张岳崧和林则徐的友谊》称:“(张岳崧)嘉庆末年至道光初年,与林则徐同在翰林院任职,又先后任陕甘学政,四川正考官。”此说不甚了了,有待商补。据《清代职官年表·会试考官年表》“嘉庆十六年”条所载,此年五月初一日,选授庶吉士,时张岳崧已散馆。遍览林则徐众多年谱等相关资料,可知林则徐中进士后,并未立即进翰林院入馆学习,而是离京返闽省亲,在百龄幕府中短暂任职。入庶常馆向林春溥学习清文,乃在十八年五月初九日,至十九年四月初七日散馆。此其一。嘉庆十九年(1814)七月,林则徐派充国史馆协修。次年四月张岳崧丁母忧后,回京亦为国史馆协修官,直到二十三年(1818)充文颖馆纂修官。翰林院下属三馆,即庶常馆、起居注馆及国史馆。(可参邸永君《清代翰林院制度》,社会科学文献出版社2007年版,第63页;邹爱莲《清代的国史馆及其修史制度》,《史学集刊》2002

年第4期。)这一段时间林、张二人同在翰林院。此外,林则徐于二十一年(1816)典试江西,现存其日记中未见提及张岳崧处。由此可见,二人真正同在国史馆的时间并不长。二十四年(1819)八月,林则徐为云南乡试正考官,张岳崧此年四月已因《明鉴》一事去职。次年林则徐外放浙江杭嘉湖道,此后再未入翰林院任职。虽然张岳崧于道光元年(1821)召复原官即文颖馆纂修官,次年教习庶吉士,再入翰林;八年(1828)三入翰林院,擢升侍讲学士,充日讲起居注官。道光初年林、张二人根本没有机会同在翰林院供职,故许说实谬。此其二。许文称"又先后任陕甘学政,四川正考官",则大误。张岳崧为四川乡试正考官、陕甘学政在道光二年(1822),林则徐毕生只于嘉庆二十四年(1819)为云南乡试正考官,道光七年(1827)为陕西布政使兼署按察使,何来的"又先后任"同职?此其三。真正的先后任"同职"的,则是张岳崧于嘉庆二十二年(1817)、林则徐于嘉庆二十四年(1819)为会试同考官,且皆以翰林院编修身份临时抽任。

盖健园入京觐见,岳崧时在馆,谒之。

张岳崧《澄迈盖邑侯去思诗序》:"公(盖健园)辛未卓异入觐。某得以馆,后辈谒公京师。"

七月,禁西洋人潜居内地,并禁民习天主教。

八月十四日晚,朱东洲送张岳崧至河北涿郡,张稽山招宴,其二子送公出城,有诗纪之。

张岳崧有诗《辛未中秋前一夕,朱东洲送予至涿郡,家稽山茂才招饮其家,既终宴,二子乘月送予出城,黯然别去,对月长歌用志感怀》。

按,朱东洲、张稽山,不详其人,俟考。

九月,蒋攸铦擢升两广总督,十一月入觐京师,岳崧为粤地士民嘉庆十一年所作送行诗题序。

张岳崧《送蒋砺堂制军入觐诗序》:"嘉庆旃蒙赤奋若,两粤制府蒋公奉诏入觐,粤人士相率为诗以荣公行,且觊公遄归……辄拟其篇为序云尔。嘉庆十有六载辛未，粤海初翦鲸鲵，未集鸿雁，其地北闶梅关，西藩桂管，交闽东南，延袤襟带，岩谷莽互，汉港纠纷，獠黎之所啸聚，洋番之所殷错。吏或不若于治，氓或不驯于化。天子悯焉，乃命公移旌东浙，式是南邦。"

按，据《清史列传》卷三四《蒋攸铦传》载："（嘉庆十四年）八月，调浙江巡抚……十六年三月，命与两江总督勒保筹海运……九月，擢两广总督。十一月，入觐，赏戴花翎。"蒋攸铦编，蒋霨远注《绳枻斋年谱》："嘉庆十五年十二月，奉旨仍回浙江巡抚原任。十六年正月抵浙抚任，九月蒙恩擢两广总督。十一月入都展觐，蒙恩召见四次，赏戴花翎。"（《北京图书馆藏珍本年谱丛刊》，第130册）故推知张《序》似作于十一月前后。

秋，盖健园复任澄迈县令。冬，岳崧与之聚于广州，一同南行，途中相互砥砺，交谈甚欢。

张岳崧《澄迈盖邑侯去思诗序》："秋，公（盖健园）复任，某亦乞假归省。冬，复聚于羊城，随公南发，晨夕剧谭，然绩学敦品、政体舆情之余，无一语及私。"

十一月，陶澍、何凌汉、聂蓉峰、贺耦耕等同集于印心石屋，为陶澍三十四岁初度庆生，有诗唱和。

按，聂铣敏（1775—1828），字晋光，号蓉峰，湖南衡山人。聂焘孙。嘉庆十年（1805）进士，选庶吉士，授编修，改兵部主事，典贵州乡试，督四川学政，门生颇多。后迁绍兴府知府，有惠政，卒于官。平生著述甚富，有《寄岳云斋试体诗》、《蓉峰诗话》、《玉堂存稿》等。张岳崧集中有《尺五庄宴集次聂蓉峰前辈韵二首》。

本年，定安莫氏大宗祠堂落成，莫氏与张岳崧有姻亲之谊，故为之撰《莫氏大宗祠堂记》。

《莫氏大宗祠堂记》："定安之莫，甲族也。……韫山学博，予姻也，与哲兄观云太守鸠宗人新之，高敞中式，与始祖祠称。以嘉庆辛未岁落成，颜其堂曰：善。继凡妥灵，萃族讲礼，兴学之美皆赖焉。予闻而嘉之……乃为记之。"

本年，岳崧父基伟八十寿辰，友人宋湘为之作《厚斋翁八十寿序》，进士同年洪莹状元等五人合写《厚斋翁八十寿诗五首》，今存于《张氏族谱》。

嘉庆十七年壬申(1812)　四十岁

春，归家乡居。

张岳崧《厚斋府君行述》："壬申至舍。"

张岳崧《阕先君制后追念伤怀怆然有述四首》其一"十载飘蓬悔莫追"句下注云："某以甲子年北上，至壬申春始归，将居十年。"

本年，盖健园丁母忧而去官，海南澄迈士民念其为官政绩斐然，兴教育，化民风，剿盗匪，相送数十里，作诗结集以赠之。

张岳崧《澄迈盖邑侯去思诗序》："嘉庆壬申，澄迈宰盖健园前辈以太夫人忧去官，士民相率进诗歌，扳辕追送，络绎数十里。……为感公泽而慰公怀，讵非公之所嘉许者乎？众称善，乃编次诸诗为帙，弁以此叙，赠公行焉。"

为海南先贤邢宥文集作序。

张岳崧《邢湄邱先生遗集后跋》曰："嘉庆壬申年，某既序先生文。"

按，邢宥(1416—1481)，字克宽，号湄邱，海南文昌人。幼聪颖，五岁读《三字经》，日记数十言；十岁作《勉学诗》，初露治国齐家之志。十四岁补文昌弟子员，二十六岁乡试中举，正统十三年(1448)，登二甲进士第。邢宥一生为国为民，光明磊落，刚正不阿，在政治上有很大的作为，在学问上也有很深的造诣。喜读书撰述，对书法也有一定的研究。有《湄邱集》二卷(今存清道光二十一年〔1841〕重刻本)传世，对于海南文化的发展有极大的影响。与海瑞、张岳崧一道被誉为"海南三贤"。事迹见王丽洁《邢宥传》(海南出版社2008年版)。

回乡途中，路经雷州府，与雷琼镇中营千总、同乡张必宽相识。

张岳崧《昭武都尉张公墓志铭》："和亭与余交廿余年，齿相若，居同里，不同宗也。昔嘉庆壬申，余以编修假归始识君，时君官雷琼镇中营千总。”

按，张必宽(1771—1833)，字景制，号和亭，海南儋州人。貌魁岸，力过人，善骑射，嗜书史，以父命弃儒入伍。历任千总、守备、参将。卒于琼州镇右营都司任上。又按，海南岛原属雷琼镇总兵管辖，嘉庆十六年(1811)单独设立琼州镇总兵，并分设左、右二营。

冬，路经澄迈县龙寨村，为张氏宗祠题匾曰："孝友遗风"。

按，详见王景恩《探花张岳崧赞美澄迈翰墨考略》，文载中国海南澄迈政协信息网 http://chengmai. hainan. gov. cn/zhengxie/ReadNews. asp?NewsID=1372。

嘉庆十八年癸酉(1813)　四十一岁

正月元日，岳崧率子孙拜高堂。

张岳崧《厚斋府君行述》："癸酉元日，犹扶中堂，不孝等率二孙罗拜。"

正月二十日至廿二日，岳崧祭祖祠。

张岳崧《厚斋府君行述》："正月二十日，不孝岳崧祭于祖祠，越二日归。"

正月，父基伟病重，多方调治，事必亲躬。二十九日，父卒。岳崧哀恸灭性，葬之于文昌罗辰山大湾村，会葬者数千人。

张岳崧《厚斋府君行述》："府君……终嘉庆十八年正月二十九日丑时。"

张岳崧《阕先君制后追念伤怀怆然有述四首》其一"一年膝下竟终辞"句末自注云："先君于癸酉正月弃养，归侍甫及一载。"其四"自卜罗辰片壤存"句末自注云："山名。""山川回合大湾村"句末自注云："先君卜葬地。""千人会葬叨乡誉"句末自注云："先君归道山，会葬者数千人，哀荣向所未有。"

张钟彦《澥山公行述》："癸酉正月，先大父不豫，府君与世父皆精岐黄，百方诊治，侍药饵，躬扶掖，衣不解带者兼旬。及持丧，哀毁皆灭性。远近会葬者数千人。"

唐鉴《张君墓志铭》："阅二年，寝门不豫，扶持左右，昼夜哀吁者数十日。及丧，水浆不入口，几至灭性，远近称之。"

居家丁忧，受族人之托，始重修族谱。

张岳崧《张氏族谱序》："嘉庆癸酉，某奉先君制家居，族人来谂曰：'家谱阙修三十余载矣，唯荒略是惧。而旧谱系手录传写，易伪又难久也，盍续修俾付刊焉？'某韪之，爰同族人就旧谱，详加考订，疑者阙之，略者补之，冗者汰之，人事繁剧，阅三载始竣事。"

六月二十日，嘉庆帝谕修《明鉴》。《清仁宗实录》卷二七〇载云："朕敕几余暇，披览往籍，见宋范祖禹所著《唐鉴》一书，胪叙一代事迹，考镜得失，其议论颇有裨于治道。宋平五代之乱，近接有唐，其政教风俗历历可稽，故以唐为殷鉴。我朝绍膺大统，道揆治法，远数百王，至明有三百年，时代相承，其一朝政治，亦鉴观得失之林也。宜仿《唐鉴》体例，辑为《明鉴》一书，胪举大纲，搜采编次。其论断即令派出编纂诸臣，轮流纂拟，进呈后经朕裁定，勒为成书，刊刻颁行，用昭法戒。"戚人镜、张岳崧先后预其事。又据林则徐日记所载，此年科场策题史学一道，应拟问《唐鉴》及《明史》。

七月，申严贩运鸦片烟律，定食者并罪。

九月十五，天理教起义，其中首领林清联络宫中太监，分别从东、西华门冲入宫中，与官兵交战，全部被歼。嘉庆帝为此下"罪己诏"。皇二子绵宁于此次突变中表现英勇，以鸟枪击毙两名天理教徒，次日因功封为智亲王。

十二月，座师万承风卒。

是年，禁宗室觉罗子弟与汉人通婚。准驻防子弟从丙子(嘉庆二十一年，1816)科起，应各省文武乡试。

嘉庆十九年甲戌(1814)　四十二岁

此年岳崧在琼，主讲海南琼台书院。

张钟彦《澥山公行述》:“既而主讲郡之琼台书院。”

《张岳崧年谱简略》(《张岳崧诗文集》附录):“嘉庆十九年,四十二岁,被聘主讲琼台书院,后又受聘主讲肇庆之端溪书院。”

按,张岳崧主讲端溪书院事当在嘉庆二十年(1815),详见下条。

四月初七日,庶吉士散馆,林则徐以翰林院编修用。

此月初十日,爱新觉罗·桂芳师卒。

按,桂芳(1773—1814),爱新觉罗氏,字子佩,又字香东,号根仙,满洲镶蓝旗人,总督图思德孙,恒庆子。嘉庆四年(1799)进士,选庶吉士,六年(1801)散馆,授检讨,六月擢侍讲,七月充日讲起居注官。七年(1802)六月,转侍读,十二月承袭其祖陇锡军功所得云骑尉。九年(1804)京察一等,十月充顺天武乡试副考官,升右庶子。十年(1805)四月擢侍读学士,八月迁詹事。十一年(1806)正月升内阁学士,四月命在上书房行走,九月转礼部右侍郎,十二月补镶蓝旗蒙古副都统。十二年(1807)正月转左侍郎,充国史馆总校官,三月调正黄旗汉军副都统,五月署吏部右侍郎,八月充顺天乡试副考官,九月命教习庶吉士。十三年(1808)正月,调镶黄旗满洲副都统,充经筵讲官,三月嘉庆帝巡幸天津,桂芳进呈诗册工雅,赏纱二匹。十四年(1809)三月兼署户部右侍郎,六月调吏部右侍郎兼署户部左侍郎。十五年(1810)二月,授翰林院掌院学士,调户部右侍郎兼理钱法堂事务。六月充江南乡试正考官。十六年(1811)六月充国史馆副总裁,九月署吏部左侍郎。十七年(1812)五月,充武英殿总裁、文渊阁提举事,并管理新旧营房事务,七月署理畅春园事务。十八年(1813)正月兼管上驷院事务,九月林清率党阑入紫禁城,桂芳恰值内廷,偕诸王大臣带兵捕杀;十月军机大臣上学习行走。十九年(1814)二月,管理武英殿御书处事务,以赞画功赐桂芳子炳奎七品小京官。闰二月,命往广西查办事件,授漕运总督。四月,未至广西,于武昌途次病疫,暴卒。上以桂芳明慎直爽,方向用,至是优诏褒恤，叹为“良才难得”，赠太子少保，加尚书衔；复以曾授三阿哥读书，丧至京师，命三阿哥往奠，御制诗悼之，谥文敏。著有《经进稿》、《敬仪堂诗文稿》，才华丰赡，为时所称。又工书法，行楷颇流丽可喜。生平事迹见《清史稿》卷三五三、《国朝耆献类征初编》卷一一一、《词林辑略》卷五、《皇清书史》卷二八等。

七月，林则徐派充国史馆协修官。

八月，皇十一兄永瑆工书法，命自选所书刻石，赐名《诒晋斋帖》，并以手诏为序。

十二月，批准两广总督蒋攸铦“防闲策”严禁民人为洋人服役，洋行不得私盖夷式房屋以及清查商欠等各项具体规定。

嘉庆二十年乙亥(1815)　四十三岁

三月，两广总督蒋攸铦疏陈查禁鸦片烟章程，得旨：“洋船到澳门，按船查验，杜绝来源。官吏卖放及民人私贩者，分别治罪。”

四月，岳崧守丧期满，作诗《阕先君制后追念伤怀怆然有述四首》，追怀先父。

按，岳崧有诗题曰《阕先君制后追念伤怀怆然有述四首》，先父卒于嘉庆十八年(1813)正月，依清朝礼制丁忧一般为27个月，诗云“阕先君制后”，可推知四诗作于四月或此后。

《张氏族谱》纂成，值服丧期满，将入京候选，岳崧为族谱题序，并撰《家训十则》。

张岳崧《张氏族谱序》：“嘉庆癸酉，某奉先君制家居……爰同族人就旧谱，详加考订，疑者阙之，略者补之，冗者汰之，人事繁剧，阅三载始竣事。某阕服将入都，聚族人谨告焉。……族人佥曰：‘子言良，当因书之为序。’”

张岳崧《家训十则》：“嘉庆癸酉，辑修家谱既成，族人属补撰《家训》。……略举十事，原本五常，既用自箴，亦以共勉。”

按，《家训》共计十则，分官箴、民则、劝孝、劝慈、劝友、劝恭、夫道、妇职、择友、集益。

四月至入京前，岳崧受聘广东肇庆端溪书院，得育英才，一时为盛。

张钟彦《澥山公行述》："复受当事聘主讲肇庆之端溪书院，人才称盛焉。"

梁廷枏《粤秀书院志》卷一六《张岳崧传》："一主端溪书院。服阕，充国史馆协修官。"

《张岳崧年谱简略》(《张岳崧诗文集》附录)：嘉庆十九年，四十二岁，被聘主讲琼台书院，后又受聘主讲肇庆之端溪书院。

按，许荣颂《张岳崧年谱简略》将此连同主讲琼台书院事载于嘉庆十九年(1814)，实误。检傅维森编《端溪书院志》卷六所载，嘉庆二十年(1815)院长为张岳崧，上一年院长为聂镜敏，二十一年(1816)为赵敬襄。(赵所生、薛正兴主编《中国历代书院志》第3册，江苏教育出版社1995年版，第388页)似岳崧丁忧居琼，服阕期满便出岛受任端溪书院讲席，直至入都复官。

岁末至京都，与姐丈莫绍德喜晤。

张岳崧《乙亥至都和莫衣堂姐丈绍德喜晤之作二首》。

按，莫绍德，字衣堂，号云庵，广东定安人(今海南省定安县定城镇南山村人)。乾隆五十四年(1789)己酉科举人，嘉庆元年(1796)丙辰科进士，六年(1801)辛酉殿试后，考选授任内阁中书，派充实录馆校对官。任满议叙候选员外郎，因奔丧守制而不赴任。三年后，出游名山，结交众名流，擅于书法，尤精金石，其小楷名噪一时。曾在琼台书院任教。晚年致仕归家，纂修族谱，创建莲井寺。著有《石经堂集》。定安县博物馆收藏有其手书《波罗密多心经》经幢碑拓片一张，海口市琼台师范专科学校也藏有其手书碑刻一块。

按，张岳崧当为岁末入京。岳崧《送汪益斋同年铭谦归粤》诗，"我忱君北行，我来岁云暮"前句自注云："癸酉予丁先君忧，是冬益斋入都。"后句自注曰："乙亥余岁杪至京。"

入朝后，充任国史馆协修官。

张钟彦《澥山公行述》:“乙亥服阕入都供职,充国史馆协修官。”

梁廷枏《粤秀书院志》卷一六《张岳崧传》:“服阕,充国史馆协修官。”

嘉庆二十一年丙子(1816)　四十四岁

在京,岳崧国史馆协修官任。

正月,以乾清宫赐宴,辅国公绵慜就席迟,奕绍推令入座,拂堕食碗,庆亲王永璘告内奏事太监,帝特诏诸亲王、郡王,勿令太监代为奏事,至开交结之端,罚永璘俸。

七月,英国使臣到京,因礼仪之争未觐见嘉庆帝而去,并企图把天津作为新的贸易口岸,带领英使的大臣和世泰等受到黜降。

是年,帝命加强保甲制度,十家为牌,有形迹可疑之人即行首报。

嘉庆二十二年丁丑(1817)　四十五岁

三四月间,与彭永思(两峰)同为会试同考官,张为分校官,彭为受卷官。

张岳崧《彭两峰农部制义序》:“湘南彭两峰为余己巳同榜进士。……嘉庆丁丑,适同襄事春闱,余任分校,两峰为受卷官,出所拟闱文才三百字示余。”

按,据《清朝进士题名录》,彭永思与岳崧同为嘉庆十四年(1809)恩科进士,二甲第十六名。彭永思(1769—1842),字位存,号两峰,湖南长沙人。以楚雄知县发署云南嵩明州知州。在滇六年,凡三署大姚,四署广通,两署南安州,再为乡试同考官。精治狱,有胆识、善断事。所任之处,兴修水利,办学重教。因父命不乐久为吏,遂援例改京职,官户部员外郎、贵州司行走兼管广东司,议蠲逋赋,厘定鹾政,多所匡赞。嘉庆二十二年(1817)为会试同考官。道光二年(1822)丁父忧归乡，遂不复出，山居二十年。以疾卒。有《平庄小厂诗存》。生平事迹见曾国藩所撰《墓表》(《曾文正文集》卷三，又收入《国朝耆献类征初编》卷一四八)、《国朝先正事略》卷五四等。

唐鉴《张君墓志铭》:"服阕供职，充丁丑科会试同考官。"

张钟彦《澥山公行述》:"丁丑科充会试同考官，闱中悉心校阅，得士浦曰楷、蔡学川等十四人，皆宿学名士。荐卷如贾克慎、曹宗瀚、翁心存、岳镇南、俞焜皆相继登第。"

梁廷枏《粤秀书院志》卷一六《张岳崧传》:"丁丑科同考会试。"

法式善《清秘述闻三种》之《清秘述闻续》卷一三同考官"嘉庆二十二年丁丑科会试"条第二行所列即为:"编修张岳崧字子骏，广东定安人，己巳进士。"

按，据《清代职官年表》所载，是科会试主考官为体仁阁大学士曹振镛、吏部尚书戴均元，副考官为户部左侍郎姚文田、刑部左侍郎秀宁。四月二十一日，吴其濬、凌泰封、吴清鹏等255名中式。

八月十五日，翁方纲为梁章钜《藤花吟馆诗钞》题词。其曰:"余与海内才士以诗相切劘者垂五十年，其就吾斋学诗称著录弟子者亦不下百十辈，茝林最后至，而手腕境界迥异时流，又最笃信余说。尝与刘芙初、吴兰雪、陈石士、李兰卿诸子分题角胜，每一稿出，必就余点定之，既又以旧稿相质，虚衷雅怀，往复商榷，愈唱而愈高，盖不名一家，而能奄有诸家之美者也。忆昔年并几论诗，如谢蕴山之圆隽、冯鱼山之纵横，皆不若茝林之得路，不过沉着按切而已，无他巧也，而一时才隽竟皆莫能近，惟兰卿可为茝林畏友耳。……茝林之失在贪焉，正面欲求其轻松而不可得，然究其极致，则成就正果，直造古人。"

嘉庆二十三年戊寅(1818)　四十六岁

本年，岳崧充文颖馆纂修官。

唐鉴《张君墓志铭》:"戊寅充文颖馆纂修官。"

张钟彦《澥山公行述》:"戊寅充文颖馆纂修官。"

梁廷枏《粤秀书院志》卷一六《张岳崧传》:"戊寅充文颖馆纂修,是岁与纂《明鉴》,以案语错误,吏议革职。"

正月二十七日,翁方纲卒。

五月初一日,《明鉴》修撰不合圣意,嘉庆帝下旨部分编修官员议处,原书发还该馆,另行纂辑进呈。

《清实录·仁宗实录》卷三四二:"(嘉庆二十三年〔1818〕五月初一日)内阁奉谕旨:朕前阅范祖禹《唐鉴》,见其摘取有唐事迹,论列得失,有裨治道,因命馆臣仿其义例,作为《明鉴》一书,益以取鉴前代,其善政则因以为法,其秕政则用以为戒,亦即殷鉴夏,周鉴殷之意也。昨日馆臣呈进《明鉴》五册,于万历、天启间载入我朝开创之事,后加按语颂扬,并论及前明用人不称其职,更为诞妄矣。我祖宗开基辽沈,其事备载于实录、圣训及开国方略,丰功伟烈,亿祼光昭,至《明鉴》乃系论列有明一代事迹之书,摘取一事,借鉴得失,非若编年纪月,事事胪列,今以兴朝之隆业载入胜国卷中,于体例殊为背谬。如该总裁等预行请旨,朕必将不应编载之故早为指示,乃并不奏明,率行纂辑,实属冒昧。所有该馆总裁曹振镛、戴均元、戴联奎、秀宁,俱著交部议处。总纂官朱琦、纂修官易禧善、张岳崧,俱著交部严加议处。原书著发交该馆,另行纂辑进呈。此数节按语系何人所撰,著军机大臣查明,先行具奏。"

初二日,嘉庆帝又下旨对《明鉴》参修官员严加训饬。

《清实录·仁宗实录》卷三四二:"(五月初二日)内阁奉谕旨:朕前降旨,令纂辑《明鉴》一书,其体例本仿范祖禹《唐鉴》,乃史论一类,非编年纪事之书也。《唐鉴》卷帙本简,今所辑《明鉴》殆倍过之,但图篇繁富,于不应载者亦按年编入,其于体例先未精审,以致词义纰缪,大乖立言之旨。昨已降旨,将总裁、总纂、纂修各官交部分别议处。此书著改派托津、章煦、英和、卢荫溥、和宁充总裁官,另派纂修、承办。所有原办之书,无论已进呈、未进呈,俱著另行编辑改正,务归简要。其从前纂辑此书支过一应公费纸张银两,俱著曹振镛、戴均元、戴联奎、秀宁四人赔缴示罚。

初六日，因修《明鉴》，于万历、天启两朝载入先朝开创之事及加按语颂扬，嘉庆帝认为于体例未合，下诏降罚正、副总裁官，并另行纂辑。岳崧因参预其事，撰语忤君而受黜，部议革职。

张钟彦《瀞山公行述》：“是岁，纂《明鉴》以案语错误，部议革职。”

《清实录·仁宗实录》卷三四二：“（五月初六日）是日内阁奉谕旨：吏部奏议处纂辑《明鉴》之总裁、总纂、纂修一折。朕前降旨，命馆臣纂辑《明鉴》一书，其体例原全仿范祖禹《唐鉴》。乃馆臣等意图卷帙繁富，以为书成奏请议叙地步，遂规仿《通鉴辑览》叙次。凡书内御批之关涉明代者，全行恭载，迨纂至万历、天启年间，又不请旨，辄以兴朝之隆业载入胜国卷中，以致按语措词乖谬，该总裁等均有应得之咎。此内秀宁系满洲大员，武不能教训兵丁，文不能编纂书史，况于国朝事实尤应加意审慎，乃漫不留心，其咎更重。秀宁著降为头等侍卫，前往新疆换班。戴均元本有革职留任之案，部议降三级调用，无级可降者加恩仍改为革职留任。曹振镛、戴联奎，俱著加恩改为降三级留任。编修张岳崧撰拟按语，论明熹宗用人不当，已属失辞；又以熊廷弼比方李光弼，尤为纰谬，著即照部议革职。易禧善纂辑明神宗朝事迹，按语颂扬本朝，虽乖体例，词句尚无大缪，著从宽改为革职留任。侍讲朱珔，此数卷按语皆非其所撰，惟覆校时不为改正，亦属疏忽，著降为编修，以示薄惩。”

本年，岳崧好友郭尚先充《明鉴》纂修、文渊阁校理。

嘉庆二十四年己卯（1819）　四十七岁

正月，帝以六旬万寿赐宴群臣。封皇三子绵恺为敦亲王，皇四子绵忻为端亲王。宣布普免全国积欠钱粮。

在京师，岳崧为涂达飏作《文林郎涂君墓志铭》。

《文林郎涂君墓志铭》曰：“乾隆戊戌正月八日，涂君淳波卒。越十年，厥嗣配五举孝廉，授云南呈贡令，嘉庆己巳覃恩赠君文林郎，如其官。又十年，配五以母刘孺人忧服阕，需次都中，泣谂予曰：‘……铭幽之事恐就阙如，愿有请也。’予以同里谊弗获辞。”又曰：“君生于某年月日，享寿六十。”又曰：“次配五，乾隆戊申科举人，云南呈贡县知县、直隶获鹿县知县。”

按，涂达飏(1719—1778)，号淳波，广东惠州人。此铭作于涂氏卒后的1819年。乾隆戊戌即1778年，嘉庆己巳即1809年，越十年为1819年。推之，则涂氏当生于康熙五十八年(1719)。

四月，翰林院编修李可琼出任粤西郡守(思恩府知府)，岳崧为之撰文送行。

张岳崧《送李石泉前辈出守粤西序》：“嘉庆二十四年夏四月，同里石泉前辈李公以翰林编修京察课最，奉命出为粤西郡守。……岳崧于公为同馆后辈又同里，常得侍公谈，因以其素所重公者书之，以赠公行焉。”

二十七日，林则徐、吴慈鹤充云南乡试正、副考官。

四月后，岳崧以文字之祸，遂自号觉庵。出京，取道江淮吴越，遍历湖山名胜。

张钟彦《澥山公行述》：“纂《明鉴》以案语错误，部议革职。府君引咎自责，时人皆以不竟其用为惜，而府君于得失之际恬然不以介怀，曰：‘吾以文字失检，深负国恩，不干严遣，使得还山，幸矣。三十年读书之志庶偿于是乎？’遂自号觉庵，因取道江淮吴越，遍历湖山，览诸名胜而归。”

客扬州，岳崧得唐张从申《吴季子碑》摹本，爱而仿之。

张岳崧《唐张司直书〈吴季子碑〉摹本跋》曰：“嘉庆己卯，余客芜城，得见《吴季子碑》摹本于友人，所爱而仿之。郭兰石同年见而赏焉，为跋语且属入石。”

按，张从申，唐代书法家，吴郡(今江苏苏州)人。活动于大历年间(766—779)。官至大理寺司直，人称“张司直”。善真、行书，师法王羲之。窦蒙《述书赋注》称其“工正、行书……结字紧密，近古所无；恨历览不多，闻见遂寡，右军之外,一步不窥”。北宋黄伯思《东观余论》曰:“从申书虽学右军,其源出于大令,笔意与李北海同科,故名重一时,宣不虚得。但所短者,抑扬低昂太过,又真不及行耳。然唐人有晋韵,殊可嘉尚。”南宋陈思《书小史》谓:“其兄从斯、从义、从约,灼然有才,并工书,皆得右军风规,时人谓之张氏四龙。”执笔方法特别,清代朱履贞《书学捷要》称其“擎拳握管,书名独步江表”。传世墨迹有《玄静先生碑》刻本等。

又按,郭兰石之详情,参见“道光十二年”条。

暮秋,游扬州平山堂,作诗《平山堂》、《泛舟游平山堂有怀》。

《平山堂》曰:“弃舟跻此堂,山势不及踵。有怀欧阳公,构奇傍坡垄。……我来正秋末,草木谢丰茸。”

嘉庆二十五年庚辰(1820) 四十八岁

三月,嘉庆帝谒东陵。庆亲王永璘逝,嘉庆帝亲临其府邸祭奠。

七月二十五日,秋狝木兰,嘉庆帝薨于避暑山庄烟波致爽殿。御前大臣赛冲阿、军机大臣托津、总管内务府大臣禧恩启建储秘匣,宣示嘉庆四年御书秘旨,立皇二子绵宁为皇太子。即日,皇太子奉大行皇帝梓宫回京。

八月二十七日,为大行皇帝上谥号“仁宗”,庙号睿皇帝。为避讳,改皇帝御名绵宁为旻宁。旻宁即位太和殿,颁诏天下,以明年为道光元年。

九月,命名仁宗陵为昌陵。以拟遗诏错误,罢黜托津、戴均元军机大臣。大和卓木之孙张格尔率数百人攻掠边卡,挑起叛乱。

秋,岳崧与吴鼒别于扬州邗上。

张岳崧《邗上哭吴山尊前辈》其一诗末自注:“某去秋邗江别公而南,公握手垂涕曰:‘仆老矣,先生南去,不知见时。’竟成语谶。”

按,吴鼒卒于道光元年(1821)七月,张岳崧作《邗上哭吴山尊前辈》三首以悼之。据张岳崧诗自注,可推知嘉庆二十五

(1820)年秋与吴鼒相会于扬州，却别语成谶。

岳崧于邗上得唐张从申《吴季子碑》摹本，重仿之。

张岳崧《唐张司直书〈吴季子碑〉摹本跋》曰："嘉庆庚辰年，余客邗江，得摹本，重仿焉。"

岳崧于邗上设宴送陈希祖南归。作诗《邗上送陈玉方侍御南归》，其曰："走也忝门墙，研钻愧疏略。春风坐我时，雪户立如昨。兹来邗上客，陪饯南归酌。"

按，陈希祖(1765—1820)，字敦一，又字稚孙，号玉香，更号玉方，一作玉芳。江西新城(今江西黎川)人。少年与胞弟希曾从师于同乡著名文学家鲁九皋，而九皋受业于陈曾祖陈道。乾隆五十一年(1786)中举人，五十五年(1790)中进士，殿试第七名，被任为刑部主事，升刑部郎中。嘉庆九年(1804)，任河南乡试副主考。后改调吏部，补任浙江道监察御史。据陈用光所撰《墓志铭》："乙卯(乾隆六十年〔1795〕)始补官，循资格擢至郎中，以弟希曾为刑部侍郎，回避改吏部，旋试御史，补浙江道监察御史。嘉庆二十五年乞养归，至杭州病，七月十九日卒于苏公祠，得年五十有四。"故此诗系于嘉庆二十五年秋。陈希祖秉性恬淡，虚心好学，对古文诗艺、天文、算法、水利皆洞悉其理。为官期间仍埋头书卷和用心著述。尤精书法，踵门求书者络绎不绝，法南宋书法家张即之，兼得明董其昌晚年神髓，与当时著名书法家张照(得天)、刘墉(文清)鼎足。顾莼为其《云在轩诗集》作序称："玉方书名独盛，四方来者多方求得片纸只字为荣。"包世臣曰："陈希祖习董书，形神皆肖，人称之为华亭后身。"著有《云在轩稿》，今未见。有墨宝传世。生平事迹见《国朝耆献类征初编》卷一三八、《国朝书人辑略》卷七等。岳崧曾受业于其弟陈希曾门下，见此诗岳崧自注："某受业雪香师，先生弟也。"陈希曾(1767—1817)，字集正、雪香，号钟溪。乾隆五十八年(1793)探花及第。嘉庆十四年(1809)，陈希曾教习庶吉士，故与张岳崧有师生之谊。按，

《国史馆本传》、陈用光所撰《墓志铭》皆称其嘉庆二十一年(1816)十二月卒,而《墓志铭》称其享年五十一,上推之当生于乾隆三十一年(1767)。生平事迹见《国朝耆献类征初编》卷一〇五、《续碑传集》卷八等。

南归途中,经江西信州(今江西上饶),见太守黄霁青,有诗赠之。

张岳崧《和黄霁青太守见怀原韵四首》其三首句“南屏山馆倒屠苏”自注云:“嘉庆庚辰年,君守信州,余南旋酌别于此山馆,署中别业也。”

按,黄安涛(1777—1848),字宁舆、凝舆,号霁青,晚号葵衣老人,浙江嘉善人。嘉庆十四年(1809)己巳恩科二甲一名进士,仅次于张岳崧,改翰林院庶吉士。散馆,授编修。二十一年(1816),任贵州主考官。后充文渊阁校理,与修《一统志·文苑传》及《史馆规条》。道光三年(1823),出广东高州知府,阮元爱其才,调潮州,官潮八载,多有惠政,断狱依经义,不规规于成法。殚见洽闻,文辞杰出,所至好扶植士类。告归后,主鸳湖书院,诗酒自娱。以诗导引后进,一郡之士争归之。又兼安澜书院讲席。有嫉之者,遂不复出,日与吴中名士联诗斗酒,劲直幽峭。著有《诗娱室诗》二十四卷、《息耕草堂诗》十八卷、《真有益文编》十卷及《慰托集》十六卷,皆刻以行世;又撰有《绿笺词钞》、《诗娱室诗话》、《续昭代词选》等。生平事迹见《清史列传》卷七三、沈曰富《广东潮州知府嘉善黄君墓志铭》(收入《碑传集补》卷二三)、《碑传集三编》卷三七、《词林辑略》卷五、《皇清书史》卷一七等。

冬,岳崧与陈寿祺师书信相通。

陈寿祺《左海文集》卷五《与张翰山书》云:“翰山足下,得去冬手牍,具悉一切。圣恩赐还馆职,天下瞻仰,固不独为足下一人庆也。比始闻足下往事,同置吏议者,谓应分谤当途,而足下处之恬然,不肯诿过,其器量过人,非可寻常。臆测以前日之安于受过,则知它日之忠诚报称,岂待问而信哉?仆前书所勖省躬绳已益矢冰兢云者，犹为未知足下之深，而足下虚怀若谷，以为切中身心，永奉蓍蔡，何从善之勇也。足下坚笃之性、狷介之操，实足以振颓俗而敦薄。夫今方遭际圣明，优被湔祓，简在帝心，恩迟非常。仆以为匪特如柳子厚思以文章报国恩，盖当研求致君泽民之术，以豫备榱栋舟梁之用，然后无负朝廷耳。足下勉乎哉！”（《续修四库全书》集部第1496册，第221—222页）

按，据信中所言，“同置吏议者”事当指张岳崧修撰《明鉴》按语不当而被黜落；“圣恩赐还馆职，指道光元年（1821）起复文颖馆职。与其中劝其奋力报国，虽不能侍奉慈母，但有家兄在侧而不必挂念相吻合。而陈氏信中又称其母年七十九，卧病两年，时陈氏主讲泉州清源书院，道光二年（1822）回里丁母忧。合推之，岳崧书信当作于嘉庆二十五年（1820）冬。今检岳崧有《上陈公甫书》曰：“年来南北奔波，有如萍梗。十年睽训，瞻企徒勤。维时书院馆席虚缺，佥以属之。某虽幸且息肩，藉资糊口，顾惟为学不成，为师讵何？学惧无教学相长之益，而有人已两失之虞耳。罢黜以后，方寸淡然。”信中所言，盖即与此合。

此年，张岳崧至广州，受两广总督阮元邀请，主讲于粤秀书院。

张钟彦《澥山公行述》：“比至羊城，制军阮云台先生延主讲粤秀书院。往府君之去端溪也，士林思之，至是负笈恐后。府君励诸生以躬行实践，毋徒以文辞声气相高，重根柢之学，教人以服经义治古文为读书要领。每校文艺，改削评骘，尤极精核。士论翕然，以为鱼山先生之后继者，惟府君耳。”

梁廷枏《粤秀书院志》卷一六《张岳崧传》：“仪征阮相国方开府两粤，遂延归主讲席，教人以专经义、治古文为读书要领。士之悦服先生者，一如冯院长。”

《阮元年谱》“嘉庆二十五年”条云：“三月初二日，开学海堂，以经古之学课士子。手书‘学海堂’三字扁（匾），悬于城西文澜书院。按，学海堂加课仿抚浙时诂经精舍之例，专课经史诗文。”（清张鉴等撰，黄爱平点校，中华书局1995年版，第132—134页）

按，许荣颂《张岳崧年谱简略》(《张岳崧诗文集》附录)将此事载于嘉庆二十四年(1819)，实误。若将张岳崧主讲粤秀书院事系于二十四年，则与前数条相牴牾，如张岳崧二十五年于邗江别吴鼒、陈希祖，张岳崧《唐张司直书〈吴季子碑〉摹本跋》曰："嘉庆庚辰年，余客邗江，得摹本，重仿焉。"《和黄霁青太守见怀原韵四首》其三首句"南屏山馆倒屠苏"自注云："嘉庆庚辰年，君守信州，余南旋酌别于此山馆，署中别业也。"今一一辨之，简述如下：盖张岳崧因《明鉴》按语失官，嘉庆二十四年(1819)四月离京，后至扬州，至次年秋始南下，过江西上饶，后至广州，恰遇阮元兴校办学，遂应其聘，主讲粤秀书院，直至道光帝登基，召复原官。

道光元年辛巳(1821)　四十九岁

正月，道光帝即位，诏天下举孝廉方正之士。十三日，奉旨查核前朝文职四品以下，武职三品以下降调、革职及永不叙用人员缘事案由。岳崧召复翰林院编修，充文颖馆纂修官。

唐鉴《张君墓志铭》："戊寅充文颖馆纂修官，因纂《明鉴》文字失检，黜退还山。道光元年特召起复原官。"

梁廷枏《粤秀书院志》卷一六《张岳崧传》："时今上初元，召复原官。"

按，《道光朝上谕档》道光元年正月十三日载，奉旨查核前朝文职四品以下，武职三品以下降调、革职及永不叙用人员缘事案由。其中有云"张岳崧，原任翰林院编修，因纂办《明鉴》错误，革职"，名字上加有朱点，盖此为起复之记号。

又按，据梁廷枏《粤秀书院志》卷五载粤秀书院掌院陈昌齐所撰嘉庆二十五年(1820)粤秀书院重修碑记，碑记由张岳崧书，于道光元年正月下旬勒石。由此推知，张岳崧当时尚在广州粤秀书院任掌院一职，盖道光帝登基，召复百官，下达至羊城尚需时日。据陈用光撰秦瀛墓志铭载，道光元年四月二十三秦瀛曾见张岳崧，嘱其为之撰行状，可知此时张岳崧已赴京复任，路经江苏无锡秦瀛家。七月，友人吴鼒卒于扬州，张岳崧作《邗上哭吴山尊前辈》三首，盖此后北上，路过扬州，作诗三首以吊之。故系于此。

三月十六日，道光帝谒西陵。二十三日，嘉庆帝灵柩下葬于清西陵昌陵。

四月二十三日，秦瀛作书属陈用光为之作墓志铭，张岳崧作行状。七月初十，秦瀛因病卒于家。陈用光过无锡惠山，得见从海外来的张岳崧。

按，陈用光《太乙舟文集》卷八《予告刑部右侍郎秦公遂庵墓志铭》："道光元年秋七月初十日，予告刑部右侍郎秦公遂庵，以疾卒于家。是年四月二十三日，公尝致书于新城陈用光，曰：'余衰病增剧，恐旦暮入地。君知我，又素知古文，敢以他年墓石之文相属。余生平治行，子弟无能尽知者。当略具梗概，属琼山张编修岳崧为行状以授子。'余得书，为怃然者累日。既得讣，益怆然以悲，谓公何相信之深，而自知之审也。既见张编修，问以行状，则自海外来。过惠山，未尝见公。未几，公弟永平守沆以书及公子缃武所为行状来速，余践前言。"

秦瀛(1743—1821)，原名沛，字凌沧，号小岘，江苏无锡人。乾隆三十九年(1774)顺天举人，官至左都御史。少负异禀，援笔立就千言。秦松龄玄孙，能承家学。工文章，学归有光、方苞，与姚鼐相推重。七言诗宗唐，兼法宋人范成大、陆游。亦能词。著有《小岘山人诗文集》、《无碍山房词》、《己未词科录》等。生平事迹见陈用光撰《墓志铭》、曹堉撰《神道碑》(《仪郑堂残稿》卷一)、《清史稿》卷三六〇、《清史列传》卷三二、《续碑传集》卷八、《国朝先正事略》卷四三、《清儒学案小传》卷九、《桐城文学渊源考》卷四、《国朝诗人征略初编》卷四三、《湖海诗人小传》卷三三、《昭代名人尺牍小传》卷二四、《瓯钵罗室书画过目考》卷三、《国朝书画家笔录》卷二、《皇清书史》卷九等。张岳崧与之交善，多与雅集，诗酒风流。

七月，著名诗人吴鼒卒，岳崧作诗三首哭祭之。吴鼒曾对岳崧诗、书多有称赏。

张岳崧作《邗上哭吴山尊前辈》三首，其三有云："儒雅真堪作者师，迂疏犹许共论诗。淮南招隐多联袂，冀北空群愧赏奇。"句末自注曰："公评某诗，深于六朝，近代所罕。字书则平生师友刘文清之外，鲜有匹敌。"

按，吴鼒(1755—1821)，字及之，又字山尊，号抑庵，一作仰庵，又号南禺山樵，晚号达园锄菜叟，安徽全椒人。嘉庆四年(1799)进士，选翰林院庶吉士，散馆，授编修。八年(1803)三月，大考以一等二名升为翰林院侍读。次年充广西乡试副考官，迁侍讲学士。晚以母老告归，主讲扬州梅花书院，寓红桥之西园曲水，与其乡人士酣嬉文酒，纵情林泉。吴鼒胸藏二酉，力富五丁，擅长骈文，沉博绝丽，大兴朱筠谓其合任昉、丘迟为一手。在翰林院八年，进奏文字多为其属稿，名达于九重。喜与人论诗，所作以韩(愈)、孟(郊)、皮(日休)、陆(龟蒙)为宗，尚险崇奇，五言长古尤足以推倒一世。晚年好填词，均用《一萼红》词牌。又善书能画，雅秀而饶有逸致，花卉笔意清挺，近陈淳；山水，学王原祁，兼工人物。与张岳崧座师、诗友万承风、曾燠等人多有唱和。著有《抑庵遗诗》八卷、《吴学士诗文集》九卷、《夕蔡书屋叠韵诗》、《百萼红词》二卷、《阴宅撮要》二卷，编有《八家四六文钞》等。生平事迹见夏宝晋撰《墓志铭》(载《冬生草堂文录》卷四)、诸洛撰《传》(载《类谷居近稿》)、《清史稿》卷四八五、《清史列传》卷七二、《国朝耆献类征初编》卷一三二补录、《国朝诗人征略初编》五四、《国朝先正事略》卷四二、《墨林今话》卷九等。

七月，阮元于广州任内，刻成《江苏诗征》。

八月二十二日，定两浙盐务章程。从浙江巡抚帅承瀛所请，两浙盐引照两淮之例，停止加价。

九月初二日，道光陵寝选址确定，以东陵界内绕斗峪为建陵之地，派庄亲王绵课、大学士戴均元、尚书英和、侍郎阿克当阿办理，

于十月十八日卯时开工。

十一月初八日，颁《御制声色货利谕》。

十一月十四日，禁英吉利人入新疆叶尔羌贸易。

十一月十九日，以行商伍敦元徇庇隐瞒洋船走私鸦片事，令摘去三品顶带。

道光二年壬午(1822)　五十岁

二月十五日，道光帝下令严禁银两偷漏外洋，命广东督抚认真巡查出口洋船，不准偷漏银两，并通饬关隘，一体查禁鸦片。

三月初七日，道光帝谕："洋兵在内地犯事，应遵内地法律办理。"另告英吉利国王，粤洋无盗，以后无须派兵船护送货船，如必须派兵，应严令官兵遵守内地法度。

岳崧在翰林院编修任，充武英殿纂修官，教习庶吉士。

张钟彦《澥山公行述》："壬午，充武英殿纂修官，教习庶吉士。"

梁廷枏《粤秀书院志》卷一六《张岳崧传》："壬午，充武英殿纂修，教习庶吉士。"

四月，郭尚先主讲厦门玉屏书院。

五月二十五日，帝命两广总督阮元"督饬员弁查禁纹银出洋及严禁鸦片进口"。

二十八日，翰林院编修张岳崧外放四川乡试正考官，编修沈巍皆为副考官。发题后，岳崧自作程文论理法数百言。与沈巍皆悉心校阅试卷，核定去取名额，得士子左廷宾等六十二人。四川总督蒋攸铦称其善举士抡才。

张钟彦《澥山公行述》："是科，命为四川乡试正考官。府君入闱既发题，自为程文复论理法数百言。于后，与副考官沈舜卿先生巍皆悉心校阅诸艺，合核两三场以定去取，各房遗卷皆苦心搜阅，兢兢然，惟恐有遗珠之憾。揭晓，得士左廷宾等六十二人。出闱，蒋励堂先生相见，喜曰：'吾所至物色人才，今知名士如某某者皆获举，吾固知君之能得士也。'府君尝及先生门，先生延揽贤才，方府君在词垣，留心经世之学，每谒见辄款谈竟日，固夙以经济望府君矣。”

按，据《清朝职官年表》载：“道光二年五月二十八辛丑日，编修张岳崧为四川乡试正考官，编修沈巍皆为副考官。”又按，沈巍皆，生卒年不详，字讲虞，号舜卿，安徽六安人。嘉庆二十二年(1817)进士，散馆，授编修。典四川乡试后，擢为湖南学政。道光三年(1823)丁父忧。七年(1827)，任江南道、福建道监察御史。辑有《乐石搜遗》、《泉宝所见录》十六卷等。

八月初五日，河南新蔡县捕获白莲教徒朱麻子等百余人，并在其住房内查出杆子枪、经卷、白布帽、白布马褂等物。

岳崧四川乡试典毕，八月十三甲寅日，擢陕甘学政。授任之日，上折谢恩，云：“臣勉竭愚诚，力矢清慎，教士子以读书立品，严关防以杜弊抡才。”道光帝朱批：“此二语实学臣之要务，但不可徒托空言而无实绩也，勉之。”到任后，兴学校，振士风。

张钟彦《澥山公行述》：“试竣，奉旨简放陕甘学政。……授任之日，具折谢恩，云：‘臣勉竭愚诚，力矢清慎，教士子以读书立品，严关防以杜弊抡才。’奉朱笔旁批：‘此二语实学臣之要务，但不可徒托空言而无实绩也，勉之。’每试，府君坐听事竟日，躬亲巡视坐号，并先期晓谕，严绝招摇代倩等弊。……裒辑示文，为《训士录》一卷刊行，流传遍关中。是由士风大振。府君念边陲瘠苦，乡校浸废，书院之颓坏者，率捐廉修治扩充。……复捐他乡会试资斧以资寒俊，士人至今赖焉。诸书院均为记勒之丰碑，训辞剀切，士民响拓无虚日。”

唐鉴《张君墓志铭》：“竣，简放陕甘学政。”

梁廷枏《粤秀书院志》卷一六《张岳崧传》：“寻主考四川乡试，差竣，命督学陕甘。”

按，据《清朝职官年表》所载：道光二年八月十三甲寅日，编修张岳崧为陕甘学政。

十一月，陈寿祺主讲福州鳌峰书院，作《拟定鳌峰书院事宜》，掌院直至道光五年(1825)，另作《鳌峰崇正讲堂规约八则》。

十二月初八日，谕军机大臣等，严禁吸食鸦片烟。命通海各口岸及关津渡口，认真查拿私运夹带鸦片者。

本年督学关中时，岳崧作《元鲜于伯机自书〈水荒子诗卷〉跋》。

《元鲜于伯机自书〈水荒子诗卷〉跋》："道光二年，视学关中，得此卷，为有明来阳伯旧物。"

道光三年癸未(1823)　五十一岁

此年岳崧陕甘学政任。

仲春后，岳崧作《新建永济县蒲坂书院碑记》。

《新建永济县蒲坂书院碑记》："道光初元……其年终，卢君二秩奉命量移永济。考永济，古蒲坂地……太息久之，欲谋振兴，则书院宜亟。……经始冬月朔，越明年春仲落成。于乎，卢君初宰赵城，建简城书院，经画膏火，延名士为学者师，比年，人文科目焕乎称盛。"推之，则此碑记作于此年仲春之后，督学陕甘之际。

岳崧作《与姬杏农书》。

《与姬杏农书》曰："某重厕清班，忝持文柄，唯有竭诚以慰知己。儿辈承记忆，感何可言。内子溘逝，渠归琼守制矣。《蒲坂书院碑记》撰、书均出拙手，有不妥处，削政重书可也。"

按，据《张氏族谱》，岳崧妻张梁氏于道光二年(1822)因病去世，故书中所云儿辈回琼守制。书中所云"忝持文柄"即岳崧时任陕甘学政，而《蒲坂书院碑记》撰于道光三年(1823)春。故将此书信系于此。

夏，岳崧作《雕山书院碑记》。

《雕山书院碑记》："道光癸未，使者持节视学，进髦士与语，阐以德行道艺，振而兴之，亟访学舍，则雕山书院权舆……今岁夏，陈君作牧于斯，竭力倡率，士民响应使者适至，捐俸助之，众益踊跃。"

夏，岳崧作《上直督蒋砺堂宫保启》。

《上直督蒋砺堂宫保启》："夏于鹿原棚中接奉手谕……某涉春以来，试毕西、同、商三属，目下按试凤翔。"

七月十二日，道光帝谕令云贵总督明山，于关津隘口留心查缉，严禁私种罂粟及开设烟馆。“其买食鸦片，无论官幕营弁兵役，一经拿获，照例惩办。”

八月初二日，定《失察鸦片烟惩处条例》。

八月，岳崧按试鄜州。

《送谭石甫瑀佐牧鄜州兼简吴牧蔗乡二首》诗云：“十年怜旧雨，一第渺浮云。”自注：“石甫再试春官不第，出就州佐。”上两句云：“曾对鄜州月，来游又见君。”自注：“余道光三年八月按试鄜州。”

十月前后，岳崧撰成《训士录》一卷，发诸士子以整饬士风，敦崇实学。武功县知县段嘉谟为之作跋注释刊行，传遍关中，士风由此大振。

张岳崧《与朱干臣方伯书》：“至所呈《训士录》，管蠡知识，聊与多士交相勉励，稍求切实体验之功……某来岁抵甘，再图推广耳。”

张钟彦《澥山公行述》：“将届试期，必豫为示文训迪士子，如训立志、饬学业、正文体、革弊窦诸示，剀切详尽，读者感夺。既虑不能家喻户晓，乃裒辑示文，为《训士录》一卷刊行，流传遍关中。由是士风大振。”

梁廷枏《粤秀书院志》卷一六《张岳崧传》：“为《训士录》，刻以教多士，书院有废者，捐廉修复之，西宁、汉中复捐金备乡会试资斧，士益德焉。”

按，许荣颂《张岳崧年谱简略》（《张岳崧诗文集》附录）：“道光四年，五十二岁，编写《训士录》一卷，刊发诸生童。书编成就被武功县段知县注释刊印发行，流传遍关中各地。”许氏所撰年谱此条盖将道光三年误作四年。据《训士录》末有武功知县段嘉谟跋文曰：“督学张翰山先生《训士录》，言近而上达有基，指远而下学可循。按时立言，切中俗学深痼之病。所以兴起斯道，开悟后学，可谓至矣。谟不揣固陋，僭附半解，既幸此邦人士得所师承，又愿与世之同志共涤积习，以蕲于道德之归也。道光三年十月武功县知县偃师段嘉谟敬跋。”今《训士录》中有段氏批注若干条。

十二月初八日，谕军机大臣等，严禁吸食鸦片烟。命通海各口岸及关津渡口，认真查拿私运夹带鸦片者。

本年岳崧作《与朱干臣方伯书》。

《与朱干臣方伯书》曰："至所呈《训士录》，管蠡知识，聊与多士交相勉励，稍求切实体验之功。其实于道懵然，徒劳词费，方冀加以提撕，俾知警省，乃不之教而又多之，敛版汗颜，怕惭无地，此非区区就正之心所望于大君子者也。……阁下以有体有用之学，整躬率属，所至有声，顺风而呼，未有不响应者。陇西凋敝，甚幸有鸠，为之额祝无已也。企慕之诚，辄献狂瞽，伏祈恕而教之，则幸甚矣。武威何夫人孀节可悯，承阁下周恤，又为吹嘘，良可钦佩。某来岁抵甘，再图推广耳。室人弃世，蒙垂问，不胜感谢。"

按，此信作于本年，缘于以下几个推断：(一) 岳崧时任陕甘学政，朱桂桢(干臣)道光二年(1822)至三年(1823)任甘肃布政使，故信中托其照料武威何夫人云云。(二) 据上年所载，岳崧妻病卒于道光二年。(三)《训士录》刊印于道光三年秋，书中所云，盖《训士录》编撰未刊而请朱干臣指正，并希来年来岁抵甘推广之事。

道光四年甲申(1824)　五十二岁

此年岳崧陕甘学政任。

正月初八日，谕停本年木兰秋狝。康熙以来的每年秋狝之礼遂废。

三月初五日，定洋米贸易例，鼓励洋船载米来华。

四月十九日，《大清仁宗睿皇帝实录》、《圣训》纂修成书，道光帝亲临保和殿行礼受书。

春，岳崧作《上陈恭甫师书》，时陈师在福州鳌峰书院讲席。

《上陈恭甫师书》曰："启编修师函丈，春正月，按行张掖，得李大令由西安寄到手示，又新旧刊书计三种，凡为卷六，肃拜祗领……《五经异义疏证》援据赅洽，持义粹精，虽专主郑驳许义，一种申明而典礼贯通，包罗无际。兹《左海经辨》则搜讨愈勤，推阐益广，千古奥旨，豁然开朗。要则贯串群经，沉浸传疏，簸粘投醹，独有心得，择精语详，斯之称已。未编卷目，间随笔札记，未梓者多，喜俟观成，幸与校雠耳。”

按，陈寿祺此二种书，今检《五经异义疏证》三卷，有嘉庆十八年(1813)三山陈氏本(《续修四库全书》经部第171册影印上海辞书出版社藏本)，前有陈寿祺此年正月自序、后有秋八月陈氏弟子王捷南序。《左海经辨》二卷，有道光三年(1823)仲秋三山陈氏艺文录本(《续修四库全书》经部第175册影印复旦大学图书馆藏本)。是本未编目，首载金坛段玉裁与陈寿祺手札数通及受业严杰识语，次为正文，分上下卷，皆为陈氏读书札记，恰与张文所称相符。文中又言其春正月收得乃师二书，故推知此文作于此年春。

岳崧作《周元公庙门铭》。

《周元公庙门铭》:“元公庙在岐山卷阿，润德泉者，创建唐武德间，代有葺治。嘉庆癸酉(十八年〔1813〕)岁，岐人新之。越十年，道光癸未(三年〔1823〕)，岳崧奉命视学，经其地，瞻礼焉……太岁在阏逢涒滩(道光四年〔1824〕)，门成翼然。”

岳崧作《湟中书院碑记》。

《湟中书院碑记》:“道光甲申，使者奉命视学，深惟所以宣扬礼教，丕振士风，亟访学舍。维昔辽海杨公佩之观察斯土，始建博文、约礼两斋于明伦堂……后稍废。乾隆五十年，邑令泠公文纬改建书院，即今名。”

春，岳崧作诗、书数篇。

按，《春仲由肃州取道西宁复经甘凉故道至兰州途闲得诗二十首》、《肃州试院作》、《肃州竣事东行途次有作》，可推知是道光三年(1823)或四年(1824)春作。《与梁蓼圃学博书》曰:“客夏得都门所惠手书……客冬度岁凉州，即春驰张掖、酒泉，直抵嘉峪关，询玉门咫尺而还。试毕甘肃二属，东驰西宁，青海在望，颇谓壮游。”故暂定此书于道光三年至五年（1823—1825）间夏日作。《与吴巢松同年书》，据《清代职官年表》载，道光二年（1822）八月张岳崧、吴慈鹤分任陕甘、河南学政，吴于五年（1825）八月改任山东学政。是书中有云：“（岳崧）客冬度岁凉州，即春驰逐张掖、酒泉间……马首东驰，暮春抵西宁……此郡之后，当以首夏上浣，东至兰州，尚有巩秦阶兴汉一带。……阁下按试河洛。”故暂定此书于道光三年至五年（1823—1825）间春日作。

七月，岳崧作《重建崖州学宫碑记》。

《重建崖州学宫碑记》：“兹举也，经始于道光三年四月，阅明年七月落成……是为记。”

十一月十七日，两江总督孙玉庭奏洪泽湖高家堰大堤于本月十一溃决。

十二月二十五日，因洪泽湖高家堰决口，革南河总督张文浩职，在决口处枷号一个月，期满发配新疆。两江总督孙玉庭交部严加议处。

冬，岳崧作《与颜鲁舆观察书》（“客腊承惠书”）。

《与颜鲁舆观察书》中有云：“客腊承惠书……某将来按试所至，即得据以为去取准的，其相策励，想有同情不迂阔视之也。《训士录》刊成呈政，半为中等以下说法，不欲令其怖若河汉故耳。”故系于此。

按，颜伯焘（1792—1853），字鲁舆，号载凡，又号小岱，广东连平人。嘉庆十九年（1814）进士。选庶吉士，散馆，授翰林院编修。后任武英殿提调、戊寅恩科四川副主考。道光二年（1822）至六年（1826），出为陕西延榆绥道、督粮道。六年（1826）至七年（1827）为陕西按察使，署陕西布政使。即张岳崧作于道光六年（1826）的《颜惺甫宫保寿序》中所称的“方晋臬使”。累世膺疆寄，娴习吏治，所至有声。官至闽浙总督。当时鸦片泛滥，情况日益严重，在清朝统治集团中引起弛禁与严禁两派的激烈争论，颜伯焘既不同意许乃济把鸦片当药材进口，任其泛滥的弛禁主张，也不同意黄爵滋变更旧章，以大辟死罪重治吸食的严禁主张，他倾向极力清除社会积弊，多方整顿旧章，“毋执空言”，“毋使虚糜”，责令地方对鸦片“善为禁制”。这与张岳崧的禁烟观点较为近似。后英军陷厦门，坐夺职。著有《求真是斋诗抄》不分卷、《诗余》一卷等。生平事迹见《清史稿》卷三七一、《清史列传》卷四八、《词林辑略》卷五等。

冬，岳崧作《上朱咏斋侍郎师书》。

《上朱咏斋侍郎师书》曰：“知按试仅余两属，来岁春融出棚，时日甚宽，可从容峻事。……学臣三年瓜代。”岳崧道光二年(1822)擢陕甘学政，三年(1823)任期将至，故云“瓜代”。朱士彦道光二年(1822)至十年(1830)任兵部侍郎，期间屡掌文武之衡。故推之，此书似作于本年冬。

按，《复程梓庭中丞书》作于陕甘任上。其云：“养民之方，因势利导，要在不扰，外此则教化矣。”道光二年(1822)五月，程祖洛由山东布政使迁陕西巡抚，七月改河南巡抚，至七年(1827)九月丁母忧去官。据信中所言，当作于陕甘学政任上。因道光五年八月岳崧学政任职期满，姑将此文置于本年末。

道光五年乙酉(1825)　五十三岁

此年岳崧陕甘学政任。

二月初五日，因上年末高家堰大堤漫口，湖水外泄，运河水位变浅，漕运阻滞，命江浙督抚议奏试办海运南漕事宜。

四月初九日，伊犁将军庆祥奏称张格尔在塔什霍尔罕，随行只十数人，已不敢回霍罕。

五月二十二日，道光帝令有关督抚就英和所奏《通筹漕河全局折》展开讨论，就海运漕粮表态。

六月二十九日，陶澍奏请来年漕粮河海并运。谕如所请行。

岳崧作《南安书院碑记》。

《南安书院碑记》:“道光四年,使者持节视学,既下车,集髦士语以礼让之风,义利之辩,高明庳琐途辙所由,往复千言。因及学舍,佥曰:‘崇义、崇文书院久圮,南安数椽亦鞠茂草,且若何?’使者曰:‘学校者,人才之本而风俗之纲维也。本之弗图,纲维曷立?诸髦且奚适归乎?亟新之。’吾其倡焉,众悚然首肯。”

按,据邓洪波等编撰的《中国古代书院资料》中记载:巩昌南安书院建成于道光五年(1825)。此年八月,岳崧卸任,冬日入京。《南安书院碑记》文末署为“赐进士第翰林院编修提督陕甘学政琼州张岳崧撰并书丹篆额”,姑系于御任之前。

八月初三丁巳日,由编修冯赞勋接替张岳崧为陕甘学政。

按,据《清朝职官年表》载:道光五年八月初三丁巳日,编修冯赞勋接替张岳崧为陕甘学政。

冬,岳崧以陕甘学政任满,入京供职文渊阁校理。衙门撰文、进奉文字多出其手,颇关注当世之务,天下事了然于心,指陈利弊,河工漕务,政治得失,知无不言,言之剀切,诸公咸服。

张钟彦《澥山公行述》:“乙酉冬,以任满入京,供职充文渊阁校理。本衙门撰文、进奉文字多出府君手。府君心存经济,虽居馆阁,而于当世之务了如指掌。每儤值余暇,与同官从容论天下事。诸师友宦外僚者入都,必就府君讲吏治。府君指陈利弊,知无不言,冀于国计民生稍有裨益。至贻大吏书,若河工,若漕务与夫政治之得失,言之剀切,均可见诸施行,当代诸公咸心折焉。”

梁廷枏《粤秀书院志》卷一六《张岳崧传》:“还都,充文渊阁校理,本衙门撰文。”

十一月二十九日,授长龄为伊犁将军,庆祥为喀什噶尔参赞大臣,兼镶黄旗汉军都统。

道光六年丙戌(1826)　五十四岁

岳崧在文渊阁校理任。

三月初三日,江苏巡抚陶澍奏:本年初次试行海运,截止二月

二十一止，共兑过正耗米一百一十二万二千余石，极为顺利。

四月十四日，户部奏海运沙船陆续到津，据验收大臣咨送米样，查验实系一律干洁，著各仓加紧收贮。

四月二十四日，以在绰勒萨雅克爱曼拿获张格尔所派头目赫尔巴什，赏喀什噶尔参赞大臣庆祥等有功官兵。

六月初五日，台湾嘉义、彰化土民与闽粤客民发生械斗，命提督许松年驰往查办。

六月二十一日，宋代诗人欧阳修生辰，岳崧与诸友人集于吴嵩梁中翰寓斋，赋诗次醉翁亭韵。

张岳崧《欧阳公生辰同人集吴兰雪中翰寓斋次醉翁亭韵》云："心香邈旷代，椒酹陈遗编。四十号醉翁，丙戌今其年。……平生服膺心，匪唯其语言。寤思肃遗像，杖履风翛然。"

按，嵩梁（1766—1834），一字子山，晚号澈翁，别号莲花博士、石溪老渔，以"兰雪"之字名于世，江西东乡人。清代江西诗人自蒋士铨后，继其诗名者当推嵩梁。嘉庆五年（1800）举人，官内阁中书，选知黔西州。室名香苏山馆、石溪舫、听香馆。声名远播中外，朝鲜申纬推之为"诗佛"，吏曹判书金鲁敬以梅花一龛供奉其诗、像。日本商人斤四金购其诗扇。当时名流王昶、翁方纲、秦瀛、法式善、吴锡麒等并相推重，袁枚亦赏叹其诗。著有《香苏山馆集》等。生平事迹见《清史稿》卷四八五、《清史列传》卷七二、《国朝耆献类征初编》卷一四七、《国朝诗人征略二编》卷五二、《清儒学案小传》卷九、《瓯钵罗室书画过目考》卷四、《皇清书史》卷六等。

十一月二十五日，宋湘卒，张岳崧为之作《祭宋芷湾前辈文》。

按，宋湘（1757—1826），字焕襄，号芷湾，嘉应州（今广东梅县）人。《清史稿》本传称"粤诗惟湘为巨"，被称为"岭南第一才子"。乾隆四十三年（1778）考取秀才，五十一年（1786）乡试解元，嘉庆四年（1799）进士，改翰林院庶吉士，五年（1800）还乡，主讲惠州丰湖书院，十年（1805）授翰林院编修，十二年（1807）钦点丁卯科四川乡试正考官，十三年（1808）任戊辰贵州乡试正考官。历任文渊阁校理、咸安宫总裁、国史馆总纂、文颖馆总纂、教习庶吉士等职。十八年(1813)出任云南省曲靖府、广南府、永昌府、大理府、莫南府等诸府大守,领迤西、迤南篆事。道光五年(1825),迁升湖北督粮道。次年卒于武汉湖北观察署任上。今有黄国声校辑《红杏山房集》。生平事迹见《清史稿》卷四八五、《清史列传》卷七二、《国朝耆献类征初编》卷二一三、《国朝诗人征略初编》卷五四、《瓯钵罗室书画过目考》卷四、《皇清书史》卷二七、《国朝书人辑略》卷八及张灵瑞撰《宋芷湾先生年谱初编》等。

本年,进士同年吴慈鹤卒,年四十二,岳崧作诗《挽吴巢松同年四首》悼之。

按,吴慈鹤巢松卒于道光六年(1826),故将此诗系于本年。

吴慈鹤(1778—1826),字韵皋,号巢松,江苏吴县(今苏州)人。嘉庆十四年(1809)进士,改翰林院庶吉士。散馆,授编修。二十四年(1819),充云南乡试副考官。道光二年(1822),督学河南,五年(1825)转山东。官至翰林院侍讲。少随父俊宦游粤东、济南,所为诗规仿徐、庾、孟、韩,为时流所重。性好游览,使车所至,山水为缘,而发之于诗。工诗能词,善骈体文,与彭兆荪交最契。著有《岑华居士兰鲸录》、《凤巢山樵求是录》、《求是二录》、《岑华居士外集》、《岑华馆词》、《凤巢山樵词》等。生平事迹见《清史列传》卷七二、《国朝诗人征略》卷五八、《全清词钞》卷一七等。

本年,署名贺长龄实为魏源所编的《皇朝经世文编》一百二十卷辑成。

本年,友颜伯焘父颜检七十大寿,岳崧为之作《颜惺甫宫保寿序》。

《颜惺甫宫保寿序》:“嗣君鲁舆英敏严毅,年未强,仕由词臣授陕西延榆绥道,廉勤卓著。……今方晋臬使,益将体公训以大其建白。……兹以七秩寿辰,公矍铄强健,含饴弄孙,乐事无极。”

按，张岳崧和颜伯焘交善，集中有《与颜鲁舆观察书》多封书信。颜伯焘道光六年(1826)至七年(1827)为陕西按察使，署陕西布政使。即张岳崧序中所称“方晋臬使”，故推知此序作于道光六年(1826)。上推之，可知颜检生于乾隆二十二年(1757)。江庆柏据颜检《衍庆堂诗稿》卷四《丙寅除夕》、《清史稿》卷三六四本传亦推知为此年。颜检(1756—1832)，字惺甫，号岱山，又号岱云，别号槎客，广东连平人。巡抚颜希深子。乾隆四十二年(1777)，颜检以拔贡生朝考入选一等，初授礼部七品小京官，再升仪制司员外郎、御前校射。此后连丁母忧、父忧，十二年后才升任主事。乾隆五十八年(1793)，出任江西吉安知府，后又任云南盐法道，调任迤南(滇南)兵备道。嘉庆二年(1797)，赴威远(今云南思茅)剿匪(“猓黑军”，以彝族等为主)，擒获匪首札秋，之后擢升江西按察使、河南布政使。四年(1799)调任直隶布政使。宦海四十余年，历百十任。官至漕运总督。著有《衍庆堂诗稿》。生平事迹见《清史稿》卷三六四、《清史列传》卷三一、《国朝耆献类征初编》卷一九一、《续碑传集》卷二一、《国朝诗人征略二编》卷一、《皇清书史》卷一〇等。

本年，友人吴光礼嗣子懋清、懋基请铭于岳崧，为之作《太学生吴溥渊墓志铭》。

《太学生吴溥渊墓志铭》：“嘉庆己未，太学生吴君卒，越七年而葬。又廿年，君嗣懋清、懋基属余补志君墓。余同里，且与君嗣交，不获辞，乃志之。按状君姓吴，讳光礼，字德谦，别字溥渊，太学生，高州吴川县人。……君生于雍正甲寅年八月廿三日，以嘉庆己未年十一月廿三日卒，春秋六十有六。”

按，据此铭所言推之，盖作于吴氏卒后二十七年的1826年。

道光七年丁亥(1827)　五十五岁

本年岳崧记名御史。

张钟彦《澥山公行述》:"丁亥,记名御史。"

本年岳崧寓京师,得以与同乡友张必宽相会。

张岳崧《昭武都尉张公墓志铭》:"道光丁亥,君以都司引见,又晤君京邸。"

二月十四日,浙东盐商捐银一百万两,备回疆军需。

道光八年戊子(1828)　五十六岁

正月二十二日,道光帝接扬威将军大学士长龄等红旗捷报,生擒张格尔。二十三日,以擒获张格尔,赐封长龄威勇公爵,世袭罔替,授御前大臣,准用紫缰,开复一切处分;赐封杨芳果勇侯爵,世袭罔替,准用紫缰,在御前侍卫上行走,开复一切处分。并升赏其他有功人员。二十五日,以平定张格尔之乱,嘉奖军机大臣。实授杨遇春陕甘总督。确定新疆官员考察制度。

本年岳崧擢升为翰林院侍讲,充日讲起居注官。

张钟彦《澥山公行述》:"明年(道光八年)擢升翰林院侍讲,充日讲起居注官。"

梁廷枏《粤秀书院志》卷一六《张岳崧传》:"戊子,迁侍讲,充日讲起居注官。"

受杨登魁嗣子超任之请,为其父作《武翼都尉杨公墓志铭》。

《武翼都尉杨公墓志铭》:"公杨姓,讳登魁,字象文,号步云。先世秦之华阴人,曾祖康熙中由武进士仕蜀,为冕宁卫。……遂家焉。父柏茂,官千总,子四,公其长也。……以嘉庆庚辰年三月十五日辰时卒会盐官署,距生于乾隆庚辰年四月初二日申时,年六十有一。……公元配贾、继配南,皆无子,以其三弟之子超任为嗣。超任道光二年副榜,就职州判,入赀为布政司经历,八年从办西陲善后事宜得功，议叙州牧，选授云南晋宁州知州。超任葬公冕宁祖茔，乞余铭幽。"

陕甘总督杨遇春与嘉庆帝同岁，次年将与德配田夫人均七十大寿，蒙道光帝圣恩，赐联额为寿。岳崧时任陕西学政，为之作《杨时斋制军双寿序》。

《杨时斋制军双寿序》："道光八年，岁在著雍困敦。西陲底定，献俘告功，天子甄勋策赏，特以我时斋年伯实授陕甘总督，温旨褒奖兼赐紫缰。其明年，公与德配田夫人均七帙，蒙恩赐联额为寿。……仁宗睿皇帝褒嘉数四。……召见时执手慰劳谕曰：'卿与朕同岁，年力富强，如有军务须为我独当一面。'今上登极，赐手批云'汝之功勋朕所素知'。……而我海梁同年升授河抚，禀庭训而能于职，堂构箕裘，极德门之盛事，备人臣之显荣，可谓盛矣。……某等以年家子耳熟勋猷，敢绎'师贞'之义，紬'元老'之诗，敬陈寿国寿民寿身之理，为难老祝。极知管蠡未当万一，然必欲侈陈勋伐夸耀威棱，非公之所以为心，尤非公之所以为寿也。公得无掀髯浮白而颔首予言。"

按，杨遇春(1760—1837)，字时斋，四川崇庆州人。六岁入家塾，十七岁时因家道中落转而习武，乾隆四十四年(1779)中武举人，历乾隆、嘉庆、道光三朝，每遇军务，无不从伍驰驱。一生经历大小战斗数百次，皆陷阵，冒矢石，或冠翎皆碎，或袍袴皆穿，未尝受毫发之伤，世称"福将"；其部每战必张黑旗，时称杨家军。为反对外来侵略、维护多民族国家的统一和领土完整，作出过巨大贡献。乾隆五十六年(1791)，廓尔喀(即尼泊尔)封建主入侵我国西藏，攻占日喀则，破坏札什伦布寺。翌年，清政府派福康安为统兵大臣，进行反击。杨遇春随福康安出征有功，擢任四川城守右营守备。后升任固原提督。后随福康安镇压甘肃田五起义、台湾林爽文起义及贵州、湖南苗民起义，深受其赏识。嘉庆二年(1797)，开始参与镇压川楚白莲教起义，为经略大臣额勒登保所倚重。五年(1800)，以提督率军独立作战。起义军著名领袖覃加耀、罗其清、冷天禄、阮正隆、王廷诏等多人先后被其杀害或俘获。十一年(1806)六月,陕西宁陕镇驻兵因减发银两而哗变,变兵攻城劫狱,杀死官员,发展到一万余人,清廷派德楞泰、杨遇春等率军平定。十八年(1813),杨以参赞大臣率兵镇压了天理教起义后,又镇压了陕西南山厢工起义。道光五年(1825),署理陕甘总督。该职此前很少由汉人承当。六年(1826)张格尔在英国殖民主义者支持下叛国,勾结浩罕(今乌兹别克共和国东部)、阿富汗等外国势力,煽动喀什噶尔(今新疆喀什)、英吉沙尔(今新疆英吉沙)、叶尔羌(今新疆叶城)、和阗(今新疆和田)南疆四城叛乱,进行分裂祖国的活动。道光皇帝下旨,命杨遇春"以钦关大臣统陕甘兵五千赴哈密,会诸军进剿"。是年十一月,杨遇春与扬威将军长龄、参赞大臣武隆阿驰往征讨。收复喀什噶尔后,由杨遇春独当一面,指挥全局。先后转战半年,次年五月全部收复。同年除夕,张格尔被擒,叛乱平定。八年(1828)正月,由署理陕甘总督改任实授陕甘总督。六月,张格尔伏诛。朝廷论功行赏,命绘杨遇春肖像存于紫光阁。十年(1830),张格尔的哥哥玉素普纠结布鲁特、安集延数千人马,进入边防卡伦侵扰。杨遇春又作为钦差大臣,带本标将士驻扎肃调度,最终平定了喀什噶尔等处的叛乱,再次维护了国家的统一。十五年(1835),以一等昭勇侯致仕。十七年(1837),病逝于成都南门外"望禾亭"别墅,后移葬崇庆州娘娘岗祖茔。道光皇帝又赠予太子太傅衔,照兵尚书例赐恤,入祀贤良祠,谥号"忠武",故后世又遇春为"杨忠武侯"。其子杨海梁与张岳崧同年。

九月十九日,以宝华峪陵寝地宫渗水,查抄英和等主持建陵官员家产。

十一月初六日,禁广东、福建等地流通外国钱币。

道光九年己丑(1829)　五十七岁

本年岳崧翰林院侍讲,日讲起居注官任。

正月二十五日,道光帝谕两广总督李鸿宾:“嗣后该省通商,务当恪遵定例,只准易货,不许易银。”

二月初三日,道光帝以平定回疆,告成太学,命勒石于大成门外,亲笔书写碑文。二十五日,收缴销毁广东省洋钱。

十二月初五日,英国货船停泊澳门外洋,要求废除行商制度。道光帝谕:“(该夷船等)倘仍以所求未遂,故作刁难,著即不准开仓,严行驱逐。即有一二年少此一国货税,于国帑所损无几,而夷烟不入,官银不出,所全实多。”十六日,外国船只来华,多载洋钱,收买纹银,装运鸦片,行销各口,耗财伤人,著究明弊源,严行查禁。

道光十年庚寅(1830)　五十八岁

本年岳崧日讲起居注官任。

正月二十日,以两淮盐务敝坏已极,命湖广、江西、河南、两江督抚查禁私盐。

岳崧京官考核为一等,记名以道府用。

张钟彦《澥山公行述》:“庚寅京察一等,记名以道府用。”

三月,为座师陈寿祺作《陈恭甫师六十寿序》。

《陈恭甫师六十寿序》:“道光十年,岁在上章摄提格,丙月为我师恭甫夫子周甲揽揆之辰,门弟子某等宦迹邈隔,弗获诣函丈……”

三月二十二日,谭敬昭卒。张岳崧有诗《题谭康侯民部敬昭遗照》。

按,谭敬昭(1773—1830),字子晋,号康侯,广东阳春人。嘉庆二十二年(1817)进士,官户部主事。先后受知于曹仁虎、戴衢亨、姚文田。为部曹十余年,罕与上官接谈,暇余辄手一编，萧然自得。淹博群籍，工于文词，尤肆力于诗。溯沿风骚，沉浸乐府，取法汉魏六朝及唐宋，自辟堂宇。所拟《答客难》一首、《七稽》一首，甚称于时；其乐府尤独出冠时，极为冯敏昌等所推崇；曾赋《鹏鹤篇》投黎简，黎叹为异才。与张维屏、黄培芳齐名，并称“粤中三子”；又与林联桂、黄玉衡、黄培芳、张维屏、吴梯、黄钊等合称“粤东七子”。著有《听云楼诗钞》、《词钞》。生平事迹见张维屏《松心文钞》卷九《中宪大夫户部主事谭君墓志铭》、《清史列传》卷七三、《清史稿》卷四八六、《国朝诗人征略二编》卷五九等。

闰四月二十二日，林则徐与进士同年 34 人雅集北京宣武坊南龙树院，周凯绘图，则徐题记。

六月十七日，道光帝定《查禁鸦片内地行销章程》。二十九日，林则徐受任湖北布政使。此月，林则徐在京与张维屏、朱为弼、周凯、黄爵滋、彭蕴章、查揆、魏源、顾元恺等人宴游唱和。

八月十二日，同年戚人镜卒，岳崧为之作《戚蓉台洗马同年哀词》。

按，戚人镜（1784—1830），原名士镜，字仲兰，号蓉台，一号鉴堂，钱塘（今浙江杭州）人。其先为武林王氏，高祖某长于外家，遂从其姓。生而诚笃，四岁失怙。俨如成人，奉母懿教，卓然不同流俗。所慕皆能诚事，其才迥异众人。嘉庆九年（1804）中举，十四年（1809）进士及第，授翰林院检讨，后擢司经局洗马、山东、山西副考官、顺天乡试同考官，官至贵州学政。二十三年（1818），特命馆臣仿宋范祖禹《唐鉴》一书，纂辑《明鉴》二十四卷，以备乙览。人镜与张岳崧同为武英殿刊本《明鉴》纂修官，两人一同因按语弗称帝意而遭黜。陈康祺《郎潜纪闻四笔》卷七记载嘉庆时戚人镜受命纂修《明鉴》，撰稿中谈到“本朝与明构兵事”，因秉笔直书，而惹嘉庆大怒，致使戚人镜下狱。大臣松筠称，乾隆帝曾明确指示，“以前明之事，宜直书不宜避忌”。嘉庆“令检《实录》进呈，戚始免罪”。松筠出，责曹振镛不应漏记乾隆敕谕而不进言营救戚人镜。此即所谓"松筠一言救戚人镜"。道光元年(1821),奉命提学贵州。在黔督学,讲明义利,示以体用,刊《小学人谱》诸书,劝训士民。尤喜奖掖后进,乐此不疲,认为"得一佳士即朝廷异日得一好官也"。当时道德贤能之士奎聚壁合,皆由其平时督导劝训之功。九年(1829)十一月母丧,哀号过度。十年(1830)将扶柩回籍,而哀痛未息,八月十二日长逝。年仅四十七。人镜与张岳崧为同年进士,与唐鉴交最深,次子贞即为唐鉴婿。又与曾燠、顾莼、朱为弼、吴嵩梁、陈孚恩交游。曾燠《赏雨茅屋诗集》有诗《顾南雅、吴霁峰、戚蓉台(人镜)、张翰山(岳崧)、朱椒堂(为弼)、吴兰雪(嵩梁)、陈子鹤(孚恩)诸君邀今早起赴丰台观芍药盖预约卖花人留下者,晚归复分送数枝,赋此为谢并呈同席列公》可证。生平事迹见《国朝耆献类征初编》卷一三二、《续碑传集》卷一八唐鉴《朝议大夫司经局洗马戚君墓志铭》、《清儒学案小识》卷九等。

十月二十二日,兵部左侍郎蒋攸铦卒于任途,为之作《祭蒋励堂相国文》。

按,蒋攸铦著、蒋霨远注《绳枻斋年谱》:"蒙特召来京供职……府君精力虽逊于前,而脾泄气坠,诸恙渐差。……十月十八日,行次平原驿,晨起忽气逆痰涌,急进疏顺之剂,病势稍减,而言语蹇涩,手足艰于动作,延至二十二日申刻,端坐而逝。"(《北京图书馆藏珍本年谱丛刊》,第 130 册)蒋攸铦(1766—1830),字颖芳,号砺堂,辽东襄平人;隶汉军镶红旗,先世由浙江迁辽东,国初入关居宝坻。父韶年,官知州。幼颖特,年十三为诸生,乾隆四十九年(1784)进士,改翰林院庶吉士。五十二年(1787)散馆,授编修。次年充福建乡试副考官。数掌文衡,充贵州、陕西、河南乡试正考官。后历任江南道御史、按察使、江苏布政使、浙江巡抚。嘉庆十六年(1811),蒋奉旨接替松筠担任两广总督。二十年(1815),粤东濒海例准洋船贸易,英护货兵船不遵定制,蒋示以军威,因请民人不得为洋人服役,严禁洋行建洋式房屋等,均如所议。道光二年

(1822)，命为刑部尚书。三年(1823)授直隶总督，四年(1824)拜协办大学士。五年(1825)，由直隶总督内召为军机大臣，不久被权臣曹振镛当面排挤，外放两江。十一月召回入京，在军机大臣上行走。六年(1826)三月，充会试正考官。七年(1827)三月，因河湖交敝，运道不通，命其往勘河事。八年(1828)授两江总督。十年(1830)坐监枭事而左迁侍郎，十月殁于旅途中，赐祭葬，谥文勤。性强记，几于过目不忘，尤熟《左传》。年十八，举顺天乡试，出翁方纲门下，是科诗题"仙露明珠"。刘文清公阅其卷诗云"月静珠腾海，天高露洗秋"，击节称赏，谓当作太平宰相。法式善《梧门诗话》曰："少年入词馆，风度冲雅，尤工诗……著语清婉。"有《绳枻斋诗稿》十二卷、《黔轺纪行集》一卷存世。蒋氏为政明而不苛，清而不刻，饬武备清吏源，尤壹意以培植贤才扶持善类为念。所荐达者多任封圻，跻显秩，尤著者如唐仲冕、严如煜、刘清、赵慎畛、陶澍、林则徐。蒋氏曾为张岳崧上司，其查禁洋人事务和河事防汛诸事，对后者不无影响。生平事迹见自编《绳枻斋年谱》、《清史稿》卷三六六、《清史列传》卷三四、《国朝耆献类征初编》卷三八、《续碑传集》卷二、《国朝先正事略》卷二一、《国朝诗人征略二编》卷四三、《词林辑略》卷四、《清代河臣传》卷三等。

十二月十八日，定《严禁内地种卖鸦片烟章程》。二十一日，以两淮官引滞销，将两淮盐务改归两江总督管理，裁撤两淮盐政。

本年岳崧居京师，观摹海瑞诗。

张岳崧《题手摹海忠介公诗翰卷》曰："道光庚寅，予官京师，有持此卷索题者，阅之，则吾里有明海忠介公诗迹也。"

道光十一年辛卯(1831)　五十九岁

本年三月前，张岳崧日讲起居注官任。

二月十五日，道光帝重申严禁各省种植、贩卖鸦片。

三月十六日，两广总督李鸿宾等奏：去年春至今，崖州数部黎

匪抢掠，调派官兵围剿镇压。张岳崧作《抚御琼黎论》，上奏道光帝。

《道光朝上谕档》道光十一年(1831)三月十六日："协办大学士两广总督李(鸿宾)奉上谕。据李鸿宾等奏，上年春间，崖州黎匪黎那鸡等因歉收乏食，出至民村抢掠，经琼州镇道府督兵围捕，旋即悔罪自杀，首犯投首。迨十一月内复有黎匪纠集多人抢劫滋扰……据该督奏于二月十六日前赴琼州督办，业经降旨谕令迅速办理。该督务将逃逸各犯悉数擒拿并究明起意，纠抢首犯是否实系韦色容等数人？按名捕获，从重究办，速行竣事，以靖闾关。"

三月二十一日，岳崧奉旨授任江苏常镇道通海兵备道。赴任前请旨时，道光帝大加褒奖，口谕曰："有学问人品，朕所深知。"另，座师陈嵩庆为之作诗《送澥山观察年兄之官江南二首》，今载《张氏族谱》。

张钟彦《澥山公行述》："辛卯三月，奉旨补授江苏常镇道通海兵备道。召见，蒙圣训，周详垂询家世历官，甚悉，并承温旨褒奖，有'学问人品，朕所深知'之谕。"

唐鉴《张君墓志铭》："辛卯三月，简授江苏常镇通海兵备道。"

梁廷枏《粤秀书院志》卷一六《张岳崧传》："辛卯，擢常镇通海道，会堤工险要迭出，亲诣督办，随奉命赈抚江北，全活甚众，擢两浙盐运使，转浙江按察使。"

《道光朝上谕档》道光十一年(1831)三月二十一日："内阁奉上谕，江苏常镇通道员缺，著张岳崧补授。河南河北道员缺，著文冲补授。江苏淮扬道员缺，著该督抚照例拣员题补。钦此。查江苏常镇通道系冲繁难要缺，河南河北道系繁难要缺，均应请旨简放。"

五月二十五日，道光帝谕："鸦片烟多系来自外洋，实聚于广东，若不杜绝来源，是不揣本而齐末，虽内地严定章程，于事究无裨益。"令两广总督李鸿宾定立查禁章程。

六月十六日，道光帝定《买食鸦片惩处条例》。

六月十八日，西北风大作，惊波撼堤。二十一日至二十八日，岳崧甫赴新任，即率民众竭力抢险，终保无虞，但邻境马棚湾决堤。

张钟彦《澥山公行述》:“六月十八日,西北风大作……府君冒风雨驻泥淖中,众以堤险请避。府君曰:‘堤以卫民,避将焉往?’自丑至申,督率员弁竭力抢护,卒以无虞。而邻境马棚湾终于是日冲决。”

按,内阁大库档案有吏部道光十一年(1831)六月廿一日奏折,其云:“移会稽察房,两江总督陶澍奏,新任苏松粮道陶廷杰前经委署常镇道印务,兹常镇道张岳崧现已到苏即赴新任,苏松粮道陶廷杰现已交卸,应即饬该道前赴新任。”

岳崧观察江南防汛河堤事。

张岳崧《沌口舟中二首》自注:“予辛卯(道光十一年)观察江南防汛河堤事。”

河决堤成灾,岳崧奉旨偕林则徐办理江北赈抚事宜,直至十一月事毕,捐俸救济灾民,并著《下河水利论》三篇。

张钟彦《澥山公行述》:“其年,大府以河决告灾,奉旨特命府君偕林少穆方伯总司江北赈抚事宜。未几,方伯擢河帅去,而代任赵菊言方伯未至。府君犯风雪涉险阻,独以一身周历水乡十余邑,稽察户口,监放米粮,凡五阅月而竣。府君愍老弱饥寒,捐俸制棉衣数千领,复制疗饥丸数千颗,随在散给,所全活甚多。因勘灾所至,周鉴形势,著《下河水利论》三篇,大意以禁民竭水道,而于高仰地疏浚诸闸,使河之入江者徙而入海。时当事以工巨用繁,格而未行。”

《清史列传》卷三七《朱士彦传》:“(道光十一年九月)又以淮扬各官多系调署,于地方情形未能熟悉,请饬令江宁布政使林则徐、常镇通海道张岳崧总司江北赈务,至马棚湾一带,灾民挑工糊口,其老弱妇女不能工作者,应请速查给赈,从之。”

岳崧整饬吏治,顿除陈弊。案无留牍,讼无积压。

张钟彦《澥山公行述》:“常镇地处冲区,号称繁剧,兼辖扬州关务及里河诸口。胥吏徒役百十辈相缘为奸,则商旅交病。府君力图整饬,防察綦严,顿除积弊。其为政务,与民同休戚。案无留牍,讼久不决者得一言立判。”

七月初八,林则徐调任江宁布政使。

十月，五兄张岳崇玉峰六十大寿，数年后为之作《玉峰五兄寿序》。

《玉峰五兄寿序》："道光辛卯十月，为我玉峰五兄大人六十寿。时某以侍讲分巡江苏，明年迁浙，又明年蒙恩内召再由宫詹出为楚北布政使。宦辙驰逐，竟未暇撰文为兄寿。……某别兄廿年矣……于是乎书。"

十月二十九日，道光帝惩处吸食鸦片烟之掌仪司太监张进幅等八人。

十二月八日，岳崧查赈江苏泰州。

张岳崧有诗《十二月八日查赈泰州舟泊繁汉》。又岳崧《运河北行记》："辛卯年，余任常镇道，奉命总江北赈抚事宜。"

按，泰州在长江以北，诗与记所载正相吻合。

此月，岳崧升授两浙盐运使。

张钟彦《澥山公行述》："是年十二月，奉旨升授两浙盐运使。"唐鉴《张君墓志铭》："十二月，升授两浙盐运使。"

本年，曾燠卒，年七十二。

浙江按察使任上，撰《理安访梦图记》。

按，清梁章钜、梁恭辰编著《楹联三话》卷上："理安寺联余来往西湖逾五十年，熟闻理安之胜，而游踪迄未能到。今年中秋，始与赵蓉舫学使、固莲溪将军为看桂花同涉理安之顶。逾旬余日，又挈恭儿、英儿、蕙妇、俦孙再往游。前数十年所欲一到而不能者，今兼旬而再至其地，不可谓非胜缘。曾赋诗纪之，末联云：'果否真灵关位业，清凉亭畔一盱衡。'自注云：'相传觉罗桂文敏公、歙县曹文正公皆由理安寺僧度世，实未详其事也。第二游始登松颠阁，读桂杏农观察一联并跋语，方悉其原由。'联云：'薄宦寄明湖，有梦难寻荆树影；前因迷法雨，招魂空叩木犀禅。'跋云：'甲戌春，先宫保文敏公鞫狱粤西，道卒于武昌行馆。太傅曹俪笙师忽梦兄曰：我与公皆理安寺僧，今当归矣。愕然而觉。越日，楚督奏函适至，遂以上闻。辛卯，余分巡浙西，携真庵弟同诣理安。修篁叠嶂，梦又成空。爰楹志鸰原之感。觉罗桂菖识并书。'"按，曹文正师骑箕之前数日，相传亦有梦征，则“真灵位业”殆非虚妄。惜无好事者合塑二像于阁中以张其事，使无观察此联，则何人更能理其说乎。张岳崧《理安访梦图记》有云：“嗣后，文敏公之弟杏农观察分巡浙右，亟访理安寺。……惘惘而归，遂写此图，题曰：‘理安访梦。……某受文敏师知遇，获交观察廿年矣。兹同官浙中，观察示图命为记，遂书所见以复观察，月日某记。’”另，据清代职官年表，道光十一(1831)至十三年(1833)，张岳崧先后任浙江盐运使、两浙盐运使、浙江按察使。此记当作于此三年间。

道光十二年壬辰(1832)　六十岁

正月二十九日，上谕：“凡白阳、白莲、八卦、红阳等教之教首，无论罪名轻重，遇恩赦之际，一律遇赦不赦。”

二月初五日，道光帝定遏止鸦片来源章程。命直隶、福建、浙江等省督抚，严饬海口，随时查禁偷贩鸦片。

四月，岳崧就任两浙盐运使，治理盐敝，筹备兵饷，裁革旧俗。

张钟彦《澥山公行述》：“明年四月履任时，承盐务大敝，兼值湖南用兵，农部征饷至数十万。府君洁己励俗，裁供亿，革奢习，讲缉私畅引之方，以振商力而清帑项。”张岳崧《玉峰五兄寿序》：“道光辛卯十月，为我玉峰五兄大人六十寿。时某以侍讲分巡江苏，明年迁浙。”

五月十四日，道光帝批准两江总督陶澍奏请于淮北试行票盐章程。

六月初七日，道光帝严禁不准英吉利赴闽浙贸易。

七月初二日，道光帝命李鸿宾等妥筹防堵，勿使洋船驶入江浙洋面。

八月，岳崧由两浙盐运使升授浙江按察使，因代任者未至，兼摄二职。

张钟彦《澥山公行述》：“八月，升授浙江省按察使。时代任者未至，兼摄二篆，政务尤繁，府君措理裕如。”

唐鉴《张君墓志铭》:“壬辰八月,升授浙江按察使。”

九月初四日,以英船驶入内洋,道光帝命沿海整顿水师。

十月,岳崧卸任两浙盐运使。离任之际,耆民焚香夹道跪送。

张钟彦《澥山公行述》:“十月,卸运篆。……府君于治狱一以哀矜谨慎为主。去之日,耆民遮道焚香跪送。”

约此年后岳崧作《唐张司直书〈吴季子碑〉摹本跋》。

《唐张司直书〈吴季子碑〉摹本跋》:“嘉庆庚辰年,余客邗江,得摹本,重仿焉……昔嘉庆己卯,余客芜城,得见《吴季子碑》摹本于友人,所爱而仿之。郭兰石同年见而赏焉,为跋语且属入石。比年捧檄外任,簿书鲜暇,而兰石已归道山。”

按,兰石即郭尚先之号,与岳崧同为嘉庆十四年(1809)进士。尚先卒于道光十二年(1832)十二月廿九日,故将是跋系于此。

道光十三年癸巳(1833)　六十一岁

本年五月前,岳崧任浙江按察使。

正月二十日,道光帝命沿海各省督抚严防外国船只侵入内地洋面。

二月二十八日,岳崧六十一寿辰,护理巡抚颜伯焘为之作《澥山翁六旬晋一序》。

三月二十九日,岳崧跋元人黄公望《秋山图》。

张岳崧《元黄子久〈秋山图〉跋》:“右黄子久《秋山图》卷……道光癸巳三月晦日,雨窗无事,翻阅翰墨,漫书其后。题跋诗句不佳,字迹亦劣。吴仲圭数行,尚是率意真笔。”

按,据《二十史朔闰表》,此年三月初一为壬申日,四月初一为辛丑日,推之三月晦日当为二十九日。

又按,黄公望(1269—1354),字子久,号一峰,后入全真教,又号大痴道人,晚年结茅庵于圣井山,故又号井西道人,江苏常熟人。晚年作品追求神采、气韵,将诗、书、画融为一体,不重形似，笔法简练精到，笔意深远苍茫，峰峦浑厚，气势雄秀。“元四家”之一。作品很多，尚存世的有《富春山居图》、《九峰雪霁图》、《丹崖玉树图》、《天池石壁图》、《溪山雨意图》等51件，其中20余件流散在美国、日本、英国等地。其名作《富春山居图》一部分藏浙江省博物馆，一部分藏台北“故宫博物院”。著作除《道藏》所收外，尚有《大痴道人集》、《画山水诀》等。

又按，吴镇（1280—1354），字仲圭，号梅花道人，尝自署梅道人，浙江嘉兴魏塘人。工词翰，草书学辩光，山水师巨然，墨竹宗文同。擅于用墨，淋漓雄厚，为元人之冠。兼工墨花，亦能写真。

大约同时，岳崧得明人沈周《西畴图》，作跋收藏之。

张岳崧《明沈石田〈西畴图〉并自跋》：“此石田老人趣谈，格意苍老，迥非寻常涂抹家所能仿佛。此当气韵辨之，可为知者道也。道光癸巳，予得斯图于武林，客疑其伪。予曰：‘仆亦未亲见石田翁吮毫搦管，何以知其非伪？’客曰：‘然则何取乎？’予曰：‘以君之目为伪也而取之。’客顾而笑，予亦为莞尔也。书而藏之。”

按，沈周（1427—1509），字启南，号石田，自称白石翁，《清河书画舫》谓初号玉田翁，长洲（今江苏苏州）人。其画以水墨山水为艺林绝品，细笔山水亦具浑沦气势，“细沈”尤为人珍视。其人物、花鸟善用重墨浅色，饶有韵致。为明代中期著名画家，与文徵明、仇英、唐寅等并称“明四家”。

五月，岳崧擢大理寺少卿。

张钟彦《澥山公行述》：“五月，奉旨升授大理寺少卿。”

唐鉴《张君墓志铭》：“癸巳，升授大理寺少卿。”

梁廷枏《粤秀书院志》卷一六《张岳崧传》：“癸巳，召为大理寺少卿。”

六月十一日，为防止纹银出洋，规定“嗣后内地民人赴粤贸易，只准以货易货，或以洋银易货，不准以纹银易货。外洋商人在粤贸易，亦只准以货易货，或以纹银易货，不准以洋银易货”。

秋，皇帝内召，岳崧经京杭大运河赴京。

张岳崧《运河北行记》："余癸巳秋，由浙臬蒙恩内召，始经行此。"

七月十四日，岳崧行至淮安府，拜太守周焘。

张岳崧《运河北行记》："七月十四日至淮安府，拜周听松太守焘，贵州人。……辛卯年，余任常镇道，奉命总江北赈抚事宜，数至其属，与太守共事，知其能。"

七月十五日，岳崧拜访河库道李春畹同年，未遇。拜访河帅张芥航、淮海道文三兄麟、淮扬道王雪耕贻象、里河厅王廷彦、署清河县陈，俱不遇。归舟饭后，李春畹、王廷彦、张芥航、前扬粮厅孙国寿、同里河员颜尔懋来访。

按，详见张岳崧《运河北行记》。

七月十六日，岳崧至杨家庄。

按，详见张岳崧《运河北行记》。

七月十七日，岳崧晚至众兴集，距桃源县十余里。

按，详见张岳崧《运河北行记》。

七月十八日，岳崧在舟中。

按，详见张岳崧《运河北行记》。

七月十九日未时，岳崧至宿迁县。

按，详见张岳崧《运河北行记》。

七月二十日未时，岳崧至窑湾口。

按，详见张岳崧《运河北行记》。

七月二十一日，岳崧过王丹山、梁王城闸。

按，详见张岳崧《运河北行记》。

同乡好友张以宽卒，享年六十三岁。

张岳崧《昭武都尉张公墓志铭》："君生乾隆辛卯年正月廿四日，以道光癸巳七月廿一日卒，春秋六十有三。"

七月二十二日巳时，岳崧至韩庄闸，遇漕帅贵云西（即富察·贵庆）师、江西粮储道廖仪卿同年，留谈甚久，晚饭于云西师舟中。

按，详见张岳崧《运河北行记》。

七月二十三日早，岳崧访廖仪卿舟中。

按，详见张岳崧《运河北行记》。

七月二十四日，岳崧至济宁州，拜晤观察敬文。又访州牧王公镇未得。遂访州倅同里丁瑶泉宗洛。

按，详见张岳崧《运河北行记》。“观察敬文”、“州牧王公镇”具体不详。

七月二十五日，岳崧过分水龙王庙。

按，详见张岳崧《运河北行记》。

七月二十六日，岳崧于舟中。

按，详见张岳崧《运河北行记》。

七月二十七日，巳时岳崧过阿城上下闸。午时，过东昌府。暮，过清河闸。达晓，至临清州。

按，详见张岳崧《运河北行记》。

七月二十八日，岳崧于舟中。

按，详见张岳崧《运河北行记》。

七月二十九日，岳崧至武城县。达晓至郑家口。

按，详见张岳崧《运河北行记》。

七月三十日，未时岳崧抵故城县，暮过德州。

按，详见张岳崧《运河北行记》。

八月初一日，岳崧晚抵东光县，达晓至戚家堰。

按，详见张岳崧《运河北行记》。

八月初二日，岳崧早遇颜鲁舆扶尊人惺甫先生柩南来，过船哭奠，与之晤谈半晌。午时过博河驿，晚至兴济，晨抵双塘。

见张岳崧《运河北行记》。

八月初三日，巳时岳崧过静海县，晚泊天津。

按，详见张岳崧《运河北行记》。

八月初四日，早，岳崧抵京。

按，详见张岳崧《运河北行记》。

八月初六日，岳崧入都城，并作《运河北行记》。途中作诗《七月十六日张家口渡黄河》五首。

按，详见张岳崧《运河北行记》。岳崧《七月十六日张家口渡黄河》其五“圣恩迁执法”，自注云：“时以大理寺少卿内召。”但据《运河北行记》所载，断非七月十六日过黄河，当为七月二十六日，盖岳崧误记，抑或诗集脱“二”字？

岳崧入京后，帝垂询任职情况，并加以训导，大理寺应与刑部、都察院联合审判，以免造成冤假错案。

张钟彦《澥山公行述》：“五月，奉旨升授大理寺少卿。府君入都，蒙皇上垂询历官情形，并论大理职在法司，有要狱当与刑部、都察院虚心审拟，以成信谳。”

九月初四日，岳崧奉旨补授詹事府詹事，十一日上任，到任八日，十九日简放湖北布政使。

唐鉴《张君墓志铭》：“九月，升授詹事府詹事，到任八日，简放湖北布政使楚北旬宣。”

张钟彦《澥山公行述》：“甫至任八日，复蒙简放湖北布政使。”

梁廷枏《粤秀书院志》卷一六《张岳崧传》：“是秋，擢詹事府詹事，履任甫八日，即奉湖北布政使之命，至则严惩积蠹，恤养流民，一切实政，皆本实心行之，数护抚篆。先是祀典，有江神无汉神，先生以汉水势急，冲堤易溃，疏请立庙荆州，奉旨允行。”

张岳崧《玉峰五兄寿序》：“道光辛卯十月，为我玉峰五兄大人六十寿。时某以侍讲分巡江苏，明年迁浙，又明年蒙恩内召再由宫詹出为楚北布政使。”

按，据《清朝职官年表》戴，道光十三年(1833)九月十九丙戌日，授詹事张岳崧为湖北布政使。上推之，可知九月十一日任詹事。又按，内阁大库档案有吏部道光十三年(1833)九月六日奏折，其云：“为所有开列(太仆寺)卿一本应升人员内大理寺少卿张岳崧，于本月四日奉旨补授詹事府詹事，例应扣除，相应移会内阁典籍厅查照办理。为开列宗人府丞一本应升人员内大理寺少卿张岳崧，已补授詹事府詹事。其夹片内衔名应行扣除，大理寺少卿尚未补授，移会内阁票签处票签注明。”据此可知，岳崧于九月四日补授詹事，十一日到任。又按，内阁大库档案有吏部道光十三年(1833)九月廿二日奏折，其云：“移会稽察房，奉上谕，湖北布政使员缺著张岳崧补授。”

冬，岳崧至湖北上任布政使。

张岳崧《与河南密县宰王仁庵书》曰：“仆于十三年冬至楚，屈指岁余。”

道光十四年甲午(1834)　六十二岁

二月二十日，陈寿祺卒，年六十四。

三月，岳崧以湖北布政使充任湖北巡抚。

张钟彦《澥山公行述》：“三月，护理巡抚事。”

按，《清朝职官年表》此年未题岳崧护理巡抚事，盖承前省之故。抑或漏略？

武昌府斗姥阁重修完工，岳崧代作《重修武昌府斗姥阁碑记》。

《重修武昌府斗姥阁碑记》：“岁某某，余奉命督楚。……时与中丞公及监司守宰筹救灾恤民之政。……癸巳仲冬之望，与中丞公阅江岸石工，因登黄鹄矶周览形胜，求阁遗基，鞠为茂草，不足以壮屏藩而隆砥柱。乃集议捐俸庀材召役，无陋无侈，聿还旧观。次年甲午三月，阁成。”

岳崧姻亲湖北房县知县符其珍调任湖南安仁知县。

按，内阁大库档案有吏部道光十四年(1834)三月三十日奏折，其云：“移会稽察房，奉上谕，湖北房县知县符其珍与藩司张岳崧系属儿女姻亲，自应照例回避。符其珍著调补湖南安仁县知县，所遗湖北房县知县员缺即以胡筠对调。”

四月初二日，从黄爵滋奏，道光帝命各省查究偷漏洋税，禁纹银出洋。

五月，岳崧回任湖北布政使。

张钟彦《澥山公行述》：“五月，回本任。”

六月初九日，英国新任驻华商务监督律劳卑到达澳门。六月

十九日，抵广州，致书两广总督被拒。两广总督随即命令律劳卑离开广州，律劳卑不从。

七月二十九日，两广总督卢坤下令停止中英贸易。

八月初五日，律劳卑命令英国兵船二只闯入广东省内河，轰击炮台。

八月二十七日，卢坤解除封仓禁令，广州恢复中英贸易。

九月，岳崧复以湖北布政使充任巡抚。

张钟彦《澥山公行述》："九月，复护抚篆。"

初九日，律劳卑病逝于澳门，英人德庇时代理英国驻华商务监督。

冬月，岳崧典乡试武举。

张钟彦《澥山公行述》："其冬，典校武闱乡试，遴选复核尤极精详。"

十一月，岳崧作《与朱椒堂漕帅书》。

《与朱椒堂漕帅书》曰："顷闻荣任帅漕，移节南下，庆同在已，载颂载欣。……其备员楚北，殊愧滥竽。"

按，朱椒堂即朱为弼，此年十一月升任漕运总督。岳崧信函故系于此。与岳崧等人诗酒唱和，详见道光十年(1830)"戚人镜"条。朱为弼(1771—1840)，字右甫，号椒堂，又号颐斋，浙江平湖人。幼丧父母，以孝敬祖母名闻乡里。为弼深通经学，精研金石，尤嗜钟鼎文。嘉庆二年(1797)，阮元督学浙江，创办诂经精舍，聘请为弼参与修辑《经籍纂诂》，并为阮元所撰《积古斋钟鼎彝器款识》稿审释、作序、编定成书。嘉庆十年(1805)进士，授兵部主事，迁员外郎。十二年(1807)丁母忧。二十年(1815)充马馆监督，二十二年(1817)补主事；二十四年(1819)升员外郎，八月充顺天乡试同考官，十二月记名以御史用。道光元年(1821)五月，授河南道监察御史，上疏缉捕赣闽浙边界盗匪，杜绝滋事。旋转掌京畿道，适值畿辅遭受水灾，疏请救灾。三年(1823)二月迁礼科给事中，又疏陈江苏海口壅塞，浙江上游均受其害，奏请疏浚太湖下游浏河、吴淞江、太湖一带水道，以解决长江口壅塞和浙江上游淤害，为一劳永逸之计，如所议行。疏请整顿京师缉捕，劾仓场覆奏海运仓豆石霉变情形不实，命大臣按鞫，侍郎和桂、张映汉并被谴。四年(1824)四月，擢顺天府府丞，次年迁府尹。十一年(1831)四月升通政司副使，七月补太常寺卿。十二年(1832)二月转宗人府府丞，四月升都察院左副都御史。林则徐对他清操自守、刚正不阿的品格评价很高。十三年(1833)四月，擢兵部右侍郎，权仓场侍郎，寻实授总督仓场侍郎。十四年(1834)十一月，出为漕运总督，督理漕务。次年以病致仕。殁后家无余资，乡人怀其勤慎清廉，入祀乡贤祠。为弼工书善画，涉笔多得古趣，有书卷之气。平生游于朱珪、阮元之门，文章德业播于大江南北。著有《椒声馆诗文集》、《积古图释》、《续纂积古斋彝器款识》、《吉金文释》、《锄经堂文钞》、《古印证》等。生平事迹见《国朝耆献类征初编》卷二〇二、《清史稿》卷三七六、《续碑传集》卷二二、《清画家诗史》卷一九己下、《清代画史增编》卷五、《国朝书人辑略》卷二九、《清儒学案小传》卷一三、《墨林今话》卷一一、《寒松阁谈艺琐录》卷四等。

冬，岳崧作《与唐镜海同年书》。

按，《与唐镜海同年书》信中内容与上条《与朱椒堂漕帅书》所叙有一致之处，皆提及楚北去年"江汉恬流，收成中稔"，颇胜往年。又，此信云："令爱大节，闻之起敬，命铭必当撰述，后信即书寄也。令侄归里，春间订来此候近安，并以奉慰。"唐鉴女殒于道光十四年(1834)七月三日，岳崧应唐鉴之请，作有《唐孝女碑铭》，详见"道光十五年条"。又据此信开头所云"冬闲承惠书"，综合以上三则，可推断此信函定作于道光十四年(1834)冬。

本年，岳崧作《与河南密县宰王仁庵书》，向其传授为官修己之道。

《与河南密县宰王仁庵书》有曰："仆于十三年冬至楚，屈指岁余。"书中又云："数承惠书，冗未作答，遥维政祺绥善，勉著循良为慰。足下英年出宰，一切居官临民，务须随时随地加以敬慎，不可稍存玩忽。至讼狱命案，所关至巨，相验一事，尤要十分仔细，出入綦重。……幕客、家丁不可深信，即官亲亦要审择。书差积弊，处处皆尔。与其过宽，莫若过严。词讼不可轻率，常宜亲收熟问，则真伪可判，不致于拖累坠刁诈计。倘已准，必须速结，延宕之累，或甚于误断。思之，思之。簿领余暇，尤要读书，吏治名言，常须讽诵。古人云，不习为吏，视已成事。可以陶熔德性，启牖聪明。刑名钱谷等事，某某应速，某某可缓，座右多粘签子，如读书时功课，切勿稍懈，以致积压署中。博奕，洋烟，纵酒，听剧，均宜禁戒。理财量入为出，自无支绌。不然奢汰无节，虽贪婪不足供挥霍，身败名裂，悔可追耶?”

本年，岳崧诗友吴嵩梁卒，年六十九。

本年，韩崶卒，岳崧集中有诗《过庾岭读韩桂舲中丞诗有题二首》。

按，韩崶(1758—1834)，字桂舲，一字禹三，号旭亭，又号种梅老人、老农，江苏元和人。少慧能文，由拔贡授刑部七品小京官，累擢刑部郎中。乾隆五十四年(1789)，出为河南彰德知府，迁广东高廉道，坐事贬刑部主事。嘉庆六年(1801)，授湖南岳常澧道，迁按察使，调福建，署布政使，后转湖南。十一年(1806)，召为刑部侍郎。十三年(1808)，任广东按察使，升巡抚，署理总督。十八年(1813)，入觐，授刑部尚书。丁父忧，服阕补刑部尚书。道光六年(1826)，以病乞归。任职五十年，政事余暇，未尝一日废书。著有《还读斋诗稿》。今有《韩桂舲先生自订年谱》(道光间刻本)。生平事迹另参《国朝耆献类征初编》卷一〇三、《清史稿》卷三五二、《皇清书史》卷一〇等。岳崧诗中自注云“公昔年仕粤”，可见此二诗作于嘉庆十八年(1813)后，盖岳崧赴京或返乡经赣、粤交界大庾岭时所作。

道光十五年乙未(1835)　六十三岁

正月初四日，大学士曹振镛病故，享年八十一岁，谥文正，准入

祀贤良祠。

正月二十八日，两广总督卢坤奏呈防范贸易外人章程。

三月十六日，道光帝启程往南苑行围。

四月，岳崧卸巡抚任，受召入京觐见。

张钟彦《澥山公行述》："丙申四月，卸抚篆，奏请陛见，得谕旨。"

四月十四日，两广总督卢坤奏请增建广东虎门海口炮台。

四月末，岳崧作《题手摹海忠介公诗翰卷》。

《题手摹海忠介公诗翰卷》曰："道光庚寅，予官京师，有持此卷索题者，阅之，则吾里有明海忠介公诗迹也……卷为羊城某姓所藏，以予为公同里后学，故转托远寄数千里求跋。予爱不释手，喜得睹公生平杰作，因竭数昼夜之力，手摹以卷，藏之以志景仰，并识卷端。岁在乙未四月晦日，识于武昌官舍。"

五月，岳崧以湖北布政使护理湖北巡抚。

按，内阁大库档案有吏部道光十五年(1835)十月廿五日奏折，其云："移会稽察房，湖北巡抚(尹济源)奏为病痊销假，准护抚臣张岳崧于五月初二日委员赍送，巡抚关防暨王命旗牌等项移交前来，当即恭设香案，望阙叩头，祗领任事。"

八月十三日，同年鸿胪寺卿龚镗卒于官，为之作《鸿胪寺卿龚公墓志铭》。

《鸿胪寺卿龚公墓志铭》曰："道光十有五年八月十三日，予年友鸿胪寺卿龚君卒于官。……予与君，乡、会试皆同年，县同词馆，莫逆也。"

十月十八癸酉日，因湖北巡抚尹济源病假，由布政使张岳崧护理。

按，据《清朝职官年表》载，道光十五年(1835)十月十八癸酉日，岳崧以湖北布政使护抚。又按，内阁大库档案有吏部道光十五年(1835)十月廿五日奏折，其云："移会稽察房，湖广总督讷尔经额片奏，查抚臣尹济源深秋骤寒触发旧疾，臣商令奏恳恩施赏假调理，而抚臣郑重公事，谨慎自持，惟恐病势不能速痊，即请开缺。所有巡抚篆务，仍委藩司张岳崧护理。”

岳崧为友唐鉴女作《唐孝女碑铭》。

《唐孝女碑铭》曰："孝女竟不起，得年二十有二，时道光十四年七月三日也。君子曰：孝哉唐女。姝亦奇矣。孝子许字江西周姓，以姑丧未婚而卒。道光十五年有诏旌其家。"

岳崧捐俸钱重修武昌学宫。

张岳崧《重修武昌府学宫碑记》曰："道光乙未，学官杨君温、曾君学达以舞佾失次，为考儒童肄容节乐乃如制，而怵黉宫之替也。谋于崇郡守议捐修。郡守韪之，与余皆出俸钱……以为修资。"

琼山关帝庙重修缮毕，岳崧为之作《关帝庙碑记》。

《关帝庙碑记》曰："帝以忠义庙祀万世，尚矣。琼山甲子市旧有庙，雍正六年，地主周贽奎始建，乾隆四十年、道光十五年，市人吴琼富、富子文俊先后醵众金重修之，庙以不废。"

道光十六年丙申(1836)　六十四岁

本年岳崧在湖北布政使任，护理湖北巡抚。

按，内阁大库档案有吏部、户部道光十六年(1836)一、二、四、五月张岳崧奏折，皆署名护理湖北巡抚。

正月二十六日，以英国鸦片烟船欲驶入内洋，谕令两广总督邓廷桢严饬各营及各炮台随时查察，禁阻防范。

四月二十九日，太常寺少卿许乃济奏鸦片烟例禁愈严流弊愈大，亟请变通办理，主张驰禁鸦片。道光帝将此奏下发全国督抚海关讨论。

五月，汉神庙落成，岳崧作诗纪之。

张岳崧《汉神庙落成纪事并序二首》序云："汉水出秦嶓冢山，汉中郡庙祀焉。东趋沧浪，经纬三楚，利赖孔长，乃庙祀弗崇，诚阙事也。某白大府建庙郢城。道光十有六年五月落成，适某阅堤至此，率属奉祀，将以妥灵而佐民也。诗以纪之。"

夏，视察江汉堤防，至蚌湖、潜江、天门等一带，有诗纪之。

岳崧《丙申夏阅汉堤舟次蚌湖阻风》、《夏至日蚌湖舟中喜雨》、《潜江勘阅堤工》、《潜江阅河即事》、《蚌湖即事与潜江杨宰》、《天门舟中》、《涢口阻风》、《南天门》、《排沙渡》、《潜江晓发》。《排沙渡》题下自注云："潜江城数里沙厚成陆。"

七月二十七日，两广总督邓廷桢奏请准许乃济驰禁鸦片之请，并拟章程九条。

十月初四日，御使袁玉麟奏言不可驰禁鸦片。

十一月初七日，义律继任英国驻华商务监督。

同年龚镗嗣子淦乞岳崧为其父作《鸿胪寺卿龚公墓志铭》。

《鸿胪寺卿龚公墓志铭》曰："道光十有五年八月十三日，予年友鸿胪寺卿龚君卒于官。越明年，其孤淦扶丧归葬，以遗命遣人走武昌，乞予铭幽。予与君，乡、会试皆同年，县同词馆，莫逆也。敢辞不文？"

> 按，据《墓志铭》所载，龚镗（1782—1835），字屏侯、声父，号声甫，江苏毗陵（今常州武进）人。嘉庆九年（1804）顺天府举人。十四年（1809）己巳科进士，选翰林院庶吉士。散馆，授编修。二十一年（1816）转山东道监察御史。二十二年（1817）充会试同考官。二十三年（1818）八月，充顺天乡试同考官。二十四年（1819），充河南乡试正考官。二十五年，乞假省亲。后迁刑科给事中。旋丁父忧，道光五年（1825）服阕，授顺天府丞，寻丁母忧。十一年（1830），召复原官。十三年（1833），擢太仆寺卿。十四年（1834），授内阁学士兼礼部侍郎。

冬，岳崧捐俸钱重修武昌学宫竣工，并为人代作《重修武昌府学宫碑记》。

《重修武昌府学宫碑记》曰："道光乙未，学官杨君温、曾君学达以舞佾失次，为考儒童肄容节乐乃如制，而怵黉宫之替也。谋于崇郡守议捐修。郡守韪之，与余皆出俸钱……以为修资。……经丙申季秋，先大成殿，次东西庑，次桥门、经阁、论堂以及泮沿陛陀。楹桷寸朽者，购良材易之，瓴甓砖石，泐者汰之，庳者倍之，丹髹黝垩，精择而剂施之。缭垣必巩，溜渠必深，督力者无冗人，任能者无窳匠。费而不靡，勤而不迫，阅百三十日有余而竣。”

道光十七年丁酉(1837)　六十五岁

本年岳崧在湖北布政使任，护理湖北巡抚。

正月二十二日，道光帝召见林则徐，任命其为湖广总督，三月初五日至湖北到任。

二月，岳崧到京朝见，帝召对四次，陈奏地方政务。十一日，途中在河北栾城与林则徐相遇，问及楚省政务。

张钟彦《澥山公行述》：“府君于丁酉二月到京，蒙恩召见四次，垂询地方情形政务具悉，府君一一陈奏，并询历官家世。”

《林则徐全集·日记卷》“道光十七年二月十一日”载云：“又二十里栾城县，穿城至南关外宿。……张澥山方伯岳崧由楚入觐，今晚亦住此，邀与共饭，谈至夜分。”

《林则徐全集·奏折卷》“道光十七年三月初六日”《遵旨随时随事察看湖北藩臬两司片》曰：“此次该司(湖北布政使张岳崧)由楚进京，与臣在途相遇，询以楚省政务，所言均属详明。”

按，内阁大库档案有吏部道光十七年(1837)二月十日奏折，其云：“移会稽察房，前任湖广总督(讷尔经额)等奏，湖北藩司张岳崧奏请陛见，所有藩司印务请以臬司程铨署理，臬司篆务请以荆宜施道梁宝常署理，所遗荆宜施道印务请以候补道查炳华署理。”又有廿四日奏折，其云：“移会稽察房，署湖北布政使按察使程铨奏，湖北藩司张岳崧奉旨进京陛见，所有藩司印务委臣署理等因旋于正月十三日，准张岳崧将藩司印信文卷等项移交前来。臣恭设香案，望阙叩头，祇领任事。”

五月二十四日，林则徐至张岳崧处，谈至晚回。

《林则徐全集·日记卷》“道光十七年五月二十四日”载云：“新升广东南韶镇穆克登额由湖南永绥协卸事进京，来见，即往答之，并答查瑶圃观察炳华，顺到张澥山处，晚回。”

六月初五日，道光帝谕鸦片入口，耗银尤多，白银外流，银贵钱

贱，于国计民生均有窒碍，务必严查海口。又谕各省督抚提镇振刷精神，加意整饬，申明律令，严行访拿。若兵丁吸食鸦片，即按名裁革，照律惩办。

七月二十八日，令两广总督邓廷桢，传谕各国大班，对该国商人，从严稽查，不准私行越界，勾串贩烟滋事。

九月二十三日，谕令两广总督邓廷桢务须确实查明，英国鸦片趸船现在是否已遵谕开行，必令其全数回国，无稍逗留。

仲秋，岳崧作《蒲圻县志序》。

《蒲圻县志序》文末曰："道光丁酉仲秋，楚北承宣使者琼州张某叙。"

冬，彭永思（两峰）子丽生呈乃父《制义》两册与岳崧，并向其索序。

张岳崧《彭两峰农部制义序》云："丁酉冬，两峰之嗣丽生孝廉计偕过我，袖两峰《制义》两册见示，且索序。"

十二月二十三日，张岳崧继母寿辰，林则徐往张处祝贺，留之早饭，至未刻回。

《林则徐全集·日记卷》"道光十七年十二月二十三日"载云："张澥山方伯之继母寿辰，往祝之，留早饭，未刻回。"

按，张岳崧在《上蒋丹林师书》中谈及治理湖楚水患之际，还说到："某在此，上下官僚尚无隔阂，惟自揣疏拙，恐上负国恩，下辱师教，昕夕惶悚，无以自安。老母在琼，念切归养，奈蒙恩愈量，言难出口。然要不可不自审无能，早避贤路。师闻之当为首肯否？"可知张岳崧继母其人在琼，并不在鄂。

是年，岳崧为七弟子存六十寿作序。

张岳崧《子存七弟六十寿序》："子存为余九叔父次侯公长嗣，于余为嫡堂弟，少余五龄。"

按，张岳崧年长子存五岁，岳崧生于乾隆三十八年（1773）。推之，故将此序系于本年。

是年，岳崧作《蒋丹林师童子钓游图次韵奉题二首》。

按，《蒋丹林师童子钓游图次韵奉题二首》其二末联"更听师言征博利，雁鸿安集满郊扉”句下自注云：“某任楚三年，治水情形终鲜善策，读师落句，惓怀梓里，故次首及之。”岳崧于道光十四年(1834)任职楚地，推之，此诗当作于本年。

道光十八年戊戌(1838)　六十六岁

二月初七日，时值孝淑睿皇后忌辰，张岳检在林则徐总督署衙，共进晚餐。

《林则徐全集·日记卷》“道光十八年二月初七日”载云：“孝淑睿皇后忌辰。谷美田来署晚饭，翰山方伯亦在座。”

二月十七日，盛京将军宝兴遵旨奏拟查禁鸦片章程四条。

二月二十八日，张岳崧生辰，湖广总督林则徐前来道贺，未晤。

《林则徐全集·日记卷》“道光十八年二月二十八日”载云：“皇后千秋，穿蟒袍一日。张澥山生辰，早晨往祝，未晤。”

四月十三日，因巡抚周之琦母前一日逝世，须丁母忧，总督林则徐奏请藩司张岳崧复护巡抚，次日岳崧接抚印。

张钟彦《澥山公行述》：“戊戌四月，复护抚篆。”

按，《林则徐全集·日记卷》“道光十八年四月”载云：“(十二日)闻周中丞母陈太夫人于是日寅刻仙逝，现年九十三岁。即往唁之，巳刻回署。”“(十三日)饭后微晴，赴抚署送周太夫人入敛，申刻回。……戌刻发驿递折，奏报抚军丁忧，委方伯护抚，廉访署藩，安襄道杨至堂署臬，刘默园署安襄道。”“(十四日)张、程两司均于卯刻接印来见，午后亲往答贺，遂至抚署周太夫人灵前设祭，申刻回。”信中所称“方伯”、“张司”即张岳崧，可知巡抚周之琦因丁母忧，藩司张岳崧于四月十四日开始护抚。

又按，内阁大库档案有吏部道光十八年(1838)四月廿六日奏折，其云：“移会稽察房，湖广总督林则徐奏，为湖北巡抚周之琦亲母陈氏在署病故，例应丁忧。所遗篆务以藩司张岳崧护理，再以臬司程铨委署藩篆，安襄郧荆道杨以增委署臬篆，候补道刘肇绅委署安襄郧荆道。”

又按，《林则徐全集·日记卷》“道光十八年闰四月初三日”载曰：“是日奉到批回前发驿递奏报周中丞丁艰之折，系四月二十三日由京发回，知伍实生长华擢楚抚……”可知张岳崧护抚至九月，由伍长华接任湖北巡抚。

闰四月初四日，道光帝下诏嗣后审办天主教案，其改悔者须令跨越家中供奉之十字架。

初八日，总督林则徐邀唐鉴、张岳崧来署早饭。

按，《林则徐全集·日记卷》“道光十八年闰四月初八日”载曰：“邀唐镜海、张澥山来署早饭。午后镜海即开舟渡江。”

初十日，鸿胪寺卿黄爵滋上《请严塞漏卮以培国本疏》，主张严厉禁烟，吸食鸦片者如不能在国家规定期限内戒烟，将被执行死刑。道光帝命全国督抚、将军讨论。

五月初七日，林则徐与湖南巡抚钱宝琛、湖北巡抚张岳崧反复商议，向道光帝上奏，提出禁烟六策：一、收缴烟具；二、限期禁吸食鸦片；三、加重开馆兴贩罪名；四、严厉查处失察官员及亲属；五、令地保保长查禁；六、审断烟犯。

六月初六日，岳崧上《议查禁鸦片章程》奏折，主张严禁鸦片，提出：“修内禁者，当以严吸食为先；御外来者，仍以严海口为要。”

按，详见《筹办夷务始末·道光朝》（第3卷，第2页），又可参阅《林则徐奏稿》。

七月，林则徐与湖南巡抚钱宝琛、湖北巡抚张岳崧率先严禁鸦片，搜缴大量烟土、烟具，受毒家属感戴其功德。

七月十五日，岳崧作《彭两峰农部制义序》。

《彭两峰农部制义序》：“湘南彭两峰为余己巳同榜进士。出宰滇南旋入为农部郎。余方官词馆，晨夕过从，莫逆也。两峰警敏负才识时，复诙谐豪宕不羁束，然每瞪目注意，好深沉之思，与余谈古文词旁及岐黄家言，莫逆也。……丁酉冬，两峰之嗣丽生孝廉计偕过我，袖两峰《制义》两册见示且索序。……道光戊戌秋七月望日，张某序。”

八月初二日，林则徐上《钱票无甚关碍宜重禁吃烟以杜弊源

片》，其曰："迨流毒于天下，则为害甚巨，法当从严。若犹泄泄视之，是使数十年后，中原几无可以御敌之兵，且无可以充饷之银。"

八月二十一日，直隶总督琦善报，在天津地方搜获烟土一万六千余两，拿获烟犯十一名。

九月初五日，岳崧卸巡抚任，复任湖北布政使。在湖北任五年，前后护理巡抚有二年之久。

张钟彦《澥山公行述》："九月，卸抚篆。府君在楚凡五年，前后护抚篆者凡二年。"

按，《林则徐全集·日记卷》"道光十八年九月初五日"载曰："卯刻伍抚军接篆，张澥山回藩司任，程春岚卸藩篆，拟即入觐。伍抚军来晤，即往答之。"可知四月上奏藩司张岳崧护抚篆，后朝廷钦命伍长华为楚抚，直至九月初五日接任。岳崧回藩司任。

初六日，岳崧继母在琼家中病故。

按，内阁大库档案有吏部道光十八年(1838)十一月十二日奏折，其云："移会稽察房，两广总督邓廷桢奏，为现任湖北布政使张岳崧继母梁氏于道光十八年九月初六日在家病故，该员系属亲子，例应丁忧回籍守制。奉上谕，湖北布政使员缺著李宗传补授，山东按察使员缺著邵甲名补授。"

初八日，庄亲王与辅国公溥喜等因吸食鸦片革爵。

初九日，谕内阁："京师为首善之区，王公等亦复沾染吸食鸦片恶习，此外官民人等吸食者，谅亦不少。著步军统领衙门、顺天府、五城，各饬所属严密访查，无论王公旗民，凡吸食鸦片及开办吸烟处所者，一体严拿，分别奏咨办理，不准瞻徇观望。"

初十日，林则徐率属查验销毁大量烟具、烟土。

十一日，弛禁派许乃济被道光帝降职休致。

二十三日，道光帝令湖广总督林则徐来京陛见，湖广总督以巡抚伍长华暂行兼署。此谕于十月初七日收到。林则徐于十月初八日交印，十一日动身北上。

十月初六冬至日，岳崧视察沌口入江水道。

张岳崧有长诗《戊戌长至，阅视沌口入江水道。议疏瀹以分汉流，舟胶淖中，舍而登陆，用“行到水穷处”为韵，诗以纪事，并示同行杨蕉雨郡守、周宜亭别驾》。

十一月初七日，岳崧检阅襄阳河堤归，闻继母讣告，哀恸欲绝，旋即奔丧。后由山东按察使李宗传接任。

张钟彦《澥山公行述》：“戊戌之冬十一月，自襄阳阅堤归，闻先继大母讣。……哀恸欲绝，旋即奔丧。”

唐鉴《张君墓志铭》：“戊戌之冬，闻继母讣，哀恸奔丧。”

梁廷枏《粤秀书院志》卷一六《张岳崧传》：“戊戌，闻继母讣归，遂不复出。”

按，据《清朝职官年表》载，道光十八年(1838)十一月初七乙巳日，山东按察使李宗传迁湖北布政使。另，《宫中档道光朝奏折》第5辑载有湖广总督兼署湖北巡抚伍长华十一月廿九日的奏折，内容是“奏为藩司张岳崧丁忧，委员署理具奏”。盖此时张岳崧已动身离鄂，赴琼服丧。又，《林则徐全集·日记卷》“道光十八年十一月十一日”载曰：“阅邸抄，知张澥山奉继母讳，李海帆擢楚藩，邵丹畦补东臬。”可知张岳崧闻继母之丧当在十一日前，盖初七日。

十一日至十八日，道光帝连续召见林则徐八次。十五日，道光帝命湖广总督兼兵部尚书衔林则徐为钦差大臣，驰往广东，办理查禁鸦片烟事宜，广东省水师兼归节制。

十二月初二日，令广西、四川、云南、贵州等省督抚于所管地区，严禁栽种罂粟。十七日，严禁在兴京、开原、铁岭、抚顺所属界内开采煤炭，以保护盛京三陵地脉。十八日，两广总督邓廷桢奏报，英国驻省之鸦片烟贩颠地、查顿等八人，已逐令回国。

道光十九年己亥(1839)　六十七岁

正月二十五日，钦差大臣林则徐抵达广州。

二月初四日，林则徐晓谕外国烟贩，限期呈缴所有鸦片，并出

具甘结，保证“嗣后来船永不敢夹带鸦片，如有带来，一经查出，货尽没官，人即正法，情甘服罪”。并表示“若鸦片一日未绝，本大臣一日不回，誓与此事相始终，断无中止之理”。初七日，以英人拒绝交烟，林则徐派兵包围商馆，断绝供应。初八日，英人被迫缴烟一千零三十七箱，企图蒙混过关，林则徐传讯烟犯颠地。十六日，两广总督邓廷桢奏准，于虎门海口横档山前海面较狭之处，设铁链木排，以拦阻洋船，并在威远炮台迤西，添建大炮台一座，安放大炮六十门。二十日，林则徐令英人出具永不夹带鸦片甘结。二十七日，林则徐、邓廷桢、关天培等抵虎门验收鸦片。

三月初九日，道光帝下旨调林则徐为两江总督。十九日，林则徐奏：“已缴鸦片二万二百八十三箱。计每箱装整土烟四十个，每个约重三斤，每箱应重一百二十斤，总数不下二百数十万斤。所缴鸦片请原箱解京验明，再行烧毁。”二十六日，道光帝以道路遥远，令林则徐将缴呈之鸦片烟不必解京，于当地会同文武官员、沿海居民、在粤洋人目击销毁。

四月二十二日，林则徐举行虎门销烟，至五月十五日销毁完竣。

五月初五日，清廷颁布《钦定严禁鸦片烟条例》三十九条。十三日，又定《洋人携带鸦片入口治罪专条》。

五月十六日，张岳崧途经广州，寓越华书院，旋受总督、禁烟特使林则徐委托，协理雷州、琼州禁烟事宜。

《林则徐全集·日记卷》“道光十九年五月十六日”载曰：“晤张翰山，遂入城，仍寓越华书院。”

按，《张岳崧诗文集》所附许荣颂《张岳崧年谱简略》载云：“途经广州，受两广总督、禁烟特使林则徐委托，协理雷州、琼州禁烟事宜。”未署林、张二人会晤日期。今补录。

七月二十七日，义律率兵舰于九龙口附近袭击清军水师。

八月初一日，张岳崧作信与林则徐，谈及在琼禁烟事宜。

按，《张岳崧诗文集》载有《与林则徐书》四封，之一所署日期即道光十九年(1839)八月朔日，又云月前已有一函，申报抵籍日期并查禁洋烟情形。盖岳崧于六月底前抵琼。

九月初七日，张岳崧子钟彦中广东乡试第六十二名，友张维屏子祥鉴中第二名。林则徐寄信告知，岳崧于冬至前一日复信感谢。

《林则徐全集·日记卷》"道光十九年九月初八日"载曰："阅省中题名录：初七揭晓。解元李载熙，嘉应州廪生；相识者，张南山同年维屏之子祥鉴第二，其侄祥芝第四十七，张翰山方伯之子钟彦第六十二名。"

按，《筠心堂外集·补遗》所载《与林则徐书》之二所署日期为冬至前一日，信中称"小儿荷蒙培植，叨滥乡科，附此鸣谢"，所言即此。

九月二十八日，义律率英兵船二只，在穿鼻洋阻拦已与清政府具结之英商船，并向前往查究之清军水师船开炮。清军水师提督关天培亲自督战，击退英船。

十一月初八日，道光帝得知英船竟敢首先开炮，进攻官军，谕林则徐、邓廷桢等"酌量情形，即将英吉利贸易停止，所有该国船只尽行驱逐出口，不必取具甘结"。

初九日，道光帝命林则徐为两广总督，与邓廷桢对调。林则徐于十二月二十二日接奉此谕旨。

本年岳崧归里丁母忧，一并修葺祖茔，卜葬先伯父母。

张钟彦《澥山公行述》："旋里，时府君年逾六旬，犹周历山川，经营窀穸。既又修葺先茔，并卜葬先伯父母二榛。"

张岳崧《续修琼州府志序》有云："适道光己亥，由楚北奉讳归里。"

张岳崧《沌口舟中二首》自注云："予辛卯（道光十一年）观察江南防汛河堤事。"其一有云："八年回首又天涯。"

按，此诗当作于道光十九年（1839）。

岳崧为友人张必宽作《昭武都尉张公墓志铭》。

《昭武都尉张公墓志铭》："岁已亥，余遭继母丧归里，则君殁七年矣。其孙恕以余交君久，乃具行状乞铭君墓，余不获辞。"

岳崧作《题陈芝楣方伯奁棠芝图》。

《题陈芝楣方伯銮棠芝图》:“忆余知君三十载,当时氍毹联名场。”自注云:“乙巳科,余识君于棘闱中。”

按,推之,此诗当作于本年。陈銮(1786—1839),字仲和,一字玉生,号芝楣,江夏(今湖北武昌)人。嘉庆二十五年(1820)探花及第,授翰林院编修。道光二年(1822)任武英殿纂修,同年出浙江乡试副主考。五年(1825)任江苏松江知府,六年(1826)转苏州知府,九年(1829)任苏松常镇太粮储道,十一年(1831)迁浙江按察使,十二年(1832)任江苏布政使,十六年(1836)擢江西巡抚,十七年(1837)任江苏巡抚,十九年(1839)署两江总督。年五十四卒,赠太子少保衔。书似李邕、米芾,中年更入颜真卿之室。著有《耕心书屋诗文集》,纂有《江南水利全书》八十卷、《先正格言》十卷、《三楚历朝名贤墨迹抚楚帖》十卷,编修《汝宁府志》八卷等。生平事迹见《清史稿》卷三八七、《清史列传》卷三八、《国朝耆献类征初编》卷二〇四、《续碑传集》卷二三等。

岳崧作《劝续捐本邑宾兴费启》,倡议本邑(定安)乡绅捐资襄助贫寒士子课读应试。

《续捐本邑宾兴费启》曰:“琼环以海,定处其中。山川郁以钟奇,人文森而蔚起。巍科甲第,比肩于前。硕彦英髦,接踵其后。但以士半单寒,居邻僻远。重洋海角,秋风愁攀桂之期。万里都门,夏课怅忙槐之旬。往往罄中人之产,不足观上国之光。穷白头之经,弗克奋青云之志。良可伤已,不亦惜哉!查定邑宾兴之赀,始于梁学师所创,第以税租轻薄,本实惠之无多。况今人士奋兴,尤瓜分而见少。爰有某等议续斯举,冀助寒儒。发簿遍本邑之三十六图,经始于道光之十有一载。踊跃者固不乏人,因循者犹所不免。或无可缴之赀,甚至无可归之簿。阅今八纪,仅足千金。某以为于事无济,即前日之徒劳,为善不终,岂半途辄止?用竭绵力而不辞,冀集同心而共济。已捐者更层累于九仞,勉策成功;未捐者岂观望于十年,不图善后?所冀德心克广,毋废前功,善举观成,永培士气。凡兹乡会优拔,有其资者,共乐争先。谁无子弟亲朋?获其利者，即同自为。庶凤麟瑞世，人文生梓里之光；兰芷升庭，善气汇茅茹之吉。”

按，据岳崧启文所言，定安捐资助学始于道光十一年(1831)，逾今八纪。此“纪”似释为“三百天”为妥，约相当于一年。葛洪《抱朴子·内篇·微旨》有云：“灶神亦上天白人罪状，大者夺纪，纪者三百日也。”亦与岳崧行迹相吻合。若作十二年为一纪、二十五月为一纪，推衍之，则皆失于谬误。故系于此。

道光二十年庚子(1840)　六十八岁

本年岳崧居家服丧。

正月初一日，林则徐接任两广总督。

二月初六日，朱为弼卒。

四月二十五日，两广总督林则徐奏准添设炮台，加强海防。

五月二十七日，英国侵华“东方远征军”抵达中国广东海域。

六月初七日，英军占领浙江定海。

七月初五日，英军进犯浙江乍浦海口。初八日，道光帝命闽浙总督邓廷桢，带印信驰赴镇海，筹办防堵英军事宜，并兼署浙江巡抚印务。

八月初四日，琦善与义律在白河口开始谈判。十八日，琦善劝令义律回粤，即派钦差大臣前往办理一切。义律随即率英舰队南下。二十二日，因天津海口外英船已全部起碇南返，道光帝谕：琦善所办晓谕义律事，“委曲详尽，又合体统，朕心嘉悦之至！”著琦善为钦差大臣，驰往广东查办禁烟海防事件。

九月初八日，道光帝斥责林则徐、邓廷桢“误国病民”，革职查办。则徐于廿五日知奉谕旨。廿九日，广州商民纷纷挽留，赠匾送牌等，表达敬意。则徐发还之。

十月十三日，义律与两江总督伊里布达成浙江休战协定。

十一月十九日，义律向琦善提出议和条件十四项。

十二月初三日，道光帝谕琦善拒绝英人请求，命湖南、贵州、四川等省派兵，以备广东省咨调。

道光二十一年辛丑(1841)　六十九岁

正月初四日，义律宣布根据与琦善订立的《穿鼻草约》占领香港。次日，道光帝下诏对英宣战。

二月初六日，以琦善违旨媾和，并擅将香港给让英方，准其在广东通商，令革职锁拿，押解来京严讯，所有家产查抄入官。同日，英军大举进攻虎门炮台，横档、永安、巩固、威远、靖远、镇远六炮台全部失守，提督关天培与香山协副将刘大忠、游击麦廷章阵亡。

三月二十五日，清廷命林则徐以四品卿衔驰赴浙江镇海协助军务。

春，岳崧居家服丧期满，谢病推辞不出。

张钟彦《澥山公行述》："辛丑春，阕服。中外咸翼其复出，而府君谢病居里，盟心泉石。"

四月初六日，英军进攻广州城。初七日，广州知府余保纯奉奕山命，与义律签订《广州和约》(即《广州停战协定》)。初十至十一日，三元里等百余乡民众抗英。张维屏作诗《三元里》歌颂抗英胜利。十九日，英军退出虎门。

五月初十日，道光帝谕："邓廷桢业经革职，林则徐著革去四品卿衔，均从重发往伊犁效力赎罪。"

七月，林则徐在被革职赴戍途中，路经京口(今江苏镇江)，会见挚友魏源。将《四洲志》全部资料交与魏源，嘱其编撰《海国图志》。八月，又奉旨往河南河工工地查灾。

八月，张氏祖祠落成，岳崧率族人祭拜，身心稍疲。

张钟彦《澥山公行述》："辛丑……八月，祖祠落成，府君与族人致祭，登降跪拜，礼文繁巨，而神明不少衰。"

后数日，岳崧偶跌倒伤及脚趾，因挂念府志一事而往返郡城。

张钟彦《澥山公行述》："后数日，以偶蹶伤趾，府君不为意也，犹为府志事往返郡城。”

十二日，龚自珍暴卒于江苏丹阳云阳书院。

十月末，岳崧手足麻木，仍校阅府志不辍。十一月，岳崧饮食锐减，行动维艰，病情加剧。

张钟彦《澥山公行述》：“至十月杪，患手足麻木，犹校阅府志不辍。至十一月，饮食渐减，举动维艰，延医诊治，迭进祛风和血之剂，无如病势日增，方药无效，渐有拘挛口噤之症。”

此年，乡贤邢宥文集重刻刊行，其裔孙维与宗宪来谒乞序。岳崧嘉庆十七年已为之作序，今又作《邢湄邱先生遗集后跋》，并删汰其阑入妄增之作，厘订诗文各一卷，附以他人投赠之作。

《邢湄邱先生遗集后跋》曰：“嘉庆壬申年，某既序先生文。然当时所获卒业者仅数篇，继得《送周推官序》一篇并入。知先生文必多遗佚，因语先生族人共相搜讨。阅今廿余年，某奉讳归里，先生裔孙维与宗宪等来谒，则先生集已一再梓行，某前序亦已附刊矣。翻读全帙各文及诗，仍复寥寥，且多羼入后人妄增之作。噫，此浅人欲藉先生为重，而不知适足为先生累也。因为别择数四，而汰其赝者。……谨厘订文一卷、诗一卷，而他人投赠之作附焉。”

按，今存有道光二十一年(1841)《湄邱集》重刻本，盖跋作于本年，故系于此。

此年居琼，岳崧主持纂修府志，成稿刊行，作《续修琼州府志序》。

《续修琼州府志序》有云：“适道光己亥由楚北奉讳归里，郡之官及绅咸以续修为言，力辞不获，因与同郡夙好杜广文以宽、郑孝廉乃宪文彩采辑遗佚。”

按，《续修四库全书总目提要(稿本)》载有《琼州府志》提要，其曰：“《琼州府志》四十卷(光绪庚寅郡署补刊本)，知府长白明谊主修，郡人张岳崧总纂。此志成于清道光辛丑。……元蔡征琼海方舆志。明王佐琼台外纪，唐胄琼台志，今皆佚矣。清康熙十五年郡守牛天宿始修郡志。四十五年，贾棠重修，乾隆三十九年萧应植续修。此编以牛贾二志为本，辅以萧

志通志旧事，重加考订，新事间有续补云。”（第五册，第28页）

今存有明谊修、张岳崧纂《（道光）琼州府志》四十四卷首一卷，道光二十一年（1841）刊本。

道光二十二年壬寅（1842） 七十岁

正月十八日未时，岳崧卒。

张钟彦《澥山公行述》：“至正月十八日未时见背。”

唐鉴《张君墓志铭》：“服阕数月，病终正寝。……卒于道光壬寅年正月十八日未时。”

梁廷枏《粤秀书院志》卷一六《张岳崧传》：“未几，卒于家。”

按，陈文新主编，王同舟分册主编《中国文学编年史·晚清卷》署为“正月十三日卒”，误。

二月初七日，东河工竣，林则徐发往伊犁效力赎罪。

七月二十四日，耆英、伊里布、牛鉴等登上南京下关江面的英国军舰，与璞鼎查签订了中国近代史上第一个不平等条约中英《南京条约》。

八月初二日，道光帝批准《南京条约》。

八月十一日，林则徐自西安出发赴戍伊犁，于十二月十一日抵达。

十二月二十七日，重修《大清一统志》成书，道光帝赐序。

本年张维屏辑成《国朝诗人征略二编》，共五十八卷。

道光二十六年癸卯（1846）

闰五月二十日，定安县儒学应郡邑士绅之联名公呈，上书恳请有司准允琼籍前湖北布政使张岳崧入祀定安文庙乡贤祠。

《张氏族谱》载有《翰山公崇祀乡贤实录》曰：“定安县儒学夏宋为恳请会详从祀乡贤事：本年闰五二十日，据合郡绅士、吏部郎中云茂琦……等联名公呈。……本郡有定安县已故前任湖北布政使张岳崧，学允儒宗，行为士表，谊笃伦常，孝友夙敦，至性功深，诚正操修，克绍先民。敦诗书而崇践履，砥行立名；蓄道德而能文章，经仁纬义。才蔚国华，列科甲之上选；渥承圣眷，俾中外以宣劝。叨侍从之班，迭洊清华之职。衡才而尽获奇英，造士则振兴学校；散赈而民安鸿泽，防河则浪息蟂宫。谨正著司鹾之绩，弊去风清；明刑存弼教之心，政平讼理。江汉旬宣，茂经术于徽音；士民感激，歌惠泽于棠荫。殚心国事，扬历无愧名臣；勤恤民艰，政事原于经术。既而以忧去职，旋复因病辞官。造就群才，有道之门墙特盛；覃研六籍，康成之阃奥淹通。嘉言懿行，资坊表之乡邦；茂德清操，树仪型于名教。陶淑士林，以躬行为矩矱；卜通纪载，本性道以折衷。济寒儒则屡分清俸，创善举则力赞捐输。崇仁让之规，闻风者肃仰。化浇漓之俗，薰德者善良。文章而兼经济之长，循吏而备儒林之望。舆论攸归，久矣翘瞻山斗；众情钦慕，永当衿式典型。综稽德行，允洽乡评，缅溯音徽，宜昭祀典。为此，公吁申详，奏请入祀乡贤，以彰学行，合郡戴德。敝学查得，已故前任湖北布政使张岳崧天性肫挚，笃于孝友，乐善好施，勇于为义。居官勤慎廉明，悉心职事。考献征文，郡志赖以赞修；创捐宾兴，寒士籍以试费。生有益于郡乡，殁可传于后世。事实历历而可稽，堪膺乡贤以从祀。”

按，此《实录》今载于《张氏族谱》，落款时间为道光二十六年(1846)闰五月二十日。

道光二十七年丙午(1847)

上年请祀乡贤祠，本年得以奉旨崇祭。

唐鉴《张君墓志铭》："越五年，丙午奉旨崇祀。"

咸丰元年辛亥(1851)

嗣子钟彦请唐鉴为之撰铭。

唐鉴《张君墓志铭》："阅九年，钟彦以行状来告于君之同年友唐某，请为铭。"

附 录

张岳崧诗文辑佚

一

元代书家多师法松雪，此歘得魏晋人格意，故用笔如太阿钊截，而古穆之气流露行间，当从逸少《曹娥碑》、子敬《十三行》得法，固知取法贵上也。道光丁亥四月琼州张岳崧题。（[清]孔广陶《岳雪楼书画录》卷三“元欧阳圭斋楷书杨公墓志铭卷”，咸丰十一年〔1861〕刻本，《续修四库全书》子部第1085册，第94页。）

二

紫芝生，笔格酷似赵承旨。尝观其为吴兴补书《内景经》，尤为逼真。兹临《黄庭经》，笔意转折飞动，如快马入阵，所向如意。然其能以沉着处师法古人，此为方家，不然剽而不留，亦书法一病，学者不可不知。定安张岳崧跋。（[清]孔广陶《岳雪楼书画录》卷三元俞紫芝临《黄庭经》真迹卷，咸丰十一年〔1861〕刻本，《续修四库全书》子部第1085册，第98页。）

张岳崧资料汇编

一、[清]唐鉴《唐确慎公集》卷四《通奉大夫湖北布政使司布政使张君墓志铭》(《四部备要》本,中华书局 1989 年版,第 75—76 页):

琼州去羊城二千里,在海中。粤中之一大结束也。扶舆旁薄,灵秀钟焉。蓄久而一茁其英,魁杰奇伟之士出其间,而亦不数数。觏忠介、文庄而后,阅数百年而有张君澥山。君讳岳崧,字子骏。澥山,其号也。曾祖讳载琛,庠生,赠通奉大夫。妣吴氏,赠夫人。祖讳宏范,庠生,赠通奉大夫。妣李氏,赠夫人。父讳基伟,庠生,赠通奉大夫。妣周氏,赠夫人。继妣梁氏。君幼岐嶷,好读书。虽游钓,挟书不释手。年十龄,学为文,以意杼柚不犹人。十六补弟子员,举优贡。十七遭母夫人之丧,哀毁成瘵,久药乃起。嘉庆甲子科中式举人,己巳中式进士,以一甲三名及第,散馆归养。严侍方八旬,得其欢心,极为荣乐。阅二年,寝门不豫,扶持左右,昼夜哀吁者数十日。及丧,水浆不入口,几至灭性,远近称之。服阕供职,充丁丑科会试同考官。戊寅充文颖馆纂修官,因纂《明鉴》文字失检,黜退还山。道光元年特召起复原官。壬午简放四川乡试正考官,竣,简放陕甘学政。学术真伪,人材盛衰,士习纯疵,风教邪正,于学政乎系之。学政之简,词臣之极选也。夫惟品足以范古而模今,学足以希贤而入圣,教足以风世而励俗,取舍足以革薄而从忠,赏罚足以兴仁而讲让,则庶乎不负斯职矣。君之《训士录》,其梗概亦大可见。辛卯三月,简授江苏常镇通海兵备道。十二月,升授两浙盐运使。壬辰八月,升授浙江按察使。癸巳,升授大理寺少卿。九月,升授詹事府詹事,到任八日,简放湖北布政使楚北旬宣。七年[①]历署巡抚,惠泽在人,不可纪数。江汉冲决,洒沉淡菑,登民

① 笔者按,似当为六年。

衽席，转疾苦为平康，抚民恤兵，尊贤养士，拔尤举滞，惩蠹戢奸。江湖间颂之不绝。号为慈母。云君体貌严重，造次必于礼，秉德纯粹，宅心仁厚，义之所在，毅然必赴交游，以道谊相契，久而弥笃，为学博通群经，折衷程朱。书法于晋唐诸家，得其神髓。晚年多法欧柳，片楮只字，海内争宝藏之。戊戌之冬，闻继母讣，哀恸奔丧。服阕数月，病终正寝。生于乾隆癸已年二月二十八日卯时，卒于道光壬寅年正月十八日未时。越五年，丙午奉旨祟祀。配梁氏，诰封夫人，琼山处士崐女，先君卒，丈夫。子六，长銮，廪生，先君卒。次钟彦，乙巳科进士，户部郎中梁夫人出。次钟宝、钟琇、钟莹、钟美，妾常氏出。女子子二，长适同邑戊子科举人，山西保德州知州莫兆文，梁夫人出；次未字，常氏出。孙五，长熊光，銮出；次熊兆熊吉熊祥熊渭，钟彦出。孙女三。阅九年，钟彦以行状来告于君之同年友唐某，请为铭。某于君为四十年交，风雨寒暄，未尝忘也。而殁后，竟未得一吊，难已于怀。铭曰：

足容重，手容恭；廓乎其外，渊乎其中，吾见君之容。义以方，敬以直；松柏其心，圭璧其式，吾见君之德。凤之冈，鸿之逵；金声玉律，方矩圆规，吾见君立朝之羽仪。道无狼，山无虎；男耕于田，女织于户，吾见君泽民之霖雨。君之灵兮之四方，欲往迎兮无所将，拜手为铭兮，质之幽堂。

二、［清］梁廷枏《粤秀书院志》卷一六《张岳崧传》(赵所生、薛正兴主编《中国历代书院志》第 3 册，江苏教育出版社 1995 年版，第 241—242 页)：

张翰山先生岳崧，字子骏，一字澥山。罢官归，自号觉庵，定安人。先世自闽官琼山，遂家于琼。至其祖始迁今籍。幼歧嶷，读书如遇夙搆。十五补博士弟子。丁内艰，哀毁致瘵不辍也。嘉庆七年辛酉[①]举优贡，送院肄业。院长冯鱼山先生始犹众遇之，及见《九日登镇海楼诗》而后，惊异加礼爱。甲子举乡书，己巳恩科进

---

① 笔者按，此乃误记，当为六年辛酉。

士，殿试以第三名及第，授编修，散馆列一等，以父年及耄告养归旋读礼，一主端溪书院。服阕，充国史馆协修官。丁丑科同考会试。戊寅充文颖馆纂修，是岁与纂《明鉴》，以案语错误，吏议革职。仪征阮相国方开府两粤，遂延归主讲席，教人以专经义、治古文为读书要领。士之悦服先生者，一如冯院长。时今上初元，召复原官。壬午充武英殿纂修，教习庶吉士。寻主考四川乡试，差竣，命督学陕甘，为《训士录》，刻以教多士，书院有废者，捐廉修复之，西宁、汉中复捐金备乡会试资斧，士益德焉。还都，充文渊阁校理，本衙门撰文。戊子，迁侍讲，充日讲起居注官。辛卯，擢常镇通海道，会堤工险要迭出，亲诣督办，随奉命赈抚江北，全活甚众，擢两浙盐运使，转浙江按察使。癸巳，召为大理寺少卿，是秋擢詹事府詹事，履任甫八日，即奉湖北布政使之命，至则严惩积蠹，恤养流民，一切实政，皆本实心行之，数护抚篆。先是祀典，有江神无汉神，先生以汉水势急，冲堤易溃，疏请立庙荆州，奉旨允行。戊戌，闻继母讣归，遂不复出。未几，卒于家。先生书宗欧、柳，为文浑厚醇肆，尤长制义。著有《筠心堂诗文集》十卷、《诗集》四卷、《运河北行记》一卷、《公牍偶存》一卷。

三、［清］朱汝珍《词林辑略》卷五（《清代传记丛刊》影印本，明文书局 1985 年版）：

嘉庆十四年己巳科

张岳崧，字子骏，号翰山，又号澥山，广东定安人，授编修，官至湖北布政使，著有《筠心堂全集》。

四、［清］陶湘《昭代名人尺牍续集小传》卷七（《清代传记丛刊》影印本，明文书局 1985 年版）：

张岳崧，字翰山，广东定安人，嘉庆己巳进士以第三人及第，官至湖北布政使，有《筠心草堂集》。李玉柔曰：先生书法欧虞。

五、[清]张鸣珂《寒松阁谈艺琐录》卷四(《清代传记丛刊》影印本,明文书局 1985 年版):

张岳崧,字翰山,号子骏,广东安定人①,嘉庆己巳探花。官湖南②布政使。书法欧虞,当时碑版多其手书,著《筠心草堂集》。范小亭刺史藏有《临狮子赞大帧》。古肆见有行楷尺牍两册四十余通。

六、[清]盛叔清《清代画史增编》卷一五(《清代传记丛刊》影印本,明文书局 1985 年版):

张岳崧,字子骏,一字翰山,又号指山,定安人,嘉庆十四年一甲三名进士,官至湖北巡抚。书法与郭兰若③齐名,画宗元人,不多作,零缣残墨,人多宝之。

七、《清代画史补编》(《清代传记丛刊》影印本,明文书局 1985 年版):

张岳崧,字子骏,一字翰山,又号指山,定安人,嘉庆十四年一甲三名进士,累官湖北布政使,护理巡抚。书法与郭兰若④大理齐名,画宗元人,不多作,零缣残墨,人多宝之。(《馆阁爵里考》、《楚庭耆旧遗诗》、《味庶斋随笔》)

八、[清]李玉棻《瓯钵罗室书画过目考》卷四(《清代传记丛刊》影印本,明文书局 1985 年版):

张岳崧,字翰山,号子骏,广东安定⑤人,嘉庆己巳探花,官湖南⑥布政使。书法欧虞,当时碑版多其手书,著《筠心草堂集》。范小亭刺史藏有《临狮子赞》大帧。古肆见有行楷尺牍,两册四十余通。

---

① 笔者按,此误,当为定安。

② 笔者按,此误,当为湖北。

③④ 笔者按,此误,当为郭兰石。

⑤ 笔者按,此误,当为定安。

⑥ 笔者按,此误,当为湖北。

九、[清]汪兆镛《岭南画征略》卷七(《清代传记丛刊》影印本,明文书局 1985 年版):

张岳崧,字子骏,一字翰山,又号指山,定安人,嘉庆十四年一甲三名进士,累官湖北布政使,护理巡抚。书法与郭兰若[①]大理齐名,画宗元人,不多作,零缣残墨,人多宝之。(《馆阁爵里考》、《楚庭耆旧遗诗》、《味庶斋随笔》引陈其锟书行述)

张岳崧,题黄子久秋山图,笔致苍峭,林壑萧淡。读杜工部"万壑树声满,千崖秋气高",仿佛得其态度。古人命笔,与兴驱,境与心搆,此非区区笔墨畦町者所知。临仿家何处著手耶。跋沈石田秋畴图。此石田老人真迹。格意苍老,迥非寻常涂抹家所能。仿佛此当于气韵辨之,可为知者道耳。又云,余前收石田翁花果长卷,笔墨入化,为友人取去,今获此卷,无意抒写而苍莽纵横,千百笔中无笔不老,此等境界自关胸次,非可迹求,明大家惟元宰稍近。其疏宕衡山老笔犹伤局促,况实父以下乎?题董思白画卷。董思翁仿米敷文,笔意浓润,苍翠,是海岳家法,稍就清秀耳。曩见思翁临北苑,其合作处,骎骎相敌,余嗜其画殆甚于书。思翁之论衡山亦尔。跋文衡山诗画册。此册文衡山绘,凡八幅,自题绝句,书法纯熟,秀逸,真迹也。画设境,运思清致,殊胜用笔较平。日稍为腴润。名手随兴所适,要自斐然可观,不知者锲舟求之,不足与言鉴别也。(《筠心堂文集》)

十、[清]窦镇《国朝书画家笔录》卷三(《清代传记丛刊》影印本,明文书局 1985 年版):

张岳崧　工书

张岳崧,字翰山,号子骏,广东安定人[②]。嘉庆己巳探花,官湖南布政使[③]。书法欧虞,当时碑版多出其手。

---

① 笔者按,此误,当为郭兰石。

② 笔者按,此误,当为定安。

③ 笔者按,此误,当为湖北。

十一、[清]张维屏《艺谈录》“吴荣光”条(收入程千帆、杨扬整理,杨扬辑校《三百年来诗坛人物评点小传汇录》,中州古籍出版社1986年版,第396页):

粤东百余年来,论书法,推四家:冯鱼山敏昌、黎二樵简、吴荷屋荣光、张瀞山岳崧。鱼山字有气魄,然执笔横卧,全用偏锋。二樵字有逸气,而无腕力。荷屋、瀞山皆能运腕,皆得晋人用笔之意。荷屋晚年,老笔颓唐,然字有意味。瀞山初时为欧所缚,晚岁深于晋帖,颇得帖意。吴、张二公一生所长,自以书法为最也。(《松轩随笔》)①

同上“张岳崧”条(第398—399页):

张岳崧　字翰山,定安人,嘉庆己巳赐进士第三人,官湖北布政使。

翰山学问、人品皆能不负科名,扬历中外,劳绩懋著。集中如上蒋砺堂相国、朱椒堂漕帅各书,皆通达政体之言。(《楚庭耆旧集》)

翰山因修史被议革职,至嘉庆己卯,恭迎万寿庆典,获咎诸臣皆献诗册,翰山作全韵诗,至仄声内有韵窄而极难押者,请余助之。余因同乡同年,不得已为作十数首,于是全韵诗乃成。(《听松庐诗话》)

翰山生平,书法第一。吴山尊学士谓刘石庵之外,罕有其比。余谓石庵书能入能出,自开面目。翰山尚未能化也。(《松轩随笔》)

摘句:黑水春流润,天山雪化膏。(《由肃州至兰州》)

鬓华添晓雪,乡梦托孤灯。(《西凉除夕》)

雍凉地阨秦关壮,巴蜀天开汉使通。(《南天门在凤县南山绝顶》)

十二、[清]李放《皇清书史》卷一五(《清代传记丛刊》影印本,明文书局1985年版):

张岳崧,字子骏,号翰(一作韩)山,安定人②,嘉庆十四年进

---

① 笔者按,李放《皇清书史》卷六“吴荣光”条亦全文收入。

② 笔者按,此误,当为定安。

士,官湖南布政使[1]。书法欧虞,当时碑版多出其手。(《书画过目考》)

翰山生平书法第一。吴山尊谓刘石庵之外,罕有其比。余谓石庵书能入能出,自开面目。翰山尚未能化也。(张维屏《艺谈录》)

文章书法为世所称。(《铁槎山房闻见录》)

按,别号海山道人,晚年修道有得,又号觉盦。

十三、[清]陈康祺《郎潜纪闻初笔二笔三笔》之《三笔》卷四"陈左海之学行"条(中华书局 1984 年版,第 722 页):

国朝闽大儒,其通经泽古,躬行粹然,必以嘉庆间左海陈先生寿祺为巨擘矣。先生幼而能文,博奥惊其长者。年十七,遗书同县萨君玉衡,自咎不能高行邃学,担荷世宙,如宋广平、范希文;雄节伟略,建树奇勋,如终孺子、班仲升;掌苦学,目不窥门,如董广川、何邵公。然自守澹静,力绝征逐,非同志一人弗妄交,而其胸中时有浩浩落落、慷慨郁勃不可告人之意。盖其年少自状如此。既官编修,方直渊雅,重于朝列,以不得迎养二亲,常愀然不乐。父丧奔归,终身以为大戚,服阕,遂乞养母,教授生徒,以供朝夕。谓其门人张岳崧曰:"吾惟不屑不洁,不以不廉之财奉甘旨,不以不义之行欺晨昏,差告无罪尔。"母没不复出。呜呼!志行若先生,即无训诂文笔之长,何尝非人伦坊表耶?[2]

十四、徐世昌《晚晴簃诗汇》卷一二一"张岳崧"条(中华书局 1990 年版,第 5187—5189 页):

张岳崧,字子骏,一字翰山,定安人。嘉庆己巳一甲三名进士,

---

① 笔者按,此误,当为湖北。

② 笔者按,此条盖本于钱仪吉(1783—1850)《衎石斋记事稿·续稿》(清道光刻咸丰增修光绪钱彝甫印本)卷八"左海陈先生别传"条,后又有林昌彝(1803—?)《小石渠阁文集》(清光绪福州刻本)卷四《陈恭甫先生传》与此类同。钱仪吉齿长陈康祺(1840—1890)。

授编修，历官湖北布政使。有《筠心堂集》。

《涿州早发》：月华露叶望微茫，马色鸡鸣破晓凉。天上觚棱如梦远，故园风景与愁长。招邀却喜逢贤主，城市犹能说古皇。南去关河多胜概，惭无佳咏壮归装。

《早游宝月台望七星岩》：侵晨发城隈，篮舆陟曾阜。朝曦散乌雀，澹霞薄林薮。依冈一再成，俯池六九亩。密林映石发，澌流涩溪口。延台循旧术，瞩壁削新剖。阡旭荡平旷，岩云郁昏黝。青碧嵌巉岩，梵宇杂户牖。于外宫崔巍，叠复骈指拇。造物工雕锼，登临得幽畛。归途发遐心，愿从烟霞叟。

《温泉》：秦冢今何在，唐宫迹已虚。玉池羞粉黛，金碗出邱墟。故事空千载，清泉尚一渠。振衣聊眺望，山色又征车。

《汉延熹华山碑拓本次朱竹君先生韵为梁茝林中丞题》：华碣巍巍并岳峙，赤文绿字难可磨。坤维一震石夜走，楮本犹得供摩挲。四明完帧幸披览，椒华吟舫频相过。长垣一纸入王邸，如鼎峙足传无讹。书者蔡郭颇聚讼，徐记洪释互切劘。集灵望仙此所纪，监掾市石何殊科。遗文祀志考礿祭，古物石鼓尊臼窠。当时建武礼从省，侯维安图铭可哦。二千石主是秩望，坛场共肃陈舞歌。歆芳禳札民所悦，吉祥孳敛仍骈罗。丰碑特纪延熹岁，京兆钦若爰磨磋。此碑焜赫照岩麓，樵牧或被灵之诃。宜峙万古通沆瀣，金天神宅居同那。夫何陵谷秘奇迹，变迁岁月如流波。仅传毡蜡自赵宋，奚翅古乐聆云和。曾闻郭髯逮山史，佐史装制文无颇。笥河主人号精博，什袭宝笈森嵯峨。羽人古异出仙骨，毛女婉嫕回霜娥。莲华十丈开玉井，影落纸墨香痕多。中丞嗜古富搜讨，对此据案欣挲摩。千金市骏有奇癖，传观众口咸呵呵。古色斑驳压万碣，墨痕光泽烦千螺。名花供养俪彝鼎，秘文璀璨同斗蝌。有明迄今盛款识，国初诸老观婆娑。宝兰堂增希世宝，恍忆登华披烟萝。观碑何须匹马驻，移石奚用千牛驮。点画上追峄山石，波磔卑视虞家戈。此本示我得古法，如导星宿探黄河。公携此册历桂筦，精气远耀光自他。愿公巨笔摹百本，南云寄我情如何。

十五、《续修四库全书总目提要(稿本)》第五册《琼州府志提要》(齐鲁书社 1996 年版,第 28 页):

《琼州府志》四十卷　光绪庚寅郡署补刊本

知府长白明谊主修,郡人张岳崧总纂。此志成于清道光辛丑。曰舆地志,曰建置志,曰经政志,曰海黎志,曰职官志,曰选举志,曰官师志,曰人物志,曰艺文志,曰杂志,凡十门。目繁不备列。

琼州府,禹贡扬州西南徼外地。春秋战国为扬越地。秦末属南越。汉元封元年开置珠崖郡,入合浦,为都尉治,后汉仍属合浦郡。三国吴赤乌五年复置珠崖郡。晋平吴,省入合浦。大业中,复置珠崖郡。唐武德五年,置崖州。贞观元年,置都督府。五年分置琼州。天宝初,改崖州曰珠崖郡。琼州曰琼山郡。乾元初,复曰崖州琼州,俱属岭南道。五代属南汉。宋开宝五年省崖州。熙宁四年,移琼州治崖州故地,仍曰琼州琼山郡,属南西路。政和元年,升为靖海军节度使。元初,曰琼州。至元十五年属海北海南道。天历二年,改曰乾宁军民安抚司。明洪武元年,改琼州府。二年降为州,三年仍升为府。清因之。领县十,曰琼山,曰澄迈,曰定安,曰文昌,曰会同,曰乐会,曰临高,曰昌化,曰陵水,曰感恩。领州三,曰儋州,曰万州,曰崖州。其他四面环海,重山深管。黎歧杂处,各县皆有黎峒,有生黎、熟黎之分。生黎犹为犷悍。明代海寇之外,则有黎患。海黎一门,备详之矣。谪臣则唐之李德裕,宋之苏轼,为后世所称。人物则邱濬之文章,海瑞之忠节,为尤著焉。物产丰富,竹木为多,而沈香特为异品。元蔡征琼海方舆志。明王佐琼台外纪,唐胄琼台志,今皆佚矣。清康熙十五年郡守牛天宿始修郡志。四十五年,贾棠重修,乾隆三十九年萧应植续修。此编以牛贾二志为本,辅以萧志通志旧事,重加考订,新事间有续补云。

十六、袁行云《清人诗集叙录》(文化艺术出版社 1994 年版,第 1894—1895 页):

《筠心堂诗集》四卷　道光二十四年刻本

张岳松[①]撰。岳松字子骏，号澥山，广东琼州人。嘉庆十四年一甲三名进士。授文颖馆纂修，因纂修《明鉴》文字失检，黜退。道光元年复官，累至湖北布政使。道光二十二年卒，年七十。事具唐鉴所撰《墓志铭》。诗文集合刊，诗集收嘉庆十六年至道光十八年诗三百四十九首。岳松诗豪宕丽密，亦不失绵邈远淡。咏粤中山水诗居多。督学陕甘，有《五丁峡歌》、《贺兰山》、《宁夏除夕》、《甘州校射》、《张掖郊行》、《由肃州取道西宁复经甘凉故道至兰州途间得诗二十首》。嘉庆间海波既平，有《纪事诗》呈百龄。《咏史十首》、《山农歌》、《牵牛谣》、《牛痘词》、《题富海帆中丞松阴补读图》、《题汉延熹华山碑》、《题罗茗香观我生图》，取材既广，而无冗沓之弊。唱酬者秦瀛、吴鼒、陈用光、梁章钜、张维屏、唐鉴等名宿。

十七、柯愈春《清人诗文集总目提要》（北京古籍出版社 2001 年版，第 1080 页）：

《筠心堂集》十七卷

张岳崧撰。岳崧生于乾隆三十八年（1773），卒于道光二十二年（1842）。字子骏，一字翰山，号澥山，广东定安人。嘉庆十四年进士，授文颖馆纂修。纂修《明鉴》文字失检，罢官。道光元年复职，官至湖北布政使。此《筠心堂集》十七卷，内诗集四卷、文集十卷、外集三卷，道光二十四年刻，中国国家图书馆藏。录诗三百四十九首，自嘉庆十六年迄道光十八年。外集为《训士录》、《运河北行记》及《公牍存》[②]。

十八、[清]陈寿祺《左海文集》卷五《与张翰山书》（《续修四库全书》影印华东师大图书馆藏清刻本，集部第 1496 册，第 221—222 页）：

翰山足下，得去冬手牍，具悉一切。圣恩赐还馆职，天下瞻仰，

---

① 笔者按，此误，当为崧，下同。

② 笔者按，当为《公牍偶存》。

固不独为足下一人庆也。比始闻足下往事,同置吏议者,谓应分谤当途,而足下处之恬然,不肯诿过,其器量过人,非可寻常。臆测以前日之安于受过,则知它日之忠诚报称,岂待问而信哉?仆前书所勖省躬绳已益矢冰兢云者,犹为未知足下之深,而足下虚怀若谷,以为切中身心,永奉蓍蔡,何从善之勇也。足下坚笃之性,狷介之操,实足以振颓俗而敦薄。夫今方遭际圣明,优被湔祓,简在帝心,思迟非常。仆以为匪特如柳子厚思以文章报国恩,盖当研求致君泽民之术,以豫备榱栋舟梁之用,然后无负朝廷耳。足下勉乎哉!慈闱在琼,有兄侍奉,可慰远宦。仆老母今年七十有九,卧疾两载,幸无痛苦,神明不乱,饮食如常,但气力日羸,耿忧末由少释,自维上之,不能行道。佐时使功业施于四方,次之不能淑身笃学,使德谊高于乡,倘二者皆无足以为高堂欢下之,又不能用劳养志,使钱帛充于所亲爱,惟不屑不洁,不以不廉之财奉甘旨,不以不义之行欺晨昏,差可告无罪于膝下也。然学道不至荒惰,辄起鄙吝顿萌,气衰神茶,苦难振奋,如何如何,离违盈纪,怀想为劳,惟自爱不备。

同上《与张翰山臬使书》(第 237—238 页):

越中盐务积疲,赖君子竭力整顿,体国公忠,岂时俗所能颉颃?承示今日费繁课重民穷,而易为非诚探本之论,然商贾骄奢耗靡之病,与作奸犯科之民相去不能以寸,痼疾已深及,今溃败安可救药耶?自古天下生财之道,农田而外,禺筴为大,理财之政,夷吾而外,同州为最。然当时无大贾操奇赢其间,天下之利与天下共之,而国日以富,后世责课于商而缉私于民,商日肥,民日瘠,而国日贫,其究也。商亦日蹙而国卒不富,此其故可思也。昔顾亭林言今之官盐皆官也。夫举自食其力安分之良民而概目以私枭,置亏帑误课荣私舞弊之奸商而悉逃法网,欲禁令之行不可得也。况望其有益于国乎?故愚以为末流富足之术舍盐政无它途。盐政之兴,舍取税于场灶,而去官私之名,无善策。取税于场灶,无私非官,事不烦而课日增,岁可赢财数百万,海滨之人皆有以为生而无盗贼之患,视募商输课,设引行销,严刑峻法,缚驰骤者,利害不相去倍蓰耶?顾无若勾管之官兴吏胥利薮在,是虽下先廷议,未有不百计阻挠之者，则其说亦孤悬于世而已矣。闻执事拟浙盐条议，甚善，不审，可行之闽否？望录草见示。闽盐万万难振作，非尽改弦而更张之不可也。慎狱之司，彼中较闽为省，以执事明允，莅之必无宽滥耳。仆顷读《左氏传》言鲁以相忍为国，晋不心竞而力争。窃两非之。然如南蒯公敛处父之徒，安可使一日肆其爪牙，范匄之不戒象齿，彘季之不奉中军，阳处父贾季之，易置私人更有宵小播弄其间，蜩螗沸羹之祸，未必不萌乎此？仆家居尝感往事而发次室之啸，不自知其迂且愚也。聊为执事述之。

主要参考文献

[清]张廷玉等撰,《明史》,中华书局 1974 年版。

赵尔巽等撰,《清史稿》,中华书局 1977 年版。

中国第一历史档案馆编,《嘉庆道光两朝上谕档》,广西师范大学出版社 2000 年版。

中国第一历史档案馆编,《嘉庆帝起居注》,广西师范大学出版社 2006 年版。

台北联合报文化基金会国学文献馆整理,《清代起居注·道光朝》,1985 年版。

《清实录》,中华书局 1986 年影印本。

[清]文庆等纂,沈云龙主编,《筹办夷务始末(道光朝)》,台北文海出版社 1966 年版。

[清]李桓编,《国朝耆献类征初编》,《清代传记丛刊》影印本,台北明文书局 1985 年版。

[清]朱汝珍撰,《词林辑略》,《清代传记丛刊》影印本,台北明文书局 1985 年版。

[清]陶湘撰,《昭代名人尺牍续集小传》,《清代传记丛刊》影印本,台北明文书局 1985 年版。

[清]张鸣珂撰,《寒松阁谈艺琐录》,《清代传记丛刊》影印本,台北明文书局 1985 年版。

[清]盛叔清撰,《清代画史增编》,《清代传记丛刊》影印本,台北明文书局 1985 年版。

[清]《清代画史补编》,《清代传记丛刊》影印本,台北明文书局

1985年版。

[清]李玉棻撰,《瓯钵罗室书画过目考》,《清代传记丛刊》影印本,台北明文书局1985年版。

[清]汪兆镛撰,《岭南画征略》,《清代传记丛刊》影印本,台北明文书局1985年版。

[清]窦镇撰,《国朝书画家笔录》,《清代传记丛刊》影印本,台北明文书局1985年版。

[清]李放撰,《皇清书史》,《清代传记丛刊》影印本,台北明文书局1985年版。

[清]钱仪吉编,《碑传集》,中华书局1993年版。

[清]张维屏著,陈永正点校,《国朝诗人征略初编》,中山大学出版社2004年版。

[清]李元度撰,《国朝先正事略》,《清代传记丛刊》影印本,台北明文书局1985年版。

[清]李集等撰,《鹤征录》,《清代传记丛刊》影印本,台北明文书局1985年版。

[清]李富孙撰,《鹤征后录》,《清代传记丛刊》影印本,台北明文书局1985年版。

缪荃孙编,《续碑传集》,《清代传记丛刊》影印本,台北明文书局1985年版。

李濬之编,《清画家诗史》,中国书店1990年版。

王先谦撰,《东华续录》,《续修四库全书》史部第375册影印清光绪十年(1884)王氏刻本,上海古籍出版社1995年版。

王钟翰点校,《清史列传》,中华书局1987年版。

黄鸿寿撰,《清史纪事本末》,上海书店1986年版。

[清]吴应廉等纂修,《光绪定安县志》,上海书店出版社2001年版。

《张氏族谱》,海南师范大学图书馆2006年影印民国二十五年(1936)本。

张鉴编,《阮元年谱》,中华书局1993年版。

刘锦藻撰,《清朝续文献通考》,商务印书馆 1936 年版。

《续修四库全书总目提要(稿本)》,齐鲁书社 1996 年版。

[清]永瑢等撰,《四库全书总目》,中华书局 1965 年版。

李灵年、杨忠主编,《清人别集总目》,安徽教育出版社 2000 年版。

章钰、武作成等编,《清史稿艺文志及补编》,中华书局 1982 年版。

王绍曾主编,《清史稿艺文志拾遗》,中华书局 2000 年版。

钱实甫编,《清代职官年表》,中华书局 1980 年版。

江庆柏撰,《清朝进士题名录》,中华书局 2007 年版。

陈垣编,《二十史朔闰表(附中西回史日历)》,1956 年写本影印版。

方诗铭、方小芬编,《中国史历日和中西历日对照表》,上海辞书出版社 1987 年版。

杨廷福、杨同甫编,《清人室名别称字号索引》,上海古籍出版社 2001 年版。

秦国经主编,《中国第一历史档案馆藏清代官员履历档案全编》,华东师范大学出版社 1997 年版。

[清]法式善等撰,张伟点校,《清秘述闻三种》,中华书局 1982 年版。

[清]徐珂撰,《清稗类钞》,中华书局 1984 年版。

[清]陈康祺,《郎潜纪闻初笔二笔三笔》,中华书局 1984 年版。

[清]陈康祺,《郎潜纪闻四笔》,中华书局 1990 年版。

[清]钱泳撰,张伟点校,《履园丛话》,中华书局 1979 年版。

[清]赵翼著,王树民校证,《廿二史劄记校证》(订补本),中华书局 1984 年版。

[清]章学诚著,叶瑛校注,《文史通义校注》,中华书局 1985 年版。

钱穆,《中国近三百年学术史》,商务印书馆 1997 年版。

刘师培,《清儒得失论》,中国人民大学出版社 2004 年版。

张立文主编,《中国学术通史(清代卷)》,人民出版社 2004 年版。

江庆柏著,《清代人物生卒年表》,人民文学出版社 2005 年版。

张慧剑撰,《明清江苏文人年表》,上海古籍出版社 1986 年版。

印鸾章校订,《明鉴》,上海书店 1984 年影印版。

[美]费正清、刘广京编,中国社会科学院历史研究所编译室译,《剑桥中国晚清史》,中国社会科学出版社 1985 年版。

谢国桢,《明清之际党社运动考》,上海书店出版社 2004 年版。

孟森著,《清史讲义》,中华书局 2006 年版。

商衍鎏著,《清代科学考试述录》,百花文艺出版社 2004 年版。

邸永君著,《清代翰林院制度》,社会科学文献出版社 2007 年版。

梁廷枏撰,《粤秀书院志》,载赵所生、薛正兴主编《中国历代书院志》第 3 册,江苏教育出版社 1995 年版。

王炳照著,《中国古代书院》,商务印书馆 1998 年版。

李国钧主编,《中国书院史》,湖南教育出版社 1994 年版。

徐雁平著,《清代东南书院与学术及文学》,安徽教育出版社 2007 年版。

汉霞,《明清两朝的海南书院》,暨南大学 2005 年硕士论文。

高丽萍著,《清代甘肃书院研究》,西北师范大学 2007 年硕士论文。

刘晓喆著,《清代陕西书院研究》,西北大学 2008 年博士论文。

陈永正著,《岭南书法史》,广东人民出版社 1994 年版。

张德泽著,《清代国家机关考略》,学苑出版社 2001 年版。

[清]贺长龄、魏源辑,《皇朝经世文编》,载《魏源全集》第 13 册,岳麓书社 2004 年版。

[清]葛士濬辑,《皇朝经世文续编》,光绪十七年(1891)上海广百宋斋校印本。

徐世昌编,闻石点校,《晚晴簃诗汇》,中华书局 1990 年版。

钱仲联主编,《清诗纪事》,江苏古籍出版社 1987 年版。

张寅彭主编,《民国诗话丛编》,中国书店2002年版。

袁行云撰,《清人诗集叙录》,文化艺术出版社1994年版。

柯愈春撰,《清人诗文集总目提要》,北京古籍出版社2001年版。

程千帆、杨扬整理,杨扬辑校,《三百年来诗坛人物评点小传汇录》,中州古籍出版社1986年版。

陈文新主编,鲁小俊、苗磊分册主编,《中国文学编年史(清前中期卷)》,湖南人民出版社2006年版。

汪龙麟编,《中国20世纪文学研究(清代卷)》,北京出版社2001年版。

裴效维编,《中国20世纪文学研究(近代卷)》,北京出版社2001年版。

钟贤培、汪松涛主编,《广东近代文学史》,广东人民出版社1996年版。

严迪昌著,《清诗史》(修订本),浙江古籍出版社2002年版。

[清]张岳崧著,郭祥文点校,《筠心堂集》,海南出版社2006年版。

[清]张岳崧著,张正义、韩林元校点,《张岳崧诗文集》,南海出版公司1998年版。

韩林元编注,《张岳崧诗三百六十首》,东西文化事业公司2006年版。

朱逸辉、范会俊选注,《王弘诲张岳崧诗选》,海南人民出版社1985年版。

张正义、李纾,《张岳崧传》,南方出版社2011年版。

[清]戴名世著,王树民编校,《戴名世集》,中华书局1986年版。

[清]爱新觉罗·弘历著,《御制文集》,影印文渊阁《四库全书》本。

[清]阮元撰,邓经元点校,《研经室集》,中华书局1993年版。

[清]龚自珍著,《龚自珍全集》,中华书局1975年版。

[清]陈寿祺,《左海文集》,《续修四库全书》集部第1496册影印

清刻本，上海古籍出版社 1995 年版。

[清]唐鉴撰，《唐确慎公集》，《四部备要》本，中华书局 1989 年版。

[清]《林则徐全集》，海峡文艺出版社 2002 年版。

[清]林则徐著，黄泽德编，《林则徐信稿》，福建人民出版社 1985 年版。

[清]《魏源全集》，岳麓书社 2004 年版。

[清]冯敏昌著，《小罗浮草堂文集》，清光绪二十年(1894)钦州佩弦斋藏板本。

[清]冯敏昌著，《小罗浮草堂诗钞》，清嘉庆十四年(1809)钦州佩弦斋藏板本。

[清]冯敏昌著，杨年丰校注，《小罗浮草堂诗钞校注》，广西大学 2006 年硕士学位论文。

[清]宋湘著，黄国声校辑，《红杏山房集》，中山大学出版社 1988 年版。

[清]吴嵩梁著，《香苏山馆诗集》，《续修四库全书》集部第 1489—1490 册影印清木犀轩刻本，上海古籍出版社 1995 年版。

[清]吴慈鹤著，《吴巢松诗文全集》，同治二年(1863)刻本。

[清]郭尚先著，《郭大理遗稿》，道光二十四年(1844)刻本。

[清]张维屏著，《张南山全集》，道光咸丰间刊本。

[清]曾燠著，《赏雨茅屋诗集外集》，《续修四库全书》集部第 1484 册影印清嘉庆二十四年刻增修本，上海古籍出版社 1995 年版。

[清]梁章钜著，《退庵诗存》，《续修四库全书》集部第 1499 册影印清道光刻本，上海古籍出版社 1995 年版。

邹爱莲，《清代的国史馆及其修史制度》，《史学集刊》2002 年第 4 期。

王记录，《清代史馆制度的特点》，《史学月刊》2008 年第 12 期。

黄长义，《从考据到经世：嘉道之际的学术转向》，《武汉大学学报》1999 年第 3 期。

范会俊，《张岳崧论》，《海南师范学院学报》1990 年第 2 期。

后 记

2010年6月底，我从六朝古都金陵来到椰风海韵的南国。当时也有过好多次的扪心自问：为何选择隔着一道海峡的天涯，而放弃其他学术条件更好或离家更近的高校？我只是想让自己这颗漂泊的心沉潜下来，希望自己的后半生能够平静安宁，淡泊名利，远离俗世的纷争，避开无谓的纠缠。我没有孔圣人那样传经布道的豪气，道不行则乘桴浮于海，而是贪图便捷搭飞机过来的。我也没有苏轼被贬海南时落拓的哀叹，也没有坡公后来随遇而安的委任顺化，因为我只是一个平凡的人，从来没想过像文翁、东坡们能带来灿烂文化。我来这里只是想静静地生活，好好地读书，默默地思考，而不妄求什么。

到了海南师范大学文学院之后，我还是照样做我的清代宋诗选本研究，徜徉在天水一朝和有清一代里。直到有一天，学校和院系通知说要申报省级课题，且范围务必是海南乡邦文献文学文人研究。反复斟酌之后，我选择了清代嘉道年间的海南探花张岳崧。就这样，我踏上了第一次地域文学文人文化的研究之路。本书是我在海南申请的第一个社科项目，稚嫩难免。本来还想探讨张岳崧的书画成就、禁烟活动，但终因学识谫陋，精力不济，只好付之阙如，有待来哲。

感谢省社科联主席赵康太教授一直以来热忱的关爱。感谢恩师南京大学巩本栋先生、业师广西师范大学殷祝胜先生这些年来为我传道授业解惑。感谢海南师范大学文学院领导、中国古代文学教研室各位同仁的大力支持。感谢帮扶老师阮忠教授拨冗赐序，感谢张正义、张昌赋、陈平殿、周泉根诸位先生的无私帮助。感谢薛泉、曾庆江二位仁兄时常指点迷津，对书稿大到框架、思路，小到观点、辞句的点拨、斧正。也感谢远方的亲人，让我这个行走江湖达八年之久的游子，一次次感受到无尽的温暖和力量！窗外，又是一阵噼里啪啦的下雨声，今年五月的海南，特别像多情躁动的女子，时而缠绵，时而狂热，时而哭泣。或许这就是别样而丰富的人生。我依然会平静地去迎接风雨，迎接天边绚丽又迷人的彩虹。

拙稿于 2012 年 6 月初呈交省社科联专家审阅，随后对一些文字之误、书写之谬稍作订正。在此一并对关心拙稿的各位专家、学者致以由衷的谢意！今付梓刊行，尤其感谢海南师范大学学术著作出版基金、文学院中国古代文学学科的鼎力资助，感谢凤凰出版社编辑林日波仁兄的悉心帮助！我的学生陈炷晰也为拙著做过一些文字整理、资料收集的工作，谨致谢忱！

谢海林

2012 年 12 月 12 日下午定稿

于凤翔西路龙腾阁寓所